大国教育

为了高原的每个孩子
师范生顶岗支教实习录·第二卷

买雪燕 ◎ 主编

光明日报出版社

图书在版编目（CIP）数据

为了高原的每个孩子：师范生顶岗支教实习录．第二卷 / 买雪燕主编．--北京：光明日报出版社，2025.
4. -- ISBN 978-7-5194-8639-6

Ⅰ.G652.44

中国国家版本馆 CIP 数据核字第 2025NZ4657 号

为了高原的每个孩子：师范生顶岗支教实习录．第二卷
WEILE GAOYUAN DE MEIGE HAIZI: SHIFANSHENG DINGGANG ZHIJIAO SHIXILU. DIERJUAN

主　　编：买雪燕	
责任编辑：史　宁	责任校对：许　怡　贾文梅
封面设计：中联华文	责任印制：曹　净

出版发行：光明日报出版社
地　　址：北京市西城区永安路 106 号，100050
电　　话：010-63169890（咨询），010-63131930（邮购）
传　　真：010-63131930
网　　址：http://book.gmw.cn
E - mail：gmrbcbs@gmw.cn
法律顾问：北京市兰台律师事务所龚柳方律师
印　　刷：三河市华东印刷有限公司
装　　订：三河市华东印刷有限公司
本书如有破损、缺页、装订错误，请与本社联系调换，电话：010-63131930
开　　本：170mm×240mm
字　　数：341 千字　　　　　　　印　　张：19
版　　次：2025 年 4 月第 1 版　　印　　次：2025 年 4 月第 1 次印刷
书　　号：ISBN 978-7-5194-8639-6
定　　价：98.00 元

版权所有　　翻印必究

《为了高原的每个孩子——师范生顶岗支教实习录》
京师园系列丛书编委会

丛书总顾问：洪成文
丛书总主编：宋小平　杨　松

本册主编：买雪燕
本册编委：

王钰金	段　琴	孙雪竹	辛娜娜	余航洋乐
李凯璐	李　婷	孟浩翔	吕莎莎	王园园
苟　晴	谢　恬	董金荣	权佳乐	徐小凡
孙令巧	刘兴月	苏佳佳	李滕滕	何少娟
郭　茜	韩如梦	付月明	甘玉冰	谷　帆

序 言

教育乃立国之本，强国之基。教育兴则国家兴，教育强则国家强。建设教育强国是全面建成社会主义现代化强国的应有之义，是我国从人力资源大国迈向人力资源强国的关键。高质量教师队伍建设是实现教育强国目标的必要途径与核心保障。开展师范生顶岗支教实习是提升薄弱学校的办学水平和质量、提高师范人才培养水平、助力实现教师教育一体化发展的重要举措。

顶岗支教实习是指师范生到中小学顶替需要进修深造的教师岗位实习，而被顶替置换出来的教师到师范院校等进行教育培训的活动。教育部在总结一些师范院校开展顶岗支教实习经验的基础上，专门出台了《教育部关于大力推进师范生实习支教工作的意见》《教育部办公厅关于进一步做好"优师计划"师范生培养工作的通知》等文件强化师范生教育实践环节。目前，顶岗支教实习已成为全国师范院校推动教师教育改革，强化师范生实践教学，提高教师培养质量的重要内容。

师范院校组织高年级师范生到中小学进行顶岗支教实习，时间一般不少于一个学期。师范生顶岗支教实习的具体工作任务包括教育教学、班主任工作以及基础教育调研等，在此过程中实行"双导师制"，即师范院校和受援学校要安排经验丰富的老师对师范生进行全方面的教育教学指导，使得师范生能够得到最大水平的专业化成长。

近年来，青海省基于本地区基础教育的需要，颁布了《青海省教育厅 青海省财政厅关于进一步加强师范生顶岗支教实习工作的意见》和《省教育厅省财政厅关于进一步做好师范生顶岗支教实习保障工作的通知》等政策文件为师范生顶岗支教的顺利实施提供了政策保障。

青海师范大学作为推进青藏地区教育高质量发展的龙头高校，立足于青藏地区基础教育发展实践，致力于培养一批"下得去、留得住、用得上、干得好"的"一专多能"的高素质师资队伍。自2009年秋季学期开始实施师范生顶岗支教实习，现已走过了15年的不断探索之路，在卓越师范生培养等方面形成了鲜明的特色。顶岗支教实习使师范生在教学一线得到了实践锻炼，解决了青藏高原薄弱学校师资匮乏等困难，有效推动了青藏地区基础教育优质均衡发展，实现了政府、师范院校和基层学校等多方主体的"多赢"。

京师园教科院作为关注教师成长的专业机构，旨在打通职前职后的一体化培养与服务工作。师范生培养过程是教师成长的关键阶段，为此，京师园教科院携手北京师范大学、青海师范大学共同打造了这套《为了高原的每个孩子——师范生顶岗支教实习录》京师园教育系列丛书。该丛书从顶岗支教师范生的第一视角出发，真实记录了师范生实习过程中的教学情景、生活情境等，展现了师范生在教师成长道路上真实而丰富的生活画面和情感世界，也展现了师范生对高原教育事业的热爱与担当，书中也有很多有价值的教育理论探讨。

从内容上看，本书充分吸收了师范生人才培养理论与实践的最新成果，具有以下几个鲜明特征：第一，真实性。本书收集了近几年顶岗支教师范生的实习记录与报告，每一篇文章都是依据师范生自身的亲身经历撰写而成，具有极强的真实性。第二，可读性。本书记录的都是顶岗支教师范生在工作中的真实故事，语言通俗，对读者来说易于理解，使读者能够切身感受实习生活的酸甜苦辣。

《学记》有云："是故学然后知不足，教然后知困。知不足，然后能自反也；知困，然后能自强也。"[①] 本书将教育理论与工作实践充分结合，是师范生专业成长道路上的重要指导教材和陪伴书籍，对于培养有理想信念、有道德情操、有扎实学识、有仁爱之心的"四有"好教师具有十分重要的理论与实践意义。同时也能为以后参与顶岗支教实习的各位师范生提供些许教学实践方面的参考，为顶岗支教工作的顺利开展提供指引。

本书也是国家社会科学基金教育学一般课题"新时代中华民族共同体建设视域下青藏农牧区基础教育评价体系构建研究"（BMX220331）、"中国共产党保障青藏少数民族受教育权百年发展研究"（BGA210054）的阶段性成果。

[①] 张应宗，张守基. 学记注译评 [M]. 西宁：青海人民出版社，1983：4.

目 录 CONTENTS

用爱浸润孤儿学校 ………………………………………… 1
乡村振兴，教育为根 ……………………………………… 6
阅读育人，体育育人 ……………………………………… 11
教育者，养成人格之事业也 ……………………………… 15
在听评课的教研活动中成长 ……………………………… 19
我的第一次公开课 ………………………………………… 22
高原教育，一场向美而行的遇见 ………………………… 25
乐于沟通，创设趣味英语课堂 …………………………… 28
在囊谦县顶岗支教实习的日子 …………………………… 31
以爱为底色做有温度的教师 ……………………………… 35
爱与责任同行 ……………………………………………… 39
责任之火点亮新庄教育 …………………………………… 43
永葆教育热情　浇灌芬芳之花 …………………………… 49
我在一年级教书育人的时光 ……………………………… 55
锻造学生喜闻乐见的课堂 ………………………………… 58
用爱浇灌每一朵花 ………………………………………… 62
教会学生"说"数学 ……………………………………… 65
"教师"与"学生"身份的转换 ………………………… 68
做中学，听中学 …………………………………………… 71
亲其师　信其言 …………………………………………… 74

1

"少教多学"的教学实践	77
以耐心作桨，奔赴教育的星辰大海	80
对高原教育的反思	83
从"纸上谈教"到"讲课自如"	85
"美"中取乐，激发学生对美术课的兴趣	88
小班教学的新体验	91
把学生当作一粒种子	96
当初中教师的收获与思考	100
支教服务中的成长	104
拒绝"拔苗助长"式教育	109
促进深度学习的教学设计	112
倡导"合作学习"的实践	115
用心领悟良教乡	118
小学音乐教师初体验	121
追梦起航 踏歌而行	124
关注学生，静待花开	127
因材施教，为师之道	130
救其失，也长其善	133
学会倾听	136
指导教师的悉心提点	139
脚踏实地做好小学数学教学工作	142
穿越青藏高原的地理课	145
小学科学教学实践	149
小学老师在幼儿园的奇妙旅程	153
在观摩学习中成长	158
用爱滋养，静待花开	161
游戏教学法在英语教学中的应用	164
通往教师之路的另一扇窗	169
卓越训练到实践教学的反思	173

遇见塔尔——心与心的交融	176
用爱浸润塔尔中心学校	180
不负韶华支教行　笃行致远担使命	183
美术老师的"双跨"实习	187
记忆的泉沟留下爱的脚印	191
承教师素养启航	195
点燃希望，静等花开	199
理论耕于心，支教践于行	203
爱在极乐，成长留自己	208
跨学科教学实习	212
用心支教　以爱琢玉	215
青春在三尺讲台上闪光	219
实习上课三步骤	222
教学新感悟	225
扣好人生的第一粒扣子	229
课堂教学的重要因素	233
三尺讲坛三尺鞭，笃挥胸墨育英贤	236
用"爱"与学生共成长	241
灵活多样的教育教学方法	244
用爱与六中同行	247
青青苍木　始于关爱	250
生动有趣的音乐课	253
走进石山教育，奉献爱心支教	256
留在石山中学的记忆	260
学习筑未来	263
用爱播种　用爱灌溉	266
跨专业挑战小学音乐课	269
增强语言魅力，激活小学英语课堂教学	272
以课堂反思促进专业成长	275

体育教学实践 …………………………………………… 278
行动中明悟使命 ………………………………………… 280
做学生成长路上的引路人 ……………………………… 283
参考文献 ………………………………………………… 286
后记 ……………………………………………………… 291

用爱浸润孤儿学校

多杰桑毛

2022年3月14日,我拖着沉重的行李踏上顶岗支教实习旅程,三年来在学校学习到的理论知识,将要付诸实践。陌生的环境、艰巨的任务、多重的身份,除此之外,还有哪些挑战在等待着我呢?经过12小时的舟车劳顿,我顺利到达玉树藏族自治州八一孤儿学校。八一孤儿学校是一所民族学校,办学至今,始终秉承着"成就每个学生的幸福人生"的办学理念。

在顶岗支教实习期间,我主要承担三年级语文课程教学工作。在准备第一堂课时,我脑海中回忆着在青海师范大学每周进行的实训展示:认真构思教学环节,设计教学活动,预设教学情境,提前制作好教学课件。我按照同样的流程,准备自己顶岗支教实习生活中的第一堂课——三年级下册"第一单元口语交际:春游去哪儿玩"。我知道这不仅仅是一堂普通的课,更是我与学生互相认识的桥梁以及建立良好师生关系的第一步。或许通过这第一堂课,我能给学生留下一个深刻的印象,让他们对我的语文课产生兴趣;又或许我的教学设计没有吸引学生,不能让他们主动地参与到我的课堂当中,导致他们对我的语文课不感兴趣。在设想完结果后,我认真制作教学课件,从模板的选择、每字每句的呈现、图片与视频的展现方式,我都格外仔细。等到正式上课那天,我很顺利地完成了四十分钟的教学。虽然存在许多不足之处,但是课堂互动我一直都围绕着"自主、合作、探究"的理念展开。在学习活动进行的过程中,学生也带给我一次又一次的惊喜,教与学同时发生,我们也在相互促进的过程中共同成长。这是我第一次深刻地体会到那句"教育是高度情境化的活动"的含义,教育实践虽然可以预先进行理性思考和详细计划,但并不是只要按照预设的计划或模式按部就班地展开就能充分实现其价值的。因此我们需要以高度的专注力和敏锐的洞察力灵活应对教育情境,适时采取相应的措施。

课堂需要动静结合

教育，原本就是温和的浸润。只有营造一个良好的课堂氛围，学生才能够自由地舒展，自由地成长。在课堂中存在着"多种"声音，我们唯有等待与静听，才能保证课堂成为"多声的空间"，保障每一位儿童的学习。刚来的第一周，在指导老师的安排下，我以观察者的身份走进他们的课堂，去感受课堂教学中教师与学生的互动过程。在这个过程中，我着重观察了学生学习方法的掌握和习惯的养成，通过批改作业、交流谈话等形式进一步去了解学生。

在《上一堂朴素的语文课》一书中提道，语文课堂上我们既需动也需静，静往往比热闹更可贵，它能让每一位学生主动地去想象，自主地去揣摩。思维的火花静静地闪烁，情感的波涛静静地流淌，学生的心智之花悄悄开放。于是我在上完第一堂课后，就开始思考如何在自己的课堂上实现动静结合。让课堂动起来，并且不是几分钟的动，而是全过程的动；不是一个人动，而是全员动、全班动。要做到这一点，首先就要沉下心来解读文本，把教材先读"厚"再读"薄"，才能创设富有吸引力的教学活动，才能拥有真实生动的课堂交流。所以，在之后每节课前，我都会一遍又一遍研读教材。正如钱梦龙[1]老师所说，"语文教师自身的阅读能力是语文课堂取得成效的先决条件。先把一切统统放开，完全以一名读者、欣赏者的身份，全身心地沉浸到文章里去"[2]。因此，每次看文章，我都是先以普通读者的视角独立完成对文本的阅读，以自我体验为主，避免被他人意见"先入为主"。之后再以一名语文教师的身份重新审视文本，发现和确立教学的价值点。此外，我也会去搜集跟文本相关的拓展性知识。完成这些之后才开始着手撰写教学设计、创设教学活动、制作教学课件。在课堂上，我期盼着学生能发出自己的声音，分享自己最真实的想法。因为课堂教学属于每一个鲜活的、富有个性的生命体。只有将最真实的自我展现给对方，才能与之建构平等、舒适的对话关系。于是，在我跟学生双方共同的努力下，我们拥有了高效的课堂互动。

课堂教学除了要动起来，还需要静思默想、静心钻研。在观摩了于永正老

---

[1] 钱梦龙，江苏嘉定（今上海市嘉定区）人，全国教育系统劳动模范，长期从事语文教学工作。主要著作有《语文导读法探索》《导读的艺术》以及《和青年教师谈语文教学》等。

[2] 吴雪华．"会读"才能"善教"：把握文体特征有效解读文本的实践研究[J]．小学教学研究，2016（8）：31-33．

师的《高尔基和他的儿子》课堂教学视频后，我将他默读环节的教学设计应用到自己的课堂上，要求学生一边默读一边画出值得思考的句子，默读完后，不要急于回答，而是用眼睛盯住画线的句子，思考这个句子，再把自己的思考和理解写在书上，加以批注，让学生静下来去思考，之后再共同分享自己的感受与想法。静是课堂教学必不可少的方面，当教学进行到关键点和思考点时，教师一定要引导学生的内在思维活动，营造安静的氛围让学生静下来思考，静下来沉淀，以达到外在氛围与内在思维的和谐统一。总而言之，课堂教学需要动静结合，让思维抵达更深处。

二十四节气绘本阅读活动

在我的第一堂语文课——《春游去哪儿玩》中，因为当时正值二十四节气中的春分，我就将这一中国传统文化设计在自己的教学活动中，之后还组织了节气阅读绘本活动。在实习的四个多月时间里，我带领学生们完成了《春种细语》和《夏长欢歌》两个系列的绘本阅读。在进行阅读时，我首先将文字部分遮住，让学生通过观察图片，说出自己的所感所想，之后再出示文字，并结合我们的生活实际去感受大自然的变化。例如，在讲到惊蛰时，有一句"一候桃始华"，由于身处高海拔地区，此时校园里的桃树连花苞都没有，于是我让学生们观察桃花的实际开放时间与惊蛰之间相差几天。在那之后，校园里的桃树旁总有一群正在仔细观察、静待花开的小朋友，在大家的殷切期望与坚持不懈下，终于等到了桃花盛开，学生们也得出了结论：学校桃花盛开是在四月十一日那天，与惊蛰相差了三十九天。除此之外，每个节气我都会介绍这时候人们所要享用的美食，学生们也特别积极配合。最让我记忆犹新的是，在设计清明节的黑板报时，我在黑板的左下角画了几个青团，可几天过后，那几个青团变得"面目全非"，询问一番才知道是有几个"小馋猫"特别想尝尝青团的味道，于是就对黑板上的青团下手了。通过开展节气阅读绘本活动，学生们不仅收获了大量课外知识，也拥有了许多美好的回忆。

马克斯·范梅南[1]曾说："教育是迷恋他人成长的学问。"[2] 在顶岗支教实习

---

[1] 马克斯·范梅南，世界著名教育学专家、教育哲学家、课程论专家和人文科学研究方法论专家。主要著作有《教学机智：教育智慧的底蕴》《生活体验研究：人文科学视野中的教育学》等。

[2] 张勇杰. 陇东中学教育教学成果集 [M]. 成都：四川民族出版社，2020：165.

过程中，我还担任了三年级的副班主任一职，与学生相处的时间更多，我尽力关注到班级的每一位学生，与他们建立了良好的师生关系。在与学生的朝夕相处中，我真正明白了实习前学校周老师告诫我的那句话："无论发生什么事情，我们都要保持着自己的教育真心和教育热情，去善待每一位学生。"

八一孤儿学校里大部分学生由于种种原因，周末和节假日都不能回家，只能留在学校里，因此周末和节假日我会尽可能去陪伴他们。就因为这些陪伴，不管是在校内还是校外，学生只要一见到我，就会向我跑来，那一刻我切身体会到作为教师的幸福感与满足感，也明白了儿童是敏感的，他们能够感受到教师的用心。平等、舒适的师生关系才是高效的课堂互动的前提，只有在课堂上给足学生安全感，将话语权交给学生，他们才能自主地、能动地、创造性地展开思考。由于我一直坚持这个理念，所以我的课堂从来不需要刻意地去维持秩序，每一位学生都能主动地参与到学习活动中，积极地开展学习活动。刚开始我需要刻意去提醒他们记笔记，鼓励他们回答问题，后来每堂课都能看到他们踊跃地举手回答问题，课堂笔记也清晰整洁。他们的每一次进步我都看在眼里，记在心里，一次次地治愈着我的心灵，激励我要做得更好。人与人之间能够理解最主要的原因是能够站在他人的立场上考虑问题，因此教师只有将自我意识的焦点落在儿童行为中，才能有效地观察儿童。

在顶岗支教实习一个月后，我按照学校的要求组建兴趣小组，承担起课后服务的任务。在绘本小组的第一堂课上我选择了"我就是喜欢我自己"这个主题，我想通过这堂课让学生认识自我，学会关注自己的生活、感受自己的情绪，勇敢地表达自己内心的想法。在这堂课中，我感受到学生心思的细腻与敏感，绘本里小猪正看着窗外的倾盆大雨，因为不能出去玩耍而难过，可是当我问学生小猪为何会难过时，有一个一年级的学生举手说了一句，"因为小猪在窗台上种的小花里，有一朵枯萎了，小猪是为此而难过的……"她的观察力和同理心深深地触动了我，她的视角如此与众不同。这让我明白了儿童的所见、所听、所思、所想、所做、所为都会影响他们思考的角度，成为他们认识世界的知识储备，所以作为老师要尊重他们的差异性、独立性和创造性。此外在书法兴趣小组中，我先让学生去临摹书法作品，之后再教他们创作作品。两个月后，每一位学生都拥有了属于自己的书法作品。在课后服务成果展示的那天，我们班的书法作品得到了很多赞赏，许多老师都不敢想象这些书法作品是学生自己独立完成的。这段经历也让我明白了，只要你愿意去相信学生，倾听学生的声音，愿意等待学生的成长，他们所做出的回应与行动必定会超乎你的想象。

苏霍姆林斯基①说过:"一个好的教师首先要爱学生,爱能把人带向喜悦和愉快。"② 在顶岗支教实习中,我深刻地感受到了这一点,给予学生关心和爱护,才能更好地呵护他们成长。在以后的教育生涯中,我希望自己可以一直保持着教育初心与教育热情,努力成为引导学生全面发展,促进学生健康成长的"大先生"。

顶岗支教实习学校:玉树藏族自治州八一孤儿学校

---

① 瓦西里·亚历山德罗维奇·苏霍姆林斯基(1918—1970),苏联著名教育实践家、教育理论家。主要著作有《给老师的一百条建议》《公民的诞生》等。
② 蔡汀,王义高,祖晶.苏霍姆林斯基选集(五卷本):第1卷[M].北京:教育科学出版社,2001:10.

乡村振兴，教育为根

马 燕

2022年3月14日，我怀着无比激动的心情踏上了顶岗支教实习的征程。此次实习，我期待了很久，我深知顶岗支教实习是提高师范生职业素养和技能的重要途径，可以为今后走上工作岗位打下良好的基础。顶岗支教实习还能让作为学生的我们，在今后的学习过程中更好地自我反思，树立终身学习的理念，对于教师这一职业的艰辛与伟大有了更深层次的认识和了解。

虽然此次实习让我们有机会接触真实的教学场域，但是我仍然不能忘记自己的学生身份。我作为实习学生具有两种身份：既是学生，又是老师。鉴于此，我给自己定了以下要求：第一是以教师的身份要求自己。我不能因为自己还是学生就放松对自己的要求，而是要严格遵守有关规章、制度和纪律，以教师身份的高标准来要求自己。尽快适应从学生到老师的角色转变，不断寻找自身问题，提高自己的综合能力，提升教学能力。第二是以研究者和学习者的身份探索教育问题。作为一名大三的实习生，实习结束时我要将自己在实习过程中发现的相关教育问题进行收集整理，据此完成实习论文选题，同时做好资料收集和数据收集的工作。但是，我不能只把实习看作是一次作业，而是要针对整个实习过程中教师和学生、教育教学、德育教育中存在的问题，为优化农村地区的小学教育提出自己的一点见解和建议。这样，我的实习经历才是有价值有意义的，我才能够真正从教育实践中得到收获，学会发现问题和解决问题。

在听课与备课中成长

我实习的学校是化隆县群科镇文卜具小学，学校总共有学生96人，教师7人，学校的教师资源极其匮乏。

刚到学校，校长便细心地给我们安排了住宿，并且为我们购买了生活用品，下午就给我们安排了课程。经了解得知我是小学教育全科专业的实习生之后，校长给我安排了五年级的数学以及学前班的班主任工作。

刚来到这个学校，校长并没有让我们马上进行教学，而是让我们先听课。我认为这是非常有必要的，因为之前虽然在学校里上过实训课，但是未如此近距离地接触过真实的教学场域。在听了各科教师的课之后，我觉得教师们的教学逻辑严谨，目标明确，能够很好地掌控课堂，教学内容设计得生动有趣。我在赞赏教师们的同时，对接下来自己的教学工作开展有了一定的头绪和思想准备。

在观摩了经验丰富的教师授课之后，我便开始准备自己的教学工作了。而在做教学设计之前，我先与五年级班级原来的数学老师和班主任交流了解了该班的学生情况：五年级学生共19人，其中男生9人，女生10人，学生的数学基础较为薄弱。

在对学生整体了解的基础上，我开始备课。备课是上课的先导，要想在课堂上拓宽学生的思维，培养学生的想象力，首先要在课前做好备课。要想上好一节课，不仅要钻研教材，而且还要把教师、教材、学生三者融合成一个有机的整体。我从教材的难易程度和学生的实际水平出发，制定了模块目标，并对每一节课做了详细的教学设计。在设计过程中我利用自己小学教育全科的优势，进行了大量的课程整合，并做到"以学生为主体"，运用了多种教学方式，为学生设计了多种学习方式，并根据学情分析对作业进行了合理设计。

对"小班教学"的反思

工业化、城市化让农村里的人都涌向了城市，农村里年轻人越来越少，儿童也就越来越少，导致越来越多的"空心村"出现。这是农村小学教育需要直面的现实问题。我顶岗支教实习的农村小学就是这样。我教的班级只有19个学生，是一个名副其实的小班课堂。因此在备课的时候，我对学生的数学基础进行一一识别和区分，将基础好的学生与基础薄弱的学生分为一组，让学生带动自己的同学一起学习。这也是小班教学的好处之一，因为人数少，进行小组合作的时候，我能关注到每一个小组，并且根据每个小组不同的情况进行针对性的指导。在课堂上，有时候这个小组的问题和另外一个小组的问题不一样，通过给他们解惑答疑，能更好地掌握他们知识学习的情况。同时，根据我的观察，我发现班级中有一半的学生都是留守儿童，这些学生的自理能力较强，生活经验较为丰富。针对这样的班级学生特征，我在教学中贯彻关于小学数学课堂中的"让数学回归生活"理念，从他们的日常生活实际入手，来探究数学知识的学习。对五年级的学生来说，在这一阶段主要采用主题式学习，需要学习的内容有"数与运算""数量关系""图形的认识与测量""图形的位置与运动""数据的收集、整理与表达""随机现象发生的可能性"六部分。这六部分可以根据学习内容分为"数与代数""图形与几何""统计与概率"三个领域。

  课程标准提出"尝试在真实的情境中发现和提出问题，探索运用基本的数量关系，以及几何直观、逻辑推理和其他学科的知识、方法分析与解决问题，形成模型意识和初步的应用意识、创新意识"。在这个要求中我明白，我们在进行数学教学时，不仅要让学生掌握基础知识，还要注意培养学生的学习能力，发展学生的智力。而这也需要我们为学生创设一定的社会性条件，因为只依靠课堂教学无法完成素质教育的目标。

  因此，我提出了一些适用于本班学生的教法与学法。在教学方法上，有讲授法，在讲授新的数学概念时，我首先会用口头表达的方式，为学生描绘与学习内容相关的生活情境，让学生对数学概念有初步的了解；还有实验法，在巩固数学知识点时，我会指导学生使用一定的材料，通过实际操作来理解学习内容；以及讨论法，在理解抽象概念时，学生可以通过合作交流的方式互相学习。例如，在讲圆锥体的时候，我会拿张纸，剪出扇形的形状，然后让同学们看这张纸是怎么立起来的，并且问学生有没有在生活中见到过这样的立体形状，有学生举手回答说像喇叭，还有学生说像漏斗，我夸他们，说他们真棒，已经会用数学的眼光观察生活中的事物了。然后我就从学生的已有生活经验入手，为他们继续深入讲解圆锥体的构成，同时也会给他们一点时间来动手操作，让他们自己小组合作，做出一个圆锥体。有的组做得大，有的组做得小，有的组做出来的"圆锥体"没有那个尖尖，露出一个大洞。于是，我又根据他们动手操作的情况，来为他们讲解圆锥体的特征，圆锥体的大小和什么有关，没有锥尖的"圆锥体"展开是什么样，同学们都听得津津有味，一边听一边又把自己做好的圆锥体拆开来变成一个扇形纸，同时学会了计算圆锥体体积的方法。这样用问题驱动学生思考，让他们把没见过的数学知识和概念代入自己的日常生活情境中进行思考，同时让他们小组合作，自己操作，能更深一步对抽象的数学概念产生清晰的认知，从而成功地将这个新学的知识内化到自己的知识体系里。

  上完课之后，我对自己的教学进行了反思，我认为教学中最关键的一点就是要换位思考，以学生的视角来审视自己的教学。也许自己认为很简单的问题，对刚刚涉及这一知识的学生来说，却是难以理解的。这时候，以何种方式将此知识点向他们表达清楚就显得尤为重要了。同时，要让学生能够参与进课堂，使课堂成为他们自己的舞台，这也是我们教学中要注意的地方。在之后的每次备课中，我首先关注自己如何将知识的来龙去脉向学生表达清楚，其次关注课堂上各个学生的不同反应以及学生有兴趣的表现，来实时调整自己的教学进度。

同时我还负责一个学前班的教育教学工作。学前班班级容量较小，全班共17人，男生8人，女生9人。小学附设学前班，是农村地区幼儿园数量不足时发展学前教育的一种重要辅助形式。学前班是为了让即将步入小学的孩子们适应小学生活而设立的，不需要进行知识的学习与学习质量评估，多以培养学生的学习兴趣和引导学生行为习惯的养成为主。在每天的教学工作中，我以安全为第一重心开展保教工作。日常上课时，我会时刻教导学生以安全为主，任何事情都必须在老师和家长的监护下完成。在每天的户外活动中，我都会提前提醒学生注意安全，不能带危险物品进行活动，并且我会时刻陪伴在学生们的身边以确保他们的安全。

在学前班的日常工作中，我需要在学生需要帮助的时候给予适当的帮助和指导。学生们在欢乐中学习，也乐于表现自己，这对树立他们的自信心有极大的帮助，从而促进学生身心健康全面发展。俗话说"万事开头难"，在刚接触学前班的时候，由于我对幼儿教育经验不足，我遇到了很多困难。可是在自己的不断摸索下，我也逐渐适应学前班的日常工作并能轻松应对幼儿教育工作中出现的种种困难。

感悟

在这次支教生活中，我对农村孩子的学习能力有了一个更全面、更深刻的了解。虽然教材中大部分内容是最基础的知识，但对农村的孩子来说却是有难度的。要求他们掌握教材上全部的基础知识，无论对孩子来说，还是对任课老师来说，都需要付出更多的努力。而对即将踏上教师岗位的我们来说，这正是我们需要关注的地方。

常言道，教师要给学生一杯水，自己必须有一桶水。特别是在今天，教师理当首先成为学习型的人，给学生做学习的榜样，通过自身的影响力让学生热爱学习、学会学习，最终成为学习型人才。因此，我要善于积累，学会读书，把读书与思考相结合，充实自己的文化底蕴和理论素养，为自己未来的教学工作广开鲜活的源泉。我相信，精诚所至金石为开。虽然我现在还只是初涉教师这份职业,在知识储备和经验积累上都甚为单薄,但是,我已经爱上了这份职业,以后我会更加努力,为成为一名向学生传递知识的好老师而奋斗!

顶岗支教实习学校:化隆县群科镇文卜具小学

阅读育人，体育育人

多杰华角

实习，是我们大学期间的最后一门实践课程。通过实习实践来检验自己所掌握知识的正确性、实用性以及专业性，为自己将来步入社会打下坚实的基础。通过这次实习，我们师范生能够初步感受教书育人责任的重大，并且从中提高自己的综合素养，培养自身的教学能力。

天峻县民族寄宿制完全小学位于青海省海西蒙古族藏族自治州天峻县，是一所公办小学。学校创建于1978年，距离县城240多千米，十分偏远。学校附设幼儿园，共有31位师生，其中教职工有7位，包括2名幼儿教师和5名小学教师。学生共21名，包括8名幼儿园学生和13名小学生。小学阶段只设立一至三年级，其中一年级有4位学生，二年级有4位学生，三年级有5位学生。这所学校面临着交通不便、教育资源缺乏、教学设备不足、专业教师不足的问题，但是驻扎在这片土地的教师仍以自己万分的热情投入到自身的教学工作当中去，这让我颇为感动，也下定决心要努力做好自己的实习工作，为今后自己的教学生涯打下坚实的基础。

顶岗支教实习要求我们将在校时所学的理论知识运用于实践，但这并不是一个简单的事。我们需要认真思考，面对突发情况善于应变，因地制宜地发挥我们学过的知识与技能。在此段实习中，我努力接触每一位学生，了解学生的实际情况。在每一节的课堂教学中，我都细心观察每一位学生的言行举止，并在心中默默记下。因为我想从他们说的话和做的动作里面去捕捉一些他们背后蕴含的信息，包括性格、习惯、兴趣、态度以及家庭情况等。

为了更快地熟悉和掌握学生的情况，增进对学生的了解，我抓住一切可能的机会和他们接触交流，更快地融入这个班集体。除了每天的教学时间和体育课的时间之外，在课间休息期间我也经常和学生主动交流、互动，与他们拉近距离。通过自己主动对他们关心和体贴，学生也逐步向我敞开心扉，都愿意主动找我交流。这样，在他们的心里，我不仅是一位教师，还是他们贴心的朋友。

我的主要工作是担任学校里一到三年级学生的语文和体育教学。这意味着我肩负着促进学生品德、智力和体力发展的重要责任。习近平总书记提出"全面贯彻党的教育方针，落实立德树人根本任务，厚植爱党、爱国、爱人民、爱社会主义的情感，努力培养德智体美劳全面发展的社会主义建设者和接班人"[①]等重要论述。德智体美劳是新时代公民必备的素质，而教育就是要促进学生的德智体美劳全面发展。给学生们上语文课和体育课，除了授予学生系统的科学文化知识、技能，发展他们的智力，以及授予学生健康的知识、技能，发展他们的体力，我还要注意培养学生正确的人生观、价值观，培养学生具有良好的道德品质和正确的价值观念，培养学生形成正确的思想方法。

读书万卷，履践致远

在语文教学上，张志公[②]先生曾说过，"阅读不仅是学习和继承前人或他人知识，它还将影响到人类社会现实的未来的生产、生活和科学技术的发展"[③]。阅读，是语文教学中最重要的部分，学生可以通过阅读，拓宽视野，增长见识。但我认为，如果将阅读的范围仅仅局限于课本上，实在是太过狭隘。课外书的阅读也是十分必要的。

为了更好地提高学生的阅读能力、表达能力以及写作能力，我初步尝试"课内阅读和课外阅读的有机结合"，开设了每周一节课外阅读和一节课文分享课，并要求学生在每一周的周末要完成两篇150字以上的日记。通过一段时间的不断坚持，学生的阅读能力、表达能力以及写作能力都有了明显的进步。

阅读课后我反思了一下，在此次的实践教学中，有如下几个不足之处：第一，没能真正地实现情景交融的教学要求，只是一味地要求学生们去读，读得越多越好，没能给学生们创设一些相应的阅读情境，让他们能够更快更好地进入阅读状态；第二，对学生认知的了解不足，没有做好开设阅读课写作课的课前学情了解工作，在教学过程中才发现不是所有的学生都有足够的写作能力去

---

① 培养德智体美劳全面发展的社会主义建设者和接班人[N].陕西日报，2021-09-22（4）.
② 张志公（1918—1997），河北南皮人，当代著名语言学家、教育家。代表作有：《张志公文集》《传统语文教育初探》《漫谈语文教学》等。
③ 袁晓曼.在教学中应注重培养学生的阅读创新能力[J].新课程（教育学术），2011（8）：163.

完成任务，个别学生做不到发挥想象写故事，创编一个神奇有趣的想象故事的习作要求；第三，在阅读课的教学过程中，出现了对于串联单元与单元、课文与课文、课时与课时有思路不太清晰和逻辑不通的情况，导致学生也不能很好地把握文章主旨大纲以及行文逻辑结构，更不用说进一步地提升他们的阅读能力；第四，对课堂教学时间的掌握不足，没有给学生留足课堂留白的时间和读后思考的空间，使得学生的自主能动性没能在课堂上得到充分发挥。

育体与育心

在体育教学中，我坚持"健康第一"的指导思想，促进学生健康成长，激发学生的运动兴趣，培养学生体育锻炼的意识和习惯，以学生发展为中心，帮助学生体会体育与学习的课程理念。根据学生全面发展的要求，确定课程目标体系和教学内容；根据学生的身心发展特征，划分学习水平；根据可评价的原则设置可操作和可观测的学习目标等教学思路。

体育教学中我开设了足球、篮球、乒乓球、羽毛球、跳绳以及第八套广播体操2.0等活动。在上课的时候，首先我会给学生描述我们接下来要学的项目名称或动作术语，还有完成所学动作的节奏感、柔韧性、协调性和连贯性等基本要点。例如，给学生上羽毛球课的时候，我先给他们示范了一次发球的动作，告诉他们这样就是发球。同学们看见我一挥拍，羽毛球就"咻"的一下越过场地中间的网飞到对面去了，大家都纷纷雀跃地表示想试一试。这时，已经勾起了他们学习羽毛球的兴趣。但我没有急着把羽毛球和拍子发下去，又发了一个没有过网的球，问他们这样发球对不对。有些学生摇头表示不知道，有些大声地说"不对，球应该要打到对面去"。我笑着肯定了那个小女孩的回答，然后把羽毛球和球拍分发了下去，让他们自己试一试把球打到对面。有的试了一次就成功了，开心地和小伙伴分享自己的喜悦，还煞有介事地当起了小老师，教同学怎样才能成功发球。有些试了几次都没成功的，我观察到他们的情况，及时地上前指导，握着他们的手，轻轻一挥，羽毛球就飞到对面去了。手把手带着他们再做了几次，很快，班上的学生都掌握了发球的诀窍。

我深刻地知道育体与育心是不可分割的，不能只在课上一味地教他们动作，还要尊重他们的身心发展规律。其实同学们的很多动作做得没有那么标准与规范，但是我知道，这个年龄阶段的儿童，身体的发育还不完善，肢体的精细控制能力也没有大人的好，只要他们把球发出去了，我就会在一旁给他们鼓掌，

13

表扬他们做得好。后来他们学会发球，又学会接球之后，就迫不及待地和小伙伴开心地玩了起来。每次上课，我还是会（在他们看来）"啰唆"地重复着注意事项，叮嘱他们要注意安全。到了自由活动的时候，就三三两两地玩在了一块。他们可能还不理解"合作"和"竞争"这两个词，也无法阐述这两个概念，但他们已经学会相互帮助，协调分配，打到后面的球由站在后面的同学来接，前排的不能去抢着接球，也学会了"斤斤计较"，和对面的小伙伴看着地上划分区域的线，踩着脚争论，这个球到底有没有效。我觉得这才是体育教学的意义，也是健身育人的意义，只有将育体和育心相结合，才能够真正做到育人，真正促进学生身心健康、体魄强健、全面发展。

体育教学可以给予孩子健康的体魄和强壮的力量，但最重要的是体育可以激发孩子对于生活的热爱，教会孩子如何在规则的约束下赢得胜利，也教会孩子如何正确地面对失败。帮助孩子形成更完整的人格是体育教师的根本职责。通过体育教学，学生掌握了体操运动的基本知识、技术、技能，同时也提高了学生体育与健康的实践能力，提高了体能和运动技能水平，促进了学生的健康成长和合作意识与能力。学生也在某种程度上学会了调控情绪的方法以及培养了良好的体育道德，掌握了基本的保健知识和方法。

光阴似箭，日月如梭，回想一下实习过程，愉快又艰辛的实践学习已经结束。在这段时间里，我经历了从学生的身份转换到教师的身份，再次转换到学生的身份；从每周的说课到每日的讲课；从模拟到实践；从理论到实施；从答题到出题，都仿佛发生在昨天一样真切。

在实习期间，我学到了很多书本上所没有的东西，当然也遇到了一些困难。近四个月里，作为一名实习老师，我处处注意自己的言行举止，热心爱护实习学校的学生，本着对学生服务与负责的态度，尽全力做好教育教学的每一项工作。同时作为一名实习生，能够遵守实习学校的规章制度，尊重实习学校的领导和教师，虚心听取他们的指导意见。经历了接近四个月的实习生活，让我体会了教师职业的酸甜苦辣，也让我体验到当一名老师所担负的责任。

短暂的实习时光已结束，心中难免有些不舍，不舍的是指导老师在教学上和管理上的谆谆教诲，不舍的是和学生们在一起学习和生活的美好时光。最后，祝我的学生们，黎明即起，孜孜为善。愿身边的求学者们热爱生命的春天，珍惜时间的清晨，学那梅花，争作"东风第一枝"。

顶岗支教实习学校：天峻县苏里乡民族寄宿制小学

教育者，养成人格之事业也

侯统宏

回顾四个月的实习工作，每天都是忙碌且充满意义的。怀头他拉镇小学位于青海省海西蒙古族藏族自治州德令哈市。怀头他拉镇是枸杞种植基地，枸杞种植面积达到11000亩（约733公顷），枸杞种植是当地居民重要的经济来源。刚到怀头他拉镇小学那天，校长就带着我参观了学校，一路上他介绍了学校的建校历史、学生情况。除此之外，他还讲述了学校的特殊情况，由于怀头他拉镇的村民60%都是外来人员，在当地种植枸杞，其余40%是务农的本地人，因此，这里的学生流动性大，家长顾不上学生的学习，跟家长沟通也非常困难。通过校长的这番讲述，我对这个地区和学校有了初步的了解。

在顶岗支教实习生活中，我担任的是二年级和五年级的数学老师、语文老师，同时兼任五年级班主任。作为班主任，每天早晨7：40进教室，组织学生们吃营养餐，填写班主任工作表，组织班级活动，我所带的两个班一天至少四节课，每天的循环工作就是上课、批改作业和备课。

在顶岗支教实习期间，让我最自豪的就是实行小组学习法，大大提升了学生学习的积极性和课堂参与度。起初，我开展小组学习法的目的是增强学生的主动参与意识，增强学生的合作探究精神，为学生的主动发展，自主学习打下坚实的基础。因此，我分别在五年级和二年级的数学教学中实施了小组学习法，两个年级的学习效果也呈现出不同的效果。五年级的小组合作学习主要体现在数学题的解决上，班上学生两极分化严重，学习困难的学生对数学课的兴趣度不高，这样的学生需要同学和教师的鼓励和帮助。因此每节课讲完知识点后，我会带领同学们进行习题练习，做题过程中重点针对学困生进行指导，在教师指导完后，每个学生再进行总结，之后再给学生布置一些由易到难的题，让学生进行自主解题和合作解题。由于五年级的学生较少，所以进行得很顺利。这样的上课方式让学生们感到轻松，大部分学生都能全身心投入学习中，学习效果比较好。

二年级的小组学习主要体现在动手操作的学习任务中。在合作学习中，学习积极的学生会带动整个小组的学习进度，但由于低年段学生的年龄特征，他们难以照顾到其他同学是否参与到学习任务中。二年级的学生急于得到老师的评价，他们学习的重心总是放在自己有没有完成学习任务上，缺乏合作意识，因此需要老师在上课的过程中，不断强调合作学习的重要性。特别困难的是小组学习在二年级运用会造成课时不够用，没办法按时完成教学任务等问题。经过一段时间小组学习的开展，我初步认识到在课时有限的情况下，小组合作学习不适合运用到低年级的教学任务中。

在教学过程中，难免会碰到学困生。在二年级任教期间，班上有两位学生从一年级开始基础就比较薄弱，以至于到二年级跟不上学习进度，上课的时候状态不佳。面对这种情况，我意识到要对他们给予更多的关注并注重因材施教。上课时按照正常的教学进度进行教学，下课后把两位同学带到五年级教室，给他们分配五年级的指导学生，让五年级的学生带领他们学习，虽然短期内效果不明显，但是他们每天都在进步和成长。学生之间相互地进行指导，以同学去影响同学，不仅可以增加被树立为表率同学的荣誉感、责任心，起到正面激励作用，还能给其他同学提供仿效的对象，发挥榜样的力量。经过了两个月的学习，其中一位学生能熟练运用乘法口诀进行计算，但是另一位学生的学习情况却依旧不理想，因为家长把自己的孩子当作特殊儿童对待，不引导学生，也不配合老师的工作，这让我头疼不已。我发现这种现象之后开始积极地和他的家长沟通，慢慢地，这位学生的学习情况也逐步有了好转，这也让我感到十分欣慰。

巩固教学成果最好的方法是布置课后作业，随着"双减"政策的出台和学校课后服务的实施，放学后学生可以在老师的辅导下在校内完成作业。因此，在课后服务上，学生们遇到难题，我会及时进行辅导，让学生们能够弄懂知识点。有时候我也会组织一些游戏来帮助学生巩固知识点，在跳绳游戏中，学生们有边唱歌边跳绳的习惯，我注意到这一点后，就将一些字词改编到歌词中，以便学生在跳绳的过程中巩固字词。例如，歌词"西瓜从哪儿来换成大字怎么写、横、撇、捺，请你组个词"，等等。学生在跳绳的时候也巩固了字词的知识，这对二年级的学生效果很好。除此之外，在课后服务时间，我也会布置一些实践性的作业，在完成后，让学生们讲述自己实践过程中的发现与收获，提高学生的语言表达能力和数学逻辑推理能力。

上课要求学生认真听讲，下课则是学生们活动放松的时间，这时，我会要求学生们好好释放自己，可以在班级内活动，也可以到操场上尽情地玩耍。为了丰富学生的课间生活，我还给班上的学生准备了跳棋，以便学生们在休息时间玩耍，并把它交给学生们自主管理。除了跳棋，学生也会在希沃白板上下象棋，做一些剪纸等手工。在这一个学期里，我发现班上的每个同学都很优秀，做事情积极进取，回答问题大方得体，不怕吃苦，热爱劳动，积极帮助低年级的学生，每一个学生都是宝藏。

此外我还注意到，怀头他拉镇小学由于家长工作的特殊性，很多学生都是留守儿童，父母照顾不到孩子，因此五年级的学生们卫生情况都不好。作为班主任的我多次强调并且向家长再三嘱咐要让自己的孩子保持卫生整洁，但是效果甚微，面对这种情况，我每天给不讲卫生的学生亲自洗手、洗脸并耐心教导他们，让学生能够逐步地意识到卫生的重要性。五年级的学生自尊心强，很快就见到了效果，学生们为了避免这种尴尬的情况，回家后自觉洗手洗脸。这里的学生卫生习惯不理想，但是对待他们要抱有接纳和关爱的态度。学生的童年生活、教育经历、社会生活的影响都各不相同，作为教师一定要用妥善的方法，去促进每一个学生的成长。

在这为期四个月的顶岗支教实习生活中，我明白了全面发展、立德树人的重要性。但是怀头他拉镇小学地理位置偏远，学校条件设施无法为学生全面发展提供保障。首先，学校缺乏美术老师和音乐老师。虽然学校请了当地政府中"三支一扶"的工作人员，但是由于种种原因，美术老师到学校上课的时间并不多，大部分时间还是让学生上语数英三门课。在人人都提倡素质教育的今天，农村地区却并未普及，这需要每一位教育工作者的支持和坚持不懈的努力。其次，教师的作业批改量大，无法有效地进行调节。两个班的数学课，五年级平均每天早上两节，二年级两节，早晨没时间批改作业，下午两个班还有课，一方面让学生做卷子，另一方面老师要讲习题，尽管中午抽时间批改作业，但是好多作业的批改都需要延迟到下班时间才能完成，教师工作强度大，学生难以及时地获得自己的作业反馈从而影响教学进度。最后，学生作业量大，"唯成绩论"仍在农村地区盛行。五年级学生的作业都有练习册，练习册中还有卷子，随堂练习卷子，学业评价卷子，同步口算，作业量非常大，哪怕"双减政策"实施后，学校也并没有做到真正意义上的减负，这导致学生的学业负担非常沉重。面对学校的这些不足，仅靠我微薄的力量无法改变，希望在未来的某一天，教育改革力度能够深入偏远乡村，让更多的孩子健康快乐地成长。

回顾这短短的四个月，我的心态和观念以及能力都在逐渐地发生变化，从中也领悟到作为一名老师，要戒骄戒躁，要时刻以一种学习的态度来对待自己

17

的工作，注重经验的积累，不断提升自己的能力，这是一个成长的过程。通过本次实习，我进一步明白了自己的使命，面对一双双渴望知识的眼睛，我更应该充实自己，不断持续精进地学习。

顶岗支教实习学校：德令哈市怀头他拉镇小学

在听评课的教研活动中成长

韩买燕

教育实习是师范生教学生涯的开始,是检验每一位师范生教学技能的前测,亦是师范生成长为一位合格教师的必经之路。教育实习不仅能帮助我们树立正确的人生观、教学观、就业观,适应真实的教育场域,同时通过教学实践还可以有效地推动师范生教学基本功以及教学能力的提升,促进师范生向未来的"专业教师"发展。

2022年3月16日早晨8点,我们52人集合整装出发。经过几番周折,我终于来到循化县街子镇洋库浪志华爱心小学,开始了为期4个月的实习工作。街子镇洋库浪志华爱心小学成立于2016年,位于海东市,从西宁过去要100多千米,学校有15位教职工。

到了学校,校长先给了我们一项重要的任务,那就是听课。我印象最深的一堂课是周老师给二年级学生上的关于图形的运动那堂数学课。这是二年级下册数学课的教学内容,需要创设真实的教学情境,通过让学生自己动手剪纸来探索图形之间的规律。

上课铃响之前,我们走进了周老师的教室,令人眼前一亮的是同学们的桌子上整整齐齐地摆放着A4纸张和小剪刀,黑板上贴了许多张彩色的窗花。学生前后4人为一小组,这样的座位安排既有利于进行小组合作学习,又有利于营造良好的课堂氛围。

课程开始,周老师在多媒体上播放了各式各样的剪纸图片,通过让学生欣赏、观察图片,从而回顾上节课的轴对称图形和平移的相关知识。并且让学生动手试着剪一个轴对称图形。在学生们剪之前,周老师强调,要安全使用剪刀的相关注意事项。紧接着,周老师拿出提前准备好的"两个手拉手的小人"的剪纸,向学生们提问,"同学们可以猜一猜老师手里两个手拉手的小人是如何剪出来的吗?"同学们争先恐后地回答。周老师又接着说道,"你们想试一试吗?今天我们就试着剪两个手拉手的小人。四人为一小组动手试一试。"同学们开始尝试，结果发现同学们只能剪出一个手拉手的小人，这时周老师开始演示是如何剪出两个手拉手的小人的。正因为学生们通过尝试以后发现，剪出两个手拉手的两个小人有一定的困难，所以在周老师演示时学生们便听得格外仔细认真。

　　古人云："三人行，必有我师焉。"与人交流、向人学习和自我反思是提高自身能力的重要方法。教师的教学活动是一项具有创造性、可塑性的活动。独木孤行必然提高得缓慢，甚至停滞不前。吸收借鉴他人的高效教学方法则是尽快提高师范生教学水平的重要手段。听课评课便是这一手段最直接有效的方式。为了真正使这项活动对教学工作起到更大的推进作用，对作为实习教师的我们而言，学会听课评课是一项必备的能力。听课评课是作为实习教师学习过程中的重要一环，在听课评课过程中不仅能学到许多教学经验，还能够提升自身的教学能力；在听课评课的过程中能感受到其他教师多样的教学方法，探寻适合自身的教学方法；在听课评课过程中还可以发现自身讲解不到位的地方，在接下来的课堂中不断改进。

　　通过为期两周的听课评课活动，我发现好课都有着一样的标准：教师的教学目标是集中的，教学思路是清晰的，教学板块应当是环环相扣的，课堂是以学生的学习为主体的，课堂上能够看到学生进步的，教师的环节设置常常是由扶到放的，学生能够积极表达，教师的指令清晰，教学用语简洁，能够抓住学生回答的要点进行点评，教师对文本内容有独特且深入的见解及课堂学习氛围融洽，等等。

　　但一节好课其实也没有那么多固定标准，随着学生学段、见识、语言表达、书写能力等的差别，不同的课堂又是需要保持各自的独特性的。慢慢地我也发现，拿着名师的课件去教自己的学生，是上不出同样的效果的。上好课，这不仅是对我自己的考验，也是对学生的考验。听完课并不等于这节课的教学方式就可以完全迁移到自己的课堂上来，而是要学习其中的方法和技巧，把这种方法和技巧带回到自己的课堂中。

　　听课是观察，也是反思。苏轼说："不识庐山真面目，只缘身在此山中。"[①]教学亦是如此，教师往往在这个过程中太过投入，而不知道自己的课堂教学究竟如何。而听课给了我们观察的机会，观察别人，反思自己。我逐渐认识到一名教师的魅力不仅在于教学环节的设置上，还在于教师的语言、教师的点评、教师对于学生不正确回答的处理，这些细节可能是在听课中常被我们忽视的，

[①] 刘耕. 创业第一步的前1步：如何成为一个适合创业的人 [M]. 哈尔滨：哈尔滨工业大学出版社，2022：6.

但正是这些细节使得不同教师的课堂呈现出了巨大的差别。因此，在听课的时候要更关注细节。

听课是倾听，也是追问。大多数时候，在听课的过程中，我们会忙着做笔记，记录教师的教学环节、记录教师提的问题，而这个过程也常常会阻碍我们的思考，让我们忘记了听课的目的。语文教学名师余映潮老师提出的"主问题教学"，一节课可能就是由几个"主问题"组成的，当我们听到一个好的问题时，我们的第一反应应该是教师为什么要提出这个问题？这个问题的解决可以带动哪些问题？这个问题对学生而言，解决的障碍和优势主要在哪里？当我们试着把倾听的过程变成追问的过程时，课堂才变得更有意义。

听课是肯定，也是否定。随着教育环境的大发展，越来越多的教师有了上展示课和交流课的机会，我们去听的课并不是一节毫无瑕疵的课，有很多的环节和语言表达都是需要斟酌的。

这次顶岗支教实习，让我对于如何上好一节课有了新的感悟与体会，听了那么多富有教学经验的老师们的课，受益良多。未来走上教师讲台的我，也一定会坚持实习期间收获的好习惯，积极参与学校听评课的教研活动，努力提升自己，使自己更快成长，最终成为一名好老师。

顶岗支教实习学校：循化县街子镇洋库浪志华爱心小学

我的第一次公开课

侯统香

2022年3月16日中午，怀揣着一颗激动的心，我和我的实习伙伴来到了循化县文都藏族乡牙日小学，开始了我们为期一学期的顶岗支教实习生活。走进校园的那一刻，我对这所小学有种莫名的熟悉感，就好像是回到了我的母校。进入校门，映入眼帘的一排三层小楼房是学生宿舍，旁边一排三层小楼房是一至六年级的教室、教师宿舍、办公室、接待室以及食堂，在它的后面是一块长方形的空地，一周不足二百米的距离，便是他们的操场。学校共有六个年级，每个年级只有一个班，总共224名学生，14名教师。所有的一切都是我母校的复制版，让我倍感亲切。

我是小教全科专业的学生，因此实习学校安排我负责六年级语文的教学工作。刚到学校，便遇到了学校正在进行公开课展示的活动，我也在安排之中。我被安排在周四早上最后一节课上语文公开课。至今，我对那节公开课记忆犹新，它是我教学工作的起点，也是梦开始的地方。那节公开课，我挑选了要讲授的内容，刚好也是学生们接下来要上的那篇课文，即老舍的《养花》。在确定好上课的主题后，我开始积极准备，不断改进与完善我的教学设计。在学习教材中明确了教学目标与重难点后，我将自己的教学设计分为以下几个部分：第一，以"花"为主题进行课前导入；第二，介绍写作背景；第三，初读课文以扫清字词障碍；第四，略读课文以厘清脉络并概括大意；第五，精读课文并体会情感；第六，布置思考"养花的乐趣"的小任务。为此，我精心准备课件，一遍一遍地进行试讲，在我认为万无一失的时候，我很自信地走进了公开课的教室，进行了我人生的第一节公开课。我以一张漂亮的"格桑花"图片引入"花"的话题，漂亮的"格桑花"在藏语里象征着"幸福吉祥"和"美好"的寓意，它成功地抓住了同学们的眼球，吸引了他们的注意力。随后，我将话题自然过渡到"养花"的话题，正式进入教学主题。我按照教学设计一步一步地进行，使这节公开课顺利完成。其中令我印象深刻的是在品读课文的时候，有一位同学举手起来说:"老师,为什么看着一朵花生病欲死会很伤心难过啊?花有好多啊,没有这一朵还有另外一朵。"听到这个同学的提问,我思考了一下回道:"老师举个例子,如果你的好朋友转学了,未来就不能和你一起学习、玩耍了,你会不会难过呀?"她说:"会。"我接着问道:"那你有了另外的好朋友会忘记你这个好朋友吗?"她回答:"不会。"接着我说:"对呀,花就像你的朋友一样呀,它们也是世界上独一无二的自己呀,也是最不可替代的呀,所以,同学们要珍惜自己的朋友,也要珍爱花呀。"听到这话,有的同学看着班级里自己的好朋友坚定地点点头。那个时刻,看着他们,我也受到了很大的感触。在课后,指导教师们告诉我这节课上得很好,尤其是会考虑少数民族的同学,而且在上课的过程中会将课文与现实结合起来,带给学生们深刻的情感体验。但不足的是我的课堂节奏有点快,有的孩子基础不太好,会跟不上,我需要把握好课堂的节奏,让他们跟上进度。指导教师们对我课堂的评价深深地鼓励了我,让我对以后的教学工作有了很大的信心。

同时我也及时进行了反思,明白了自己的不足以及未来要努力的方向。第一,我明白了在教学准备之前首先要了解学生,要掌握学生的基本学情。我就是因为在公开课之前没有充分地了解要上课班级的学生学情,所以对上课的节奏把握得不到位,上课的速度有些快,因此让学生对知识的理解不到位。第二,我明白了教学方式应是多样的,是变化的,不应是单调乏味的。我需要在实习中不断地学习与实践,在了解学生具体情况的基础上,设计适合他们的且有趣味性的多样化教学方式,把握适度的课堂节奏以达到良好的课堂效果。

因此,在后面的实习过程中,备课之前,我会先了解一下学生的基本学情,然后进行适宜性难度的教学设计以及选择合适的教学方法。此外,我会在教学过程中设计一个有趣的板书,给学生教有关课文内容的儿歌,讲有关课文内容的故事,有时候也会根据课文展示学生们感兴趣的图画。在这样的反复训练与实践下,我的教学能力有了突飞猛进的提升,在多次公开会议中老师们对我的板书设计、课堂教授方法和教案书写提出表扬。

时间如白驹过隙,转眼间我的实习生活已经结束了。这一学期的实习生活让我收获良多,在这里的每一分、每一秒都是我人生中最宝贵的记忆。这里是我教师生涯的起点,是我快速成长的桥梁,更是我教学能力提高的支点。虽然在过程中我有不足之处,但人生不可能是一帆风顺的,对我们新手教师来说更是一样,不经历风雨,如何见彩虹,只有不断学习,不断成长,才会有更好的明天。每个新手教师都需要经历这个成长的过程,积累一点一滴的经验,慢慢丰富自己的阅历。在这里我要感谢指导教师们对我的认同与激励,也很感谢他们对我的培养。在他们的悉心培养下，我不断提高教学能力，掌握多样化教学方式，使学生们逐渐对语文产生兴趣，在最后的学习成果展示中有一个质的飞跃。同时更要感谢这一学期的顶岗支教实习生活，给予了我丰富多彩的成长过程及经历，让我在这里度过了美好又难忘的日子。

顶岗支教实习学校：循化县文都藏族乡牙日小学

高原教育，一场向美而行的遇见

昂毛措

习近平总书记强调"抓好稳定、发展、生态、强边四件大事"，指出"改变藏区面貌，根本要靠教育"，也为青海省藏区教育发展指明了前进方向。[①] 我实习的地方就在藏区——玉树藏族自治州囊谦县。我们坐了两天的大巴车，在午后阳光的沐浴下到达了目的地——囊谦县第二完全小学。当时的心情极为忐忑与激动，忐忑是因为自己即将在一个全新的环境中工作与学习，在这里可能会遇到各种各样的问题，而且并不是每一种情况都能够很好地把握。激动是因为在这里自己将成为一名人民教师，一名人类灵魂的工程师。

囊谦县第二完全小学创建于2006年，是一所走读制完全小学，学校有六个年级，共30个班级。它位于青海省玉树藏族自治州，这里地处青海省西南部，青藏高原腹地的三江源头，又是典型的高寒气候。虽然风景引人入胜，可气候和环境条件却是十分艰苦的。到达囊谦县第二完全小学后，学校领导给予了我们很多关怀和帮助。刚到校那天，学校领导用献哈达的方式真诚地迎接我们，并安排好了住宿及伙食等细节。与此同时，被分配到囊谦县第二完全小学的十六名顶岗支教实习生也互相帮助、彼此关心，这种大集体的温暖与阳光照亮了我们的支教之路。在第二完全小学我们除了完成学校分配的课程以外，还与在校教师们一起参加了囊谦县政府举办的国庆合唱比赛并获得优秀成绩，通过这些活动，我们对这所学校产生了很强的认同感和归属感。

在听了一周的课之后，我开始走上讲台，开始了自己的第一篇"处女作"。固然，刚开始的时候心情特别紧张，但是慢慢地就放松下来了。我上的是一年级的道德与法治课，站上讲台、树立威信，这是我之前给自己定的目标。可当真的站在讲台上时情况完全不一样，我面临着两个比较棘手的问题：第一是语言问题。由于这里地处偏僻，国家通用语言还未完全推广普及，因而一年级的

---

① 教育部与西藏自治区举行部区会商会议 [EB/OL]. 西藏主要新闻，2023-03-16.

学生大部分都听不懂普通话，而我又不会说安多藏语方言，所以跟他们沟通就显得特别困难。我除了备课、搜集和琢磨教学方法外，为了便于授课我还要学一些基本的安多藏语方言，这是上好一堂课的基本要求。第二是课堂纪律问题。一年级孩子还保留着幼儿园时的特性，他们对学习有好奇心，但又做不到专心致志听讲，在课堂上经常做小动作。当我在课堂上反复强调纪律之后，仍然有学生不明白。此时，我告诉自己"耐心一点，再耐心一点"，有耐心就有了上好一堂课的希望。另外，喜爱听到他人对自己的赞美和表扬是人的本性，一年级学生也特别喜欢听到老师表扬自己，因此我也用表扬来激励和引导他们。有时，在看到某个学生表现得很好，我会立即表扬他，并且向同学们说出他哪里做得好。还记得班里有个孩子之前一直不敢积极举手发言，有天我看到他的小手高高举起，便毫不犹豫地请他站起来回答问题，并在他回答问题之前我先对他进行了表扬："才旦同学能够勇敢地举起手，主动请求回答问题，这对他来说是非常需要勇气的，我们在他回答问题之前先给他鼓鼓掌好吗？才旦同学非常棒，老师相信你下一次一定还能主动举手，你会变得越来越勇敢的，对吗？"看到有小朋友得到了老师的鼓励，大家纷纷集中了注意力，都渴望能得到老师的关注并获得表扬。

  对我而言，上好一年级的课除了要解决语言以及课堂纪律的问题之外，还需要有经验丰富的教师的引导。在囊谦县第二完全小学顶岗支教实习的好处就是可以去听很多富有经验的教师们的课。通过听课，我在成熟教师身上学习了不少教学及管理的方法，尤其是去听语文教师的课。在他们的课堂上，我发现教一年级的学生最需要的是专业素质。除此之外，还需要有童心和爱心，学生的不懂之处需要教师放慢语速并且多次重复与强调。比如，一年级道德与法治的第四课"上学路上"，主要是关于交通信号的知识。交通法则对每个人而言都非常重要，因此小学生也必须掌握这些知识。而囊谦县地处青海省最南端与西藏自治区的昌都市交界，受气候、环境等因素的影响，这里多是雪山和草原，当地居民也多以放牧为生。囊谦县县城虽设有交通信号灯，但长期的牧区生活使得当地的居民并未有什么交通意识，所以小学生也不易明白这些关于交通信号的知识。因此，在课堂上我采用情景模拟的教学方法，让学生扮演过马路的行人与交通信号灯，从而让学生们对这节课充满兴趣并易于理解和掌握。在各种条件有限的情况下，我尽我所能地让整个教学内容更容易被学生们所接受、理解，努力地跨过重重障碍使得课堂更加生动、活泼。一座座巍峨险峻的雪山矗立起一道道难以翻越的屏障，这使得生活在高原上的孩子们很难透过它们看到祖国另一边车水马龙、充满现代文明的城市。既然我曾有机会跨越山海，亲眼得见过那个与高原农牧文明截然不同的现代文明，那么作为高原小学教师的我，就有责任带领他们去"看看"雪山那边的风景，让高原的孩子们在我的教学中看见高原以外的世界。

青藏高原虽然自然条件恶劣，但从来不能阻隔高原上的孩子们想要一看远方的热切心愿。相比于沿海城市的交通便利、气候宜人，这片土地则显得十分偏远，远到鲜有优秀教师愿意留下。作为高原上长大的孩子，我深知学生们对于知识的渴求，也深知高原教师的不易。

我想扎根高原这片美丽的土地，在高原的风雨下将自己锻造成一名坚毅果敢、成熟练达的教育人。凭借一腔热诚一腔爱，在这片土地上默默耕耘，播种爱、传递爱。

在囊谦县第二完全小学的顶岗支教实习是一段宝贵的经历，在此过程中虽遇到过困难，但恰恰也是这些困难帮助我成长、成熟。通过顶岗支教实习我深深地明白，想把工作做好需要有一定的学习能力，通过不断学习，掌握做一名合格教师的各项技能，比如，上课技能、管理技能等。而学习的途径主要包括两方面，一方面，要向优秀的教师、工作经验丰富的人请教学习；另一方面就是自学，在没有人帮助的情况下通过自学寻找解决问题的办法。在实习的过程中，我学到了很多课堂上根本学不到的知识，也开阔了视野，增长了见识，这段经历也为我进一步走向社会打下坚实的基础。

顶岗支教实习学校：囊谦县第二完全小学

乐于沟通，创设趣味英语课堂

央 吉

实习，是一次用自己的眼睛和耳朵去感受教育教学环境和学生的机会。通过这次的实习，我受益匪浅，对教师这个角色也有了更为详尽而又深刻的了解，学习到了许多在学校学不到的东西，这些内容不再局限于书本，而是对教育教学和学生有了一个比较全面的认识。同时更加深入地了解了自己目前所存在的不足，以及今后努力的方向。

囊谦县第二完全小学地处青海省最南端的玉树州西南部，全境平均海拔4000米以上。由于海拔高、气候高寒、地广人稀等因素使得这所学校师资紧缺，各学科的专业教师都需增加，其中英语教师师资紧缺最为严重，所以学校给我安排了整个三年级共七个班的英语课程教学工作。囊谦县地处青南农牧区，这里以放牧为生，整体环境较为偏僻落后，他们对英语学习的重视程度并不高。通过观察与分析，我发现这是由多方面的因素造成的，其中一点就是学生家长文化程度相对不高，英语学习的意识不足，大多数牧民家庭对于孩子的英语学习基本没有什么概念；二是学生的学习兴趣问题，刚开始时学生们出于好奇对英语课还有些兴趣，可随着时间的推移，在缺乏语言环境的情况下学生们的积极性日益下降。此外，学校内相对缺少能够担任英语教学的教师。种种条件的限制下，这门课程逐渐被忽视，英语被作为一门"副课"来对待。而我作为一名小教全科的顶岗支教实习生，并没有把这门课程当成一门"副课"来对待，因为英语学科在中考、高考中的分值占比很大，且英语是通向世界的窗口，所以英语的学习不仅对学生们不久后的升学具有重要影响，从长远来看甚至还关乎他们未来的发展。因此无论是英语课堂还是课后作业等，我都对学生们严格要求。我想用这种方式体现出我对于英语学科的重视，以此使得学生们摆正心态，认识到英语学习的重要性。

平时，在上课过程中我也坚持认真对待每一位学生，其中最令我印象深刻的就是三年级七班的一个女生。这个女生对英语学习的兴趣度并不高，以至于她在英语课堂上总是难以集中注意力去学习。有一天，我主动去和这位同学聊天。我问她："你认为自己平时在英语课堂上表现怎么样？"这个同学低头不语，我接着同她讲道："不管你以前表现好与坏，老师现在希望你能认真地对待每一件事情，认真的人是值得尊重的。其实，你特别聪明，即将要面对期末考试了，你现在开始努力学习，还可以通过自己的努力来改变自己。第一步首先是争取好好听课，好好写作业。你有什么困难可以随时找我，不管别人学习怎么样，只要我们比自己进步了就好，你可以做到吗？不论你相不相信自己，老师都会相信你一定能够做到的。"虽然，这位同学当时没说什么，但是在之后的英语课堂上，我能够明显地看出这个学生发生了许多细微的改变。她在上课的时候认真了许多，在课堂上的提问她也都能够及时地反应过来，甚至我在黑板上写出的新单词她也能马上拼读出来，教师们布置的每一次家庭作业她也都能做得很好。从这个例子可以看出，教师多给予学生一点耐心，多与学生沟通和交流是能起到良好的教育效果的。有了这个良好的开始，我更加坚定了信心，认真、细心、耐心地对待每一位学生。其实，每个人都希望能够得到别人的认可和信任，正处于小学低年级的学生也是如此。作为教师当然要怀有更多的耐心、期待，相信每一位学生都拥有无限的潜力以及美好的未来。

但仅仅与学生沟通是不够的，还要找到适合他们的英语学习方式，让他们真正对英语产生兴趣，爱上英语。三年级的学生刚开始接触英语，一门新的语言对他们来说难免会有些陌生。于是，我决定教他们唱字母歌。每学到一个新的字母，我都会让学生们联想与这个字母相似的东西来帮助记忆。慢慢地学完所有字母后，我试着将一些简单的单词加入字母歌中。比如，提到字母"a"的时候，我会把"apple"写在字母后面并在旁边画上一个小苹果。有时，我还会准备一些比较形象的图片，帮助同学们记忆单词。在一张张具体形象的图片的帮助下，班里的学生很快就记住了这些单词。有的学生在看到自己感兴趣的事物时，还会激动地跑来问我它的英语单词是什么。看着他们小小的身影，我突然觉得自己的一切努力都是值得的。

在顶岗支教实习期间我深深地感受到，要上完一堂课不难，可是要上好一堂课却是很不容易的。作为一名顶岗支教实习生，这需要我花大力气去钻研教材、了解学生、设计教案、组织教学。同时，对教学工作需要学习的东西太多，态度要虚心、学习要刻苦、钻研要踏实等。我把这次顶岗支教实习当成自己的真实工作，每天除了写教案、上课、改作业外，还听一节经验丰富的教师的课，这样一周下来确实有点疲惫，但收获颇丰。我每天需要给七个班的学生上课，但由于各班的基础不同，所以我在每个班的讲课进度也有所不同。另外，三年级一班每周需要上远程课，这个远程课在刚开始上课的那会儿，学生们都还是特别感兴趣的。但是，后面慢慢开始由于各种原因没能上好远程课，主要是学生听不懂教学内容从而跟不上课堂节奏，这样就落下好几节课。但我并没有因此而放弃，而是不断地和学校、家长等进行协调和沟通，通过调课补课等方式一一重新讲解知识点，现在看来那点劳累真是值得。在这短暂的顶岗支教实习期间，真的让我受益匪浅，虽然作为一名新手教师，我的教学工作仍存在许多问题，但是我也从每一堂课中积累了大量丰富的教学经验。

　　虽然，在这里的顶岗支教实习生活并没有像在家或者大学里那样轻松，而且结束每天的教学工作后总是身心疲惫，但是看着学生们一张张天真可爱的脸、一双双充满求知欲望的眼睛，我再一次坚定了信念，明确了自己为什么会来这里，也对教师这个职业有了新的认识。教师不仅要教书更要育人。我要学会倾听每一位学生的心声，不轻易放弃任何一位后进生，也要学着站在学生的角度考虑问题。虽然我初出茅庐，很多事情都需要摸着石头过河，但是，我喜欢教师这个职业，我也坚信明天的自己一定会比今天更好。通过这次顶岗支教实习，我想，不管未来将面对怎样的困难，我都愿意为了我喜爱的职业勇往直前，将教育事业作为我的追求。我期待着自己能够在未来的某一天以一名正式教师的身份走上讲台，也期待着能够拥有自己的学生，更加期待着自己在未来能够桃李满天下。

顶岗支教实习学校：囊谦县第二完全小学

在囊谦县顶岗支教实习的日子

曾太加

时间如白驹过隙，三个多月的顶岗支教实习生活转眼间稍纵即逝，不想道别离，却无奈要别离。顶岗支教实习是大学教育最后一个极为重要的实践性教学环节。通过顶岗支教实习，我在社会实践中接触与本专业相关的实际工作，增强感性认识，培养和锻炼了综合运用所学基础理论、基本技能和专业知识去分析和解决实际问题的能力，提高动手实践能力，为我毕业后顺利走上工作岗位打下坚实的基础。

2019年9月，我来到了囊谦县第一民族中学，在这里度过了四个多月的顶岗支教实习时光。这所学校始建于1977年，是一所小学国防教育示范学校。同时它也是一所全寄宿制学校，学生来自全县十个乡镇，均为农牧民子女，生源广泛且数量较大。三个多月的顶岗支教实习时间虽然不长，但这是我度过的非常有价值的一段时光，在这里我从这些孩子身上学到的远比我教给他们的还要多。在这里，我们苦过、累过，却依然笑着；我们迷惘过、徘徊过，可依然坚持着，顶岗支教实习对我们每个师范生来说都是一次磨炼。在到达囊谦县第一民族中学后，校长根据每个人的专业特点以及学校的实际情况对我们进行了分工，我被分到的是负责八年级五个班物理课程的教学工作。这繁重的任务量让我切切实实地体会到了当一名教师的酸甜苦辣，在教学中我们需要付出很多，我也逐渐意识到当好一名教师不能仅停留于课堂教学工作。

要想上好一门课，不仅要在上课之前备好课，做好扎实的理论储备；同时在课堂上也要懂得变通，要根据学生在上课时的反应来及时地调整自己的课程内容，充分了解学生的特点，掌握他们的学习需求，及时调整课程内容和教学方法，使他们在学习中得到更丰富的收获。要做到这些本身就是一个挑战。由于自小生活在少数民族语言学习环境的我，普通话并不是很流畅，但是在有经验的老师们的细心帮助和自身的不断努力下，我逐步适应了运用国家通用语言文字进行教学的方式，这在我的职业成长中也是一次十分难得的体验。

真正走上讲台上课，其实也并非别人想的那么简单，想要上好一堂课，需要花费的时间和精力都不少。虽然讲的内容很简单，但必须懂得怎样去教，所以第一点必须做的就是精心设计教案。因为，同样的一堂课，不同的教师有不同的教学风格，他们在处理同一细节问题时也会有不同的方法，真可谓是各有千秋，各有所长。因此，我汲取众人之所长，来补己之短。

　　一堂好课的备课需要教师做到备学生、备教材、备教法。为了更快地进入教师角色，我还认真地帮助指导教师批改作业，开展平时小测验。因为作业是一种很直接的反馈形式，从中可以看出学生的知识能力水平，让我初步了解学生情况，为后面的教学工作做好准备。每次的作业反馈，我都会耐心记下学生们的进步与那些仍不理解的知识点，对于他们进步的地方我会画上象征着鼓励的小星星或是当面给予他们表扬；对于那些仍不理解的问题，我在设计教案时重点进行强调或是尝试加入实验、游戏等方式帮助他们直观感受、理解，从而使得学生逐步掌握这些疑难知识点。当然，了解学生们的年龄特征也是十分重要的，只有如此才便于"对症下药"，找到适合他们的教学方式。

　　要想上好一堂课，教师在设计教案时更要注意对教材内容的把握和对教学方法的选择。首先考虑如何将课程内容有效地传达给学生，如何利用课堂上有限的时间给学生带来更多的收获。此外，还应该考虑如何有效地管理课堂，如何把课程内容与实际生活相结合，以及如何组织课堂活动，让学生们在学习过程中能够更加有效地进行互动。就比如物理课，这本身就是一门理论性较强的课程，一些物理现象、计算公式总是叫人觉得枯燥乏味。我在设计教案时总在想，是不是能将一些简单有趣的物理小实验带进我的课堂呢？这样是不是能让学生们看到的不再是冷冰冰的、枯燥无味的文字和图画，而是富有生机的、现实的场景。在某次物理课上，我带领他们做起了小实验，我们将两本书的纸张一页一页地交叠在一起，然后我又请了两位同学试着将他们拉开。起初，他们走上讲台时自信满满，觉得这简直是轻而易举的事，根本不需要两个人。当他们站在两端努力拉开这两本书时，发现这两本书却未有丝毫分开的迹象，两位同学不约而同地露出了一丝不可置信的神态，但是下一刻更多的是满满的胜负欲。看着他们因拼命地使劲拉开这两本书都涨红了脸，我在一旁偷偷地笑了。而后，我告诉同学们将书与书之间相互连接，利用纸张间相互摩擦产生很大的拉力。顿时他们就来了兴致，迫不及待地想要知道这背后的物理"秘密"，一整节课下来大家都非常专注。由此看来，设计教案需要从多方面进行考虑，以确保课程内容能够有效地传达给学生。

　　教师不仅要在课前做好教案设计，也要在课后做好相应的课堂教学反思。

在没课的时间里，我总会主动地旁听学校里其他教师们的课堂教学。通过与其他教师在课堂上的表现进行对比，更深入地分析自己在教学中存在的不足，并从中寻找改进的方法，进而更好地提高教学质量，达到最佳的教学效果。

通过不断学习，我不仅能够试着用不同的教学方式进行教学，而且还能帮助学生更好地理解和掌握知识。在课堂上，我也更加注重与学生们的互动，努力激发他们的学习兴趣，让他们能够更好地掌握学习内容。我尝试着准备一些简单的实验材料，带着同学们一起动手感受物理的奥秘。此外，我还利用"开火车""击鼓传花"等方式吸引学生集中注意力，以及举办各种比赛活动来激发学生们的学习热情，让他们更加积极主动地参与到学习中来。在这段时间里，我的教学水平有了很大提高，也获得了学生们的认可。

通过顶岗支教实习，我更加明白了孔子所说的："知之者莫如好之者，好之者莫如乐之者。"学生们在课堂上是兴高采烈还是无精打采，是其乐融融还是愁眉苦脸？伴随着学科知识的获得，学生对学科学习的态度是越来越积极还是越来越消极？学生对学科学习的信心是越来越强还是越来越弱？这一切必须为我们教师所关注，这种关注同时还要求我们必须用"心"施教，不能只做知识的传声筒，教给他们学科知识，更要积极关注学生在课堂教学活动中的情绪生活和情感体验。正如中国学生发展核心素养所强调的，要重视学生情感态度、价值取向的发展，重视学生的责任担当与社会参与。说到社会与责任，就不得不提课堂教学潜藏着丰富的道德因素，"教学永远具有教育性"，这是教学活动的一条基本规律。教师不仅要充分挖掘和展示教学中的各种道德因素，还要积极关注和引导学生在教学活动中的各种道德表现和道德发展，从而使教学过程成为学生的一种高尚的道德生活和丰富的人生体验，这也正彰显了囊谦县第一民族中学"以善养德，以德树人"的校训精神。在我的课上，我偶尔会同学生们分享许多科学家的故事，向他们展示科学家们百折不挠的科学精神等。有时，我也会鼓励他们多发现身边的各种榜样。这样一来，学生学科知识增长的过程同时也就成为人格的健全与发展过程，伴随着学科知识的获得，学生变得越来越有爱心，越来越有同情心，越来越有责任感，越来越有教养。说实话，我自身了解到的榜样并不算多，有时学生们也会帮我补充许多，因而在此过程中我们彼此学习、共同成长。

由于师资相对不足，所以在教好物理课的同时，学校还给我安排了一个班的副班主任工作，所以工作量比较大。副班主任与任课教师的工作有很多不同之处，身为任课教师时，我只负责本学科的教学；身为学生们的副班主任时，则需要兼顾学生们的思想、身体、学习、生活等多方面的内容。副班主任的工作既复杂又细致，这不免让"初出茅庐"的我稍微有些招架不住。我回忆并努力模仿着自己上学时班主任工作的样子，学着管理学生们的晨读、课间操、测验与到校情况等。这一系列工作下来，我简直是手忙脚乱，多亏有个小本子时刻记录着工作内容。我也时常向那些有经验的班主任"取经"，并且在与其他教师的接触中发现，虽然教师们都非常辛苦，但是都有一种乐观向上的心态，对待工作充满热情，认认真真教学、踏踏实实工作，从没有表现出任何的不满或是怨言。从他们的身上，我深深地体会到了阳光底下最崇高的职业——人民教师的伟大。

  我十分感谢学校给了我这次顶岗支教学习与实践的机会。让我在他乡认识了很多新面孔，以同事、师生的关系交到了很多新朋友，这也将会是我一生中最宝贵的礼物。虽然顶岗支教实习的生活结束了，但是这一份宝贵的经历会伴随着我的一生，指引着我在未来的工作、学习和生活中更加努力和奋进。在这里，我也十分感谢我的指导教师对我的辛勤栽培，也感谢这里的孩子们给我带来的快乐与成长。

顶岗支教实习学校：囊谦县第一民族中学

以爱为底色做有温度的教师

王敏珍

一直以来，在我的观念中，小学课堂就是一个很讲究纪律与组织的课堂，小学教师更要多才多艺。可是当我这次以一个顶岗支教实习老师而不是学生的身份再一次走进小学课堂的时候，这种观念改变了，小学老师工作远比我想象的还要艰辛。我想可能是因为身份变了，看问题的角度也随之发生了改变。现在的我在课堂上已经不再像个学生一样，而是从老师的角度来，注重的是课堂的组织和呈现。

2018年9月，我再次走进我的母校——南川东路小学，母校建筑依旧，不同的是角色的转换。就这样，我开始了为期一学期的实习工作生活。实习过程中，我负责一年级数学和五六年级音乐的教学。下面我就三方面来展开对实习工作的总结与感悟。

筑牢安全藩篱，呵护成长羽翼

孩子是家庭的希望，学生是国家的未来。生命不保，何谈教育，何谈发展。安全教育工作责任重于泰山。低年级学生的安全教育，更是不容忽视。低年级学生还不具备强烈的自护、自救能力，作为低年级的班主任，要做到及时化解学生之间的纠纷与矛盾，提高应对突发安全事故的应急能力。

2018年10月中旬，我们班发生了一起学生之间的意外伤害事故。课间休息时，班上一名同学在玩耍，不小心将自己的前牙磕掉了，孩子痛得哇哇大哭，问他事情的来龙去脉，他说是有高年级的同学故意推倒导致他受伤，家长来了之后不问原因就要让学校赔钱，但是通过监控发现是孩子自己不小心摔倒之后导致的一系列事故。其实孩子摔倒类似的事件每天都在学校里上演，但这次严重的安全事故给我敲响了警钟：低年级学生的安全绝不容忽视！

为了防止类似的事件再次发生，我作为班主任一定要学会一些基本的处理外伤的方法，而且一旦学生出现上述情况，不论伤情轻重与否，应第一时间联系好学生家长并将受伤学生送至医务室，进行专业处理。为避免此类事件的再次发生，我们应汲取教训，防患于未然。这不是仅凭我个人的能力就能做到的，学校、教师、学生和家长都应该提高安全教育方面的意识。在具体细节上，学校方面也需要安排每日的负责教师，将责任具体化；下课集中出入时，应合理安排疏散时间和楼道上下顺序，并且贴上明显标志以提醒；最后，对于低年级学生，应引导其避免玩过多的追赶游戏，可以教学生玩一些如踢毽子、丢手绢等游戏。

课堂教学组织与管理

一堂好课不仅需要教师做好课前的充分准备工作，更需要教师具有良好的班级教育管理素养。尤其是低年级的学生，平常的行为习惯更要严抓。对此方面，我有以下三点看法：

第一，遇到突发状况，要特殊处理。班上有一位6岁的调皮小男生，有次上课时，他拿着两支笔插入鼻孔，另外还有两支笔夹在耳后进行搞怪，弄得全班哈哈大笑。当即我便提醒并批评了他，谁知他一听我的批评，便把四支笔甩出，同时坐到地上耍赖皮。我立马上前想拉起他，但是出乎意料的是他抱紧课桌的一脚，任我怎么拉，他仍然蹲坐在地，更令我哭笑不得的是在我终于将他拉起时，我刚松手，他便又趁我不注意坐在地上双手到处挥舞，双脚到处乱蹬，我顾不得被他踢中的狼狈，心里想着得赶快拉起他以免他受伤，也能够及时地恢复课堂秩序继续上课，最终我让班内的同学先上着自习，把他拉起来，并和他一起走到教室外，给他好好讲解了一番道理，我看他情绪渐渐稳定下来，又将他领回教室内继续上课。下课时，我将他带回了办公室，经过一番教育之后，他哭着说："老师，我错了，我再也不会这么做了。"随后，我也耐心地安慰他，告诉他"安全的重要性"以及课堂上所需要遵守的纪律等。遇到此种情况，教师一定要快刀斩乱麻，以保护好学生的安全和维持好课堂纪律为重要。

第二，第一堂课至关重要。这是教师与学生间的第一次见面，这时教师既不能显得太随和，又不能过于严厉，只有这样，才能管理好今后的课堂教学。若教师只一味亲切随和，学生们会认为此教师很容易相处，便不会把教师所说的课堂纪律放在心上。我在英语课堂上就出现了此类失误，在第一堂英语课上，我只注重了课堂氛围，显得太过亲切随和，虽然现在已和学生们打成一片，但已越来越难以有效地管理好课堂了。这就如同给人喝上一碗苦药再慢慢加糖的味道一定会比给人一粒糖再喝上一碗苦药的味道要好得多。教师要把握好与学生的亲近感，可以下课与学生做朋友，但上课时间必须要求学生严格遵守课堂纪律，只有学生既尊重又喜欢教师，课堂纪律才能有把握。

第三，课堂纪律具体化。对于低年级学生，教师必须使学生们能够清楚地知道自己在课堂上应该做什么，并遵守课堂纪律。为此，可以采取一些措施来加强课堂纪律，比如，在教室内张贴一些标语，或者是和学生们一起商量制定本班级的课堂纪律守则，等等。此外，教师也可以采用一些纪律管理手段，如进行分组管理和控制等。只有将课堂纪律具体化，学生们才能更好地遵守课堂纪律，提高学习效果。这些细致的问题明确规定后，对于表现好的同学要及时给予表扬，对于违反纪律的同学也必须采取相应的解决措施，比如，教师要对其进行及时的提醒与教育，这样一来，学生上课良好行为习惯的养成便不成问题了。

对教师体态与教师评价的反思

教师除了需要扎实的专业知识，也需要对教学方法进行锤炼。如何把知识化作学生们可接受并且能理解的形式，如何将这些内容在 45 分钟内以生动有趣的知识互动课堂为载体呈现出来，这应该是所有教师不断追寻的问题。而经过这几个月的顶岗支教实习经历，我对这些问题也有了浅显的认识，现在将对我的感悟与认识进行简单的总结。

一方面，教师一旦站上讲台，就应该以大方自然的体态面对学生。再者，教师应学会掌控好自己的目光向学生传达相应的意思，正如"眼睛是心灵的窗户"这句话，学生对于教师的目光往往总是很敏感的，如表扬的、批评的、鼓励的，等等，往往一个鼓励的眼神便可以让一个平时自信心不强的学生有勇气举手回答问题。

另一方面，教师的评价，尤其是口头评价一定要具体。小学阶段的孩子还不能像初中或者高中那样的大孩子有那么强的自学能力，可以通过同伴提醒或者自查自纠等方式来改进自己的不足，他们身上的闪光点或者不足之处仍旧需要教师来进行表扬或者提出问题。而如果教师的评价过于笼统，小学生尤其是低年龄段的学生其实是不能很好地理解的，这样的情况下很难起到鼓励或者教育作用。表扬与批评一定要具体，只有这样才能让学生清楚地知道自己的优点与缺点。如你的字写得非常工整，但若是写字姿势端正了那就更完美了！你回答问题的声音很洪亮，若是把翘舌音发准，那就更好了！

在顶岗支教实习期间，我更加深刻地体会到了什么叫作"纸上得来终觉浅，绝知此事要躬行"。这段经历让我明白自己有多么渺小，明白自己的教学能力还有待提高，但同时，它也让我更加珍惜我的教师身份。实习，对我来说不仅仅是一段经历，更是我人生中的另一个起点，在以后的日子里，我会以理论结合实际的方式，不断改正自身不足之处，逐步提高自身教师技能，提升自己的综合素质，立志做一名优秀的人民教师。

顶岗支教实习学校：西宁市南川东路小学

爱与责任同行

李玉玲

2023年3月14日，我拖着沉重的行李踏入了塔尔镇中心学校的大门。时光如梭，四个月的时间非常短暂，但所收获的东西是无法衡量的。爱与责任也浸润着我的心田，促使着我走向更好的未来。实习是我们师范生即将踏上漫漫职业征途的标志，是人生的另一个起点，对我们未来的职业生涯规划起着至关重要的作用。所以，这次顶岗支教对我来说有着特殊的意义。

初入塔尔镇中心学校，使我眼前一亮的是偌大的花园，连接着走廊的亭子，环绕着建筑的一草一木，崭新的教学楼挺立其间，好似孩子们坚定的学习意志。当我第一次站在三尺讲台上，我深刻地认识到作为一名教师责任之重大。讲台之下是46双求知的眼睛，讲台之上是有着"双重身份"的我，在这样紧张的气氛下，我仿佛看到了我是昨天的他们，他们是明天的我，但是在这"华丽的外表"下是紧缺的教师资源：学生人数多、班级多、开设课程多，但是专业对口的教师教学资源匮乏，教师流动性大，导致学生无法在短时间内适应新的教学风格，学习效率不高。刚刚步入教师行列的我也在这样严峻的情况下担任了除学生之外的另一个角色——教师。三年的师范生学习生涯，让我了解到教师工作需要掌握的基本技能和基础知识，同时，在学习过程当中也设想了各种可能在实际工作当中发生的意外。可是当我担起班主任的职责时，我的内心依然忐忑，无法确信自己是否能真正地承担起这一份沉重、光荣而又艰巨的任务，这对我来说是一个挑战。

班级管理"恩威"并施

班集体的建设是实现素质教育不可或缺的重要组成部分。班主任是这个集体的组织者和教育者，是学校领导进行教导工作的得力助手和骨干力量，是各科教师、家庭、社会等各种教育因素的协调者。班主任的工作就工作性质而言，一方面是对学生进行德育教育，另一方面要对学生进行管理。班主任要管理好一个班级，必须"教育为主，严格管理"，即"恩威并施"，这是一个行之有效的办法。

第一，"教"是目的，"管"是手段。"管"和"教"这是班主任工作中的两个紧密联系着的方面。"教"是目的，"管"是手段，班主任通过大量的日常的管理工作引导和教育学生，寓"教"于"管"之中，然而这种管教有时会出现一些问题。有人对于班级管理，行政管理的成分多，使学生发挥自主性的成分少，教师总要求学生完全按班主任的意愿去干，很少考虑学生的接受程度和接受能力，这其实是以班主任为中心，而把学生放在了从属地位，是一个认识误区。在整个管理班级的过程中班主任要注意引导，敢于放手，逐步实现学生自主管理：就是所有的事情，尽量让学生自己去做。班主任就像是学生的父母，如果什么都是包办代替，那是培养不出成才的子女的，而应该在民主地对待他们的同时，充分发挥他们的自主性，适当的时候加以引导。建立融洽的师生关系，十分有利于班级管理。但它不是一朝一夕就能实现的事情，它是一项长期的、系统的教育工程，除要讲究技巧外，还要有持之以恒的精神。师生间一旦建立起融洽的师生关系，班级管理就会变得得心应手。

第二，敏锐观察，关心学生，理解学生。洞悉不同学生的个体心理特征，了解不同学生的学习动机，才能在施教过程中，有的放矢地对学生进行思想教育。当学生在心理上产生苦恼时，班主任及时帮助学生进行心理疏导；当学生在身体上出现不适时，班主任及时帮助寻医问药；当学生在学习上遇到困难时，班主任及时帮助"清理路障"。班主任应争取做到：学生哪里需要班主任，哪里就有班主任的身影。事无巨细，时无长短，只要是对学生的成长有利，班主任都应该主动地去关心去做。同时要知道，改正错误不可急于求成，它是一个渐变的过程，需要班主任细心、细致、不懈的扶持。人们常说"理解万岁"，理解是宽容的体现，是情感的贴近，是心与心的碰撞。

第三，善用批评技巧，贴近学生心灵。批评是班级管理工作中必不可少的一个内容。批评的难处常常不在于内容的尖刻，而在于形式的巧妙。为达到既教育好学生，又不伤害师生间感情的目的，教师应注重批评的技巧。学生都有很强的自尊心，他们把教师的肯定看作一种精神需要，一种上进的动力。我们应力求满足学生这一心理需要。具体方法有：首先，通过给学生传小字条的书面形式，或个别谈话等形式，悄悄地批评教育学生。一般情况下，不把学生请出教室、带到人多的地方训斥，更不应动不动就把学生请到学校领导的办公室。

其次，不在家长面前斥责学生的不足之处。面对学生家长，应先充分肯定学生的优点，然后轻轻带出学生美中不足的地方，紧接着与家长一同商讨教育方案。这样做既不损家长的面子，也调动了家长的教育积极性，更重要的是学生认为教师够朋友，心甘情愿地听从教师的教导。

班级管理中重视学生的主体性，实质是培养学生的创新能力。让学生感到自己在世界上有价值、有用处、有能力，充分发挥自主的创造性，从而焕发出自尊、自强、自我实现的需要，积极投入学习、劳动、生活中去。总而言之，只要班主任对学生的思想教育方法得当，对班级管理的方式对路，把教育工作作为根本，将管理工作作为关键，那么，管好班级的任务就一定能够完成。

师生关系与教法教技

"中国好人"张玉春说过："支教的路上，我将有始无终。"在顶岗支教的这段时间里，我从开始的一无所知，甚至抱着"玩"的心态，到我此刻的不舍和眷恋，我的心态发生了巨大的变化。同时，对支教这一活动也有了不同的想法和见解。

支教生活是每个师范生必经的一段旅途。在这段生活中，我们的身份由台下转到台上，这不仅是位置的变化，也是责任的变化。我所带的班级有46个学生，它是整个五年级里面最特殊的班级，班主任和任课老师的频繁更换让这个班的学生更加对老师无所忌惮，学生间打架事件时有发生，班级管理的难度加大。对此，我在担任班主任初期也是非常苦恼的，对班级管理毫无经验的我只能寻问有经验的老师。在如此艰苦条件的磨砺下，我所掌握的班级管理方法逐渐丰富，班级也在我的带领和全体同学的努力下朝着好的方向发展。通过这一学期的支教活动，我认识到了支教不仅仅是用来提高师范生的教学经验和教学水平，让师范生在步入社会前有一个缓冲的时期，更是对国家基层教育事业的无私奉献，对祖国下一代的精心培育，为祖国的教育建设添砖加瓦的富有意义的事情。爱与责任充斥在此次的支教之行当中，也充实了我的人生。

在这四个月的时间里，我终于体会到了要做好一名教师，并不像想象中那么容易，也明白了要做好一名人类灵魂的工程师的责任感和重要性。实习，让我意识到了自己的不足，也让我深切地感受到：只要你用心做了，就会有进步，就会有提高。这是我在教师舞台的第一次，我知道以后还会遇到很多可爱的学生，但是，他们——我所有教过的学生，见证了我一步步从幼稚慢慢地成长，他们也是我人生中的老师，教我怎么学着做一个好老师，他们带给我的不仅仅是自我提升，更教会了我懂得珍惜！

　　这次实习，对我来讲是上了一堂重要的社会课，受益匪浅。在这个过程中，非常感谢我的指导老师，以及可爱的五年级（4）班全体学生，是你们让我更加明白要成为一名优秀的老师需要怎样的努力和付出。本次实习为我今后的职业生涯规划指明了方向，也是开了一个好头，好的开始是成功的一半。

顶岗支教实习学校：大通县塔尔镇中心学校

责任之火点亮新庄教育

韦小蜜

从古至今，有不少人对于时间的易逝而感到扼腕惋惜，于是长叹曰："光阴似箭催人老，日月如梭趱少年。"① 确实，我们不得不承认，时间流逝的速度真是令人由衷惊叹。大学时光匆匆流逝，步入大三下学期的我们也褪去了初入大学殿堂的青涩和懵懂，浑身散发着随着年龄增长而显示出来的成熟气息和长期受到大学知识熏陶的书香气息。学习了三年的专业知识和教学技能的我们，也终于迎来了检验自身学习成果的良机——顶岗支教实习。这一天，我们带着一大堆满载着生活用品和专业书籍的行囊，怀揣着即将站上三尺讲台教书育人的忐忑与期待的复杂心情，我与同学们挥手告别奔赴我的支教地点——新庄镇中心学校。新庄镇中心学校坐落于大通县一个偏僻的小镇上，"为党育人，为国育才"是学校始终坚持贯彻的教育理念。学校虽然所处偏远之地，但是校园学习氛围浓厚，教师爱岗敬业、为人师表，整个校园可谓是书香浓郁。

明确教学任务，彰显为师之责

我在顶岗支教实习学校的主要工作是负责五年级两个班、六年级两个班的音乐课和八年级一个班的历史课。对出身历史师范专业的我来说，凭借着在大学里面学习的历史专业知识和教学技能来教授历史课也算是有章可循。我第一次踏上讲台所讲的课程是八年级下册第7课《伟大的历史转折》，本课内容包括"中共十一届三中全会"和"拨乱反正"两个子目，其中"中共十一届三中全会"是中考历史部分的重要考查点。因此，给学生讲清楚重点内容至关重要。

---

① 节选自元朝末年戏曲作家高明创作的一部南戏《琵琶记》中的第六回《琵琶记·中相教女》。

为了上好这堂历史课，在大学所学的历史专业知识和教学技能的支撑下，我课前仔细研读初中历史课程标准和历史教材，深入分析学生基本情况，认真撰写历史教案和聆听指导老师的历史课，为顺利开展实习的第一堂历史课做了充分准备。4月13日，我如期走上了八年级一班的讲台，开启了我人生中的第一堂历史课。开始正式内容之前，我利用时长约为3分钟的历史视频导入新课，吸引学生的课堂兴趣；步入正式内容讲授环节，我耐心引导学生思考并积极与学生互动，耐心解答学生疑问，活跃课堂氛围……在指导老师的鼓励下，我顺利地讲完了这堂课，虽然存在声音偏小、导入不够等问题，但是我内心十分雀跃。

　　教授四个班级的音乐课程对我来说确实是一项艰巨的挑战。音乐课堂的具体步骤包括哪些？我该采用哪些音乐材料和工具才能上好一节音乐课呢？我陷入了沉思，不知所措。俗话说得好，"方法总比困难多"。联想到我大学里的"卓越技能训练"老师所教授的课堂导入技巧、撰写教案的方法、PPT制作和课堂管理的途径等内容，我的心中瞬间有了底气，忐忑不安的心情逐渐平复下来。经过一番思索后，我想到了一个绝佳的办法——观摩专业音乐教师的课。于是我拿着实习手册和一张小板凳开始了为期一周的观摩学习之旅，几节音乐课下来，我逐渐明确了教授音乐课程的方法，即在课堂上充分利用音乐课件和音乐书籍，采取视听结合的教学方式带领学生学习音乐基础知识，领略音乐的魅力。在观摩学习的基础上，我的第一堂音乐课取得了令人满意的效果。

课堂管理：严宽相济

　　课堂是师生交流的园地，亦是学生快乐生活和安心学习的伊甸园。作为一名顶岗支教实习教师，严格管理课堂是我们应当肩负的教书育人责任。虽然我没有担任任何班级的班主任，但是因为承担着五个班的教学任务，我深知树立教师威严和营造严格的课堂气氛的重要性。那么如何树立教师威严呢？我认为抓住第一节课的契机至关重要。于是，平时喜怒形于色的我收起了笑脸换成了一副十分严肃的表情，我戏称之为"变脸"。在进入五年级各班时我采取的"变脸"方法果然震慑住了他们，为我之后营造严肃的课堂氛围和出色地完成教学任务奠定了基础。

　　但是，一味地对学生采取严厉的方式并非长久之计，要以各个班级和各个年级的学情为基础，具体问题具体分析，探求最适合这些班级学生的课堂管理办法。正如著名教育家吕型伟①所说:"教育是事业,事业的意义在于奉献;教育是科学,科学的探索在于求真;教育是艺术,艺术的生命在于创新。"② 创新是一个民族进步的灵魂,是一个国家兴旺发达的不竭动力。在我看来,创新何尝不是教育事业繁荣发展的源泉和动力呢?因此,针对我实施"变脸"戏法却收效甚微的六年级和八年级的三个班级,我采取了"示弱法"和让淘气学生管理课堂的反向管理方法。这一点具体表现在,当六年级的学生在课堂上四处喧闹并企图"大闹天宫"的时候,我经常对他们"示弱"说:"你们这样喧哗,老师没法上课了怎么办呢?无法完成教学任务的话我就会被学校领导批评。"见到露出可怜表情的我,富有同情心的他们立刻保持安静、乖乖听话。针对正处于青春叛逆期的八年级学生,在历史课堂上我确实无力招架,但是教学任务必须圆满完成。鉴于此,我想到了一个好办法——让课堂上喜欢捣蛋的学生来维持课堂秩序,通过采用这个反向管理的方法不仅让历史课堂更加井然有序,而且也在淘气的学生们的内心中埋下了责任的种子,调动起了其学习历史的积极性。

课堂管理的方法并不是一成不变的,一味严厉不可取,一味"示弱"也非长久之策。身为一名教师我们要在充分了解各个班级基本情况的基础上,为不同情况的班级"量身定做"恰当的管理方法,这不仅是我们的教学任务,也是我们为师之责任所在。

课堂教学:教无定法 有教无类

叶圣陶先生曾有言:"教学有法,教无定法,贵在得法。"③ 每每细细品味这句至理名言,我都会被"贵在得法"这个词语当中所蕴含的教育理念所折服。"贵在得法"顾名思义,针对不同的对象,采用不同的方法。对象不同,方法不同,结果肯定不同,达到最好效果的方法才是最好的方法,找到最好的方法才是得法。由此可见,课堂教学的途径并非千篇一律,教学没有固定不变的方法,

---

① 吕型伟(1918—2012),男,浙江新昌人,毕业于浙江大学师范学院。著名的教育思想家和教育改革家,著有《面向未来的基础学校》《为了未来:我的教育观》等书籍。
② 陈志锋. 信心·耐心·潜心:探索成为一位中学好校长的成长之路[J]. 福建基础教育研究, 2013(11): 13-15.
③ 陈亚好. 小学音乐课堂教学模式建构[J]. 内蒙古师范大学学报(教育科学版), 2011, 24(12): 139-142.

能够达到最好的效果方能彰显其价值。因此，针对不同班级学生不同的情况，采取了各式各样的教学方法。例如，针对课堂氛围活跃和性格外向的六年级学生，在教授音乐课时主要采用鼓励学生表演和引导自学的方法开展教学，给学生搭建展示自我的平台；面对文静乖巧、服从管理的五年级学生，在教授音乐课时通常采取讲授音乐基础知识和教师领唱相结合的方法，丰富其乐理知识；对于处于青春叛逆期、精力旺盛的八年级学生，我在教授历史课时主要采取讲授和问答相结合的教学方法，吸引其课堂注意力。在教学过程中我始终坚持"教无定法"的教育理念并付诸每一堂课中，取得了显著的教学效果。

当今社会发展速度飞快，教育理念也在不断革新。在国家高度重视教育的大环境下，虽然大多数老师能够关爱学生、为人师表，但是依然存在部分教师为了所谓的绩点，对班级里面的后进生漠不关心的现象。在参加实习活动之前，我们学习了教师的爱岗敬业、关爱学生和为人师表等职业道德规范知识，大学里卓越技能训练老师所教授的"平等待生""尊重学生人格"和"关注后进生"的教学原则我仍记忆犹新。因此，在进入顶岗支教实习学校工作以后，无论是成绩不理想的后进生，还是身患疾病的体弱生，我都一视同仁，从未偏私过任何一个学生。偶有淘气的学生戏弄班级后进生和身患疾病的学生时，我都会对其进行思想教育，晓之以理动之以情，让他们深刻意识到自己的错误，学会尊重他人。同时，在日常教学过程中，面对学生学习能力参差不齐的情况，我都会兼顾全体学生，及时调整教学进度和教学方法，对于学生提出的问题都会耐心地解答，从未想过放弃任何一个学生。

课堂教学是师生双向奔赴的美妙过程，身为人师，在教学过程中应当因地制宜，多多寻求适合学生的教学方法。身为人师，当如皇侃所说："人乃有贵残，同宜资教，不可以其种族庶鄙而不教之也。教之则善，本无类也。"[①] 对学生同等视之，充分尊重学生的人格，不放弃任何一个学生，不让任何一个学生在学习上掉队。如此，你我才能不负师名，肩负师责。

诵读国学经典，弘扬优秀文化

国学经典是我国优秀传统文化得以代代相承的重要文化载体。新庄镇中心

---

① 皇侃．论语义疏：中国思想史资料丛刊 [M]．高尚榘，校点．北京：中华书局，2013：415．

学校充分贯彻立德树人的教育理念，高度重视学生的全面发展，开展绘画、国学、音乐、计算机、体育等形式多样的社团活动来培养学生的审美情趣、文化素养，进一步增强学生的体质，锻炼学生的动手操作能力。正式开展教学活动后，学校给我分配了管理二年级国学社团的任务。国学经典作为中华民族宝贵的精神财富，是中华上下五千年文化宝库中的瑰宝，我深知其对于传承中华优秀传统文化和培养学生文学素养的重要性。为此，每到周五国学社团活动时间，我经常会采取引导学生诵读国学经典和鼓励学生分享国学经典故事等多样化的方式开展社团活动。

在国学社团活动中，我引导学生学习的第一篇国学经典是《三字经》的"学习篇"和"道德篇"，"人之初，性本善。性相近……融四岁，能让梨。弟于长，宜先知。首孝悌，次见闻，知某数，识某文"[①]。这两篇为人传颂的国学经典主要告诉我们：人性本善、环境对学生学习的重要影响、家长言传身教的重要性和谦让等为人处世之道。恰如北京大学国学院院长袁行霈[②]所说："有人曾问国学究竟有什么用？要说没用也真没用。既不能当饭吃，也不能教人投资赚钱。但国学的精华部分能丰富我们的精神世界，增强民族凝聚力，协调人与自然以及人与人的关系，能够促使人把自己掌握的知识和技术用到造福于人类的正道上来，这是人文无用之大用，也是国学无用之大用。"[③] 通过带领学生一起大声朗读国学经典，给学生剖析国学经典中蕴含的道理，既能够陶冶学生与人为善的品德和高尚情操，开发学生的心智，又能够发挥诵读国学经典素质教育的功能，让学生深刻体悟到源远流长的民族精神，促进中华优秀传统文化的传承和发展。搭建一个便利的平台，让师者肩负起积极弘扬国学经典文化责任，认真开展社团活动。我想这应当是学校开展国学社团的初衷，是其全面培养学生的集中体现。

[①] 这段话节选自《三字经》。参见三字经 [M]. 北京：人民文学出版社，2022.
[②] 袁行霈，1936 年出生于山东济南，原籍江苏武进。中国古典文学专家。1957 年毕业于北京大学中文系。北京大学中文系教授、人文学部主任、国学研究院院长、中国传统文化研究中心主任。著作包括《中国文学概论》和《陶渊明研究》等。
[③] 梁启超，等. 国学大师谈国学 [M]. 北京：国家行政学院出版社，2015：29.

尊重师长，虚心求教

"知识使人变得文雅，而交际能使人变得完善。"① 著名企业家乔·富勒的这句话让我明白参与社会交际是在当今社会中不可缺少的一个话题。顶岗支教实习是我们当代大学生由学校走向社会的一次重要的过渡，在为期几个月的顶岗支教实习生活中我的人际交往能力有了很大的突破，掌握了与人相处的一些原则和道理。一方面，在与顶岗支教实习学校教师打交道时，我充分尊重学校领导和每一位教师，充分尊重当地的民族习俗和饮食文化，能够按时完成学校安排的晚自习值班、初三模拟考试监考、消防演练活动计时和担任运动会裁判员等工作，得到了当地领导和教师的由衷认可。子曰："三人行，必有我师焉；择其善者而从之，其不善者而改之。"② 另一方面，作为一名顶岗支教实习生我始终保持谦虚的态度向顶岗支教实习学校教师学习，经常围绕着课堂教学向他们讨教。顶岗支教实习期间我不仅积极聆听指导老师的历史课和学校骨干教师的诊断课，而且虚心向指导老师和其他教学经验丰富的教师学习课堂管理和课堂教学方法，一段时间下来积累了许多班主任工作的经验。

总而言之，顶岗支教实习的生活是丰富多彩的，在这段短暂的时光里，我既体会到了身为人民教师的幸福，也感受到了教师工作的艰辛与不易。"教师要时刻铭记教书育人的使命，甘当人梯，甘当铺路石，以人格魅力引导学生心灵，以学术造诣开启学生的智慧之门。"③ 习近平总书记的这句话道出了教师工作有别于其他职业的特质——无私奉献。通过这次实习我对教师事业无私奉献的本质认识更加深刻，在感悟教育事业工作者伟大的同时，我也不断反思自身不足。我深知自己离优秀教师的标准仍然有一段距离，自身存在着教学和课堂管理经验不够丰富等问题。在以后的学习和生活中，我会带着这段难忘的经历继续努力和前行，认真学习专业知识，不断鞭策自己奋进，努力提高自我专业素养和教学能力。

顶岗支教实习学校：大通县新庄镇中心学校

---

① 马铭记. 人生格言 [M]. 北京：中国言实出版社，2005：158.
② 朱成勉. 中国名言一千句 [M]. 天津：新蕾出版社，1987：63.
③ 习近平. 习近平在北京大学师生座谈会上的讲话 [EB/OL]. 中国政府网，2014-05-05.

永葆教育热情　浇灌芬芳之花

祝　花

"教育是一个逐步发现自己无知的过程。"在我真正踏上这条顶岗支教实习之路前，我对威尔·杜兰特①的这句话理解是很浅显的。我以为"无知"就是"未知"，是我已知之外的一切，是我还未踏足的陌生世界，是我需要怀揣羞愧之心——一种由于自己的有限认识和无知境界而产生的愧疚，一种面对学生求知若渴时本该捧出一片花园却只能献出一朵鲜花的无奈。

当我携着行李随着大巴车来到顶岗支教实习学校，卸去"学生"的身份，被贴上"教师"的标签，我发现我走过的路也充斥着莫名的无知感，过往接受的那些纯粹的理论知识，当它们赤着脚随我一起踏上泥土面对现实时，才发现一切都朦胧着，需要我拿上绳索将它们与面前的现实联结。"道之不行也，我知之矣，知者过之，愚者不及也。道之不明也，我知之矣，贤者过之，不肖者不及也。"②作为愚者，这种"无知感"恰恰是一种指引我自己不断汲取新旧认知融合的支撑，就像新雨落在旧枝上开出了嫩芽一样可贵，它同时让我保有教育热情，丰满自己，浇灌学生。

大通回族土族自治县第七中学招生区域覆盖矿山路、解放西路及良教乡大部分村，回族学生和农村学生占比较大，且学校为完全中学，小学和中学生集中管理，其中的难度和挑战都需要不断克服与解决。顶岗支教实习的第一周，我首先以干事身份进入政务处工作，随后从指导教师那里拿到了自己的课程安排，负责一、二年级的美术、音乐和劳动课程，这些并非我的专业课程，如何进行新老教师之间的衔接？如何更好地过渡不同教师的教学方式？如何在最短的时间里安排好这些课程？如何将我非专业的知识教授给学生们？这些都是我

---

① 威尔·杜兰特（Will Durant，1885—1981），美国著名学者，普利策奖（1968）和自由勋章（1977）获得者，主要著作有《世界文明史》等。
② 林久贵. 大学中庸［M］. 颜培金，王谦，译. 武汉：崇文书局，2023：67.

接下来要面临的问题。

面对未知：把握学生年龄的阶段性

雅斯贝尔斯[①]说："教育的本质意味着一棵树摇动一棵树，一朵云推动一朵云，一个灵魂唤醒一个灵魂。"[②] 教师和学生应是互相摇动、互相推动与互相唤醒的双向关系，教育从来不是教师单方面的行为，它是一种多向的有机关系，教师在教育这个复杂行为里仍然存有学生身份。

我从各科任老师处领取了书本，交接了课程进度，进行一番交谈后，听到了诸如此类的一些话，"让他们画点东西""音乐课让孩子们听听歌""劳动课可以玩点小游戏"。这些话让我感触颇深，我意识到音乐、美术和劳动这些课程并不是被重视的，可以"随意"对待，可以"轻松"应付，但我的压力不减反增。孩子是求知若渴的，对一切充满了好奇心，我无法将课堂上宝贵的时间随意对待，我想带着他们一起徜徉音乐的海洋，一起欣赏美术的花园，一起探索劳动的光彩。

面对非专业课程，在大学里学过的专业课程知识也给予了我很大的帮助。了解学生心理特点与各科目的课程标准和要求，观摩优秀教师教育示范，学习各种教学方法，充实自己的理论与实践经验……三年的卓越教师课程让我学会如何面对各种问题。我查阅各种文献，深入了解小学生心理特点和阶段特征，各种突发问题的表现及其解决策略，小学音乐、美术和劳动的教学要求与高效的教学方法及课程目标，等等，认真做好笔记与反思，把每一个有可能涉及的方面都尽可能提前了解和掌握，以便更好地进行教育教学。

对于这些未知的东西我是充满热情的，所谓的"不重视"并不能成为浇灭我期待与孩子们探索世界的冷水。当我真正踏上讲台，面对一双双好奇的眼睛时，我知道还有很多未知的挑战等着我。所有的准备和模拟在现实的课堂之中几乎都得重新来过，孩子们的未知和好动都是躁动不安的因素，像一阵阵毫无方向的风把我的"胸有成竹"吹得只剩一片残影。

---

① 卡尔·西奥多·雅斯贝尔斯（Karl Theodor Jaspers，1883年2月23日—1969年2月26日），德国存在主义哲学家、神学家、精神病学家。雅斯贝尔斯主要在探讨内在自我的现象学描述，及自我分析及自我考察等问题。他强调每个人存在的独特和自由性。

② 王祥连. 特教：揭示教育本质的地方：在南京市育智学校观摩学习的感悟[J]. 师道，2017（3）：42-45.

一、二年级的孩子们活泼好动、自制力差、注意力保持时间短，他们好奇多问，对一切新事物都感兴趣，表现欲和好胜心都很强，而且感觉知觉发展不够充分，不善于理解抽象经验，更不善于使自己的思维活动去服从于一定的目的与任务，在思考问题时往往容易被一些不相干的事物所吸引，以致离开原有的目的与任务。作为教师，不能反向压制孩子们的天性，而要结合他们的年龄阶段特征展开教学。小孩子以具体形象思维为主，不善于理解抽象经验，那教师语言就要简洁明了且充满趣味性，来吸引学生的注意力，课程教学要充分运用电子白板，以丰富有趣的画面性和直观性知识展示给学生。如音乐课的教学，我以生动有趣的故事导入，采用PPT图片展示、动画观看、音乐辅助等手段让学生们集中注意力，自然而然把他们带入歌词的意境之中，让他们自主结合故事了解歌词含义，我再以通俗易懂的语言讲解辅助他们理解，而不是全程依靠空白的经验式语言进行教学。其次将范唱、伴奏相结合，同时还可以采用各种有趣的小比赛，利用孩子的表现欲和好胜心让他们主动学习。而在美术这一科目上，我主要采用启发式引导，以孩子为主体，采用多种手段激发其学习兴趣。

美术和音乐本身就是我从小的兴趣爱好，唱歌和画画更是这么多年来没有中断过的日常，虽然没有进行系统性的学习，但让我有了一定的基本技能，可贵的是让我对这些非专业领域存有强烈的学习热情，我乐于带着孩子们学习新知，探索新世界。

什么是最好的教育？卢梭[1]说"最好的教育就是无所作为的教育：学生看不到教育的发生，却实实在在地影响着他们的心灵，帮助他们发挥了潜能，这才是天底下最好的教育"[2]。我十分认同这个观点，比起教师告诉学生学会什么，不如潜移默化地影响他们自主学习，心灵的触动和思想的启发能激发他们的潜能。而教师最该做的就是保持教育热情，不管面对什么科目，都绝对不能怀有"随意"的心理，学生永远不是能随意对待的对象。教师只有不断使自己面对未知，才能激发自我的学习热情，才能不断浇灌自己的教育激情，以自我带动学生。如果教师本身就是一片毫无生机的荒原，土地都干涸皲裂了，又哪儿有春雨来润泽学生呢？

---

[1] 让-雅克·卢梭（Jean-Jacques Rousseau，1712年6月28日—1778年7月2日），法国十八世纪启蒙思想家、哲学家、教育家、文学家，民主政论家和浪漫主义文学流派的开创者，启蒙运动代表人物之一。主要著作有《论人类不平等的起源和基础》《社会契约论》《爱弥儿》《忏悔录》《新爱洛伊丝》《植物学通信》等。

[2] 王祥连. 特教：揭示教育本质的地方：在南京市育智学校观摩学习的感悟［J］. 师道，2017（3）：42-45.

永葆教育热情 永远热爱学生

苏霍姆林斯基说："没有爱，就没有教育。"[1] 陶行知说："爱是一种伟大的力量，没有爱便没有教育。"[2] 习近平总书记说："做好老师，要有仁爱之心。教育是一门'仁而爱人'的事业，爱是教育的灵魂，没有爱就没有教育。"[3] 爱，是教育永恒的主题。但是，这个"爱"是什么，怎么样才能做到"爱"？关心学生是爱，勤恳教学是爱，鼓励学生也是爱。而我认为，"爱"是"永远热爱"。

热爱学生是教师从不停止更新自我的知识，热爱学生是教师永远热情对待自己的课堂，热爱学生是教师不断丰富学生的思想，是永不停止，是永远热爱。

从实习第二周开始，我负责语文教学，同时兼任音乐、美术与劳动教师。我的第一堂课是四年级下册的《在天晴了的时候》，这篇诗歌给我一种清新闲静而朝气蓬勃的美感，是勇于走出废墟享受曙光，是光明必然战胜黑暗。但如何让学生去共情这些感受，让他们主动倾听这美丽的旋律，要采用怎样的教学方式，这堂课要如何安排，一开始我毫无头绪。特别是其他教师给我的反馈让我有些怀疑自己，他们只教给学生本课描写了哪些景物，运用了哪些修辞手法及作用，以及表达了作者对大自然的热爱之情。这些知识点自然都是必学的，但是不够深刻，只是知识性的学习，对于学生的思想、思维教育是完全不够的。根据我的了解，这是基于大部分学生基础知识薄弱，理解能力较低，自主学习能力较弱，所以大部分教师都采取最保守的方法，能达到基本教学要求，满足学生的基本学习需求。但我认为，不管面对什么样的学生，教师都不能仅仅要求自己只要完成基本需求就好，如果这样的话那这一堂课和一堂 AI 生成的机械课将毫无区别，AI 不能理解也无法传达文本之下所蕴含的美感和历史厚重感，教师作为联结这个美丽世界和学生之间的媒介，如果本身都摒弃了精神和思想上的东西，只重视浮于表面的"基础"，那教师存在的特殊意义又在哪儿？这就是我所说的永远热爱学生，学生基础知识薄弱也好，理解能力差也罢，教师所

---

[1] 康文清. 追寻教育的"诗和远方"[J]. 华人时刊（校长），2023（11）：139-140.
[2] 宋亮. 教育需要爱心与宽容：三则爱的教育故事[J]. 教育，2016（41）：46.
[3] 习近平：做党和人民满意的好老师：同北京师范大学师生代表座谈时的讲话[EB/OL]. 中国政府网，2014-09-10.

做的始终是"塑造灵魂"的事业，不是把学生当作一盆绿植，只要完成健康长大这个目标就行，而是要给予他们温暖的阳光、美妙的歌声与多彩的世界。

我依然坚持自己的理解。我对写作背景、时代背景和戴望舒先生的个人经历等进行了仔细的梳理，逐字逐句考察这篇优美清新的诗歌，寻找它背后所蕴含的精神，并将之融入我的教学设计中，完成基本教学目标的同时让学生深刻了解诗歌的深层意义并不容易。我以描写天气的成语开始，板书学生们回答的各类天气成语，引出《在天晴了的时候》这篇诗歌"雨后天晴"这个特定天气，并提出一个引导性的问题——"为什么作者在各类天气中偏偏选择了雨后天晴这个特定天气？"这个问题抛出以后，让学生心里留下一个印象，并且在接下来的学习中有意识地注意到并思考这个问题，从而有利于深入学习。

课堂教学中我始终秉持"以学生为主体，教师为主导"的教学理念，以问题和任务为导向，引导学生自主思考、讨论、交流，进行小组概括总结。学生的参与度很高，反应积极，只是语言表达的准确性有所欠缺，我会及时引导纠正，让他们重视自己的语言表达能力，积累表达技巧。在完成了基本任务点以后，我向学生们介绍了抗日战争的历史，他们交流，我来总结，并且创设情境，将他们有意代入作者的角色，引导他们与作者产生情感共鸣，得出的结论是自然而然的，当他们说"老师我知道了"时，我和他们一样激动，他们为自己能解决问题得出共情感受而激动，我为我的教学方式对他们有所用而激动。

永葆教育热情，不被任何外界事物浇灭，需要我们主动去浇灌它，燃烧它，对学生的爱就是这份热情最好的燃料，只有永远热爱学生，将学生视为一个需要不断给予阳光雨露的新生世界，我们才会永远以更高的要求审视自我，完善自我。

引导：让学生迈开脚步

"教育的艺术不在于传授本领，而在善于激励、唤醒和鼓舞。"[1] 第斯多惠[2]所说的教育艺术，是激励、唤醒和鼓舞，用我的话来说，就是让学生学会迈开脚步。教师的一个重要任务是引导学生学习，但我认为并不是指明前进的方向，

---

[1] 刘国伟. 人文滋养与个性成长：成都七中的教育故事 [M]. 北京：商务印书馆，2015：280.

[2] 第斯多惠（Friedrich Adolf Wilhelm Diesterweg，1790—1866）是19世纪德国著名的民主主义教育家。

而是让学生自己学会迈开脚步，向一切他们想走的路前进，以自我意志去探索、去开拓、去创新。

　　我在顶岗支教实习的四个月期间，担任了二年级、四年级与五年级多个班的临时班主任，时长均为两周，期间开展了不少主题班会课，和学生们进行了多次深入交流。主题班会并不能以完成任务来对待，机械化地讲完重点就匆忙结束，如此对学生来说毫无帮助，说过的重点也是转眼就忘。必须让学生真正参与进来，如"遵守校纪校规"主题班会上，让学生结合身边存在的问题发言，表达自己的看法，并由其他同学进行评价，甚至可以提出对校纪校规本身的看法和意见建议。从身边的问题着手，教师再进行讲解总结，让学生对校纪校规有更深刻的认识，此外，在五年级（1）班开展"争做五勤好少年"主题班会时，我和学生们进行了一次十分有意义的交流。"五勤好少年"中的"五勤"指的是"勤于阅读，勤于学习，勤于锻炼，勤于创造，勤于实践"。交流"勤于阅读"时，我从当今短视频时代的特点展开，让学生们讨论对电子阅读和纸质阅读的看法，再结合热点新闻深入探讨，揭示短视频信息的不完整性、不明确性、个人主义性。从人们对各种新闻事件的误解、跟风、人云亦云，到很多孩子受各种潮流、舆论影响产生错误认知，形成畸形观念，让学生意识到阅读的重要性。从书中汲取知识，形成自我认知，具有自我判断标准，而不是变成随波逐流的行尸走肉；除此之外，我特别强调教师并不是唯一的标准，每个人面对世界都是弱小和无知的，教师已知的知识在整个人类面前只不过像一滴水，剩下的更广阔的知识海洋需要学生自己去探索，此处我带领学生从地球出发到太阳系、银河系最后是可知宇宙之外更神秘的世界，激发学生们对世界的好奇心、求知欲和探索欲。诸如此类，我和学生一起探索交流学习、实践与创造，他们的眼神迸发出的那种亮眼的光彩无法以语言述之，我万分感动与欣慰。

　　对一个教师来说，不仅仅是把自己毕生所学授予学生，更是要激发学生去探索我之未知，知道我之未知，求得真理与美善。习近平总书记用了"极端"二字来形容教师的重要性，"极端"是一个纯粹而美好的境界，它意味着教师永远青春，永远热情，永远热爱，以无止境的脚步带领自己的学生前行，永远用最柔润的春雨浇灌学生的心灵，怀揣一片赤诚的教育热情，身后开满芬芳馥郁之花。

顶岗支教实习学校：大通回族土族自治县第七中学

我在一年级教书育人的时光

马小晶

教育是一种培养人的社会活动，教书育人的前提是爱学生，只有真正去走近学生，才会发现教育无处不在。学生是发展的独立个体，每个学生都有自己发展的潜力，因此在教育过程中，肯定学生的进步是非常重要的。教育是一种信念，需要教师关注自身行为对学生产生的潜移默化、深远持久的影响。学习是一种教学相长的过程，教师需要不断反思自己，在反思中去创新。

教书育人，落实细微

教师是学习的引导者，课堂是以学生为主体，教师为主导的，组织好课堂需要师生之间的相互契约。在实习的过程中，我承担一年级数学的教学工作，面对低年级的学生，组织好课堂很关键，也很有难度。一年级学生虽然能进行有目的的观察，但他们的知觉有一定的混淆性、笼统性和无意性。他们的注意力除了跟学习兴趣和主动性有关，还与教师的课堂引导有关。在这个过程中我遇到过很多困惑。在"20以内的退位减法"这堂课中，为了激发学习兴趣，设计了小熊妈妈烤玉米的游戏，让学生们分组进行计算，并且进行比赛。这样课堂气氛一下子就调动起来了，同学们积极参与了计算，并在规定时间内完成了计算。在提问过程中，同学们也都积极举手发言，争先讲述计算方法。这堂课通过大家的交流，巩固了平十法和破十法两种计算方法。在讲授人民币单位换算这一节课时，为了让学生明白元与角的换算关系，我用学习币兑换相应的币值，假设购物场景，分小组让同学们进行购物游戏活动。首先，我让每一排的同学代表一个面值，全班七排同学，从左到右依次是10角、20角、30角、5角和1元、2元、3元。然后，用人民币和学习币的面值，让面值相同的两组同学站起来。通过这次活动，同学们很快掌握了元和角之间的关系。

一年级的学生处于具体运算阶段，以形象思维为主。在起初教学过程中，我用理论化的语言讲知识点，发现很多学生都不理解。于是我放慢了讲课速度，在讲授过程中，让学生结合实际生活去理解知识。例如，在讲授"多得多、少得多、多一些、少一些"课时，为了让学生明白数量之间多大程度的关系，我在课件上演示了一幅插图，图中有乒乓球、排球、篮球。首先，我让同学们小组讨论这三种球类的大小关系，接着，我举了一个例子，然后让同学们举手回答，经过五分钟积极的讨论，同学们都能用自己的语言说出三种球类的大小关系。接下来，我又出示了第二张插图，图中有30个梨、45个苹果、90个草莓，同学们逐渐能由大小关系过渡到多少关系，纷纷说出了水果之间的多少关系。

　　一年级还是学习习惯养成的关键期，因此在日常学习中要注重及时强化学生的好习惯。起初，学生们上课坐姿不端正，很多都趴在桌子上，而且课堂上会出现吃零食、聊天等现象。于是我设计了勋章墙，对课堂上坐姿端正、认真听讲的学生，我都会奖励小星星，每日进行统计，并且把每个学生得到的奖励按照数量在勋章墙上标上小红旗。经过一个月的努力，学生们上课的表现得到好转。

关注个体，关注成长

　　她是一个可爱的小女孩，每次考试成绩排名中等偏上，但是她却被安排在教室最后一排的角落里。每次上课，她都会以不同的理由引起周围人的关注，有时候是在喝可乐，有时候是上课折纸船，有时候画画，有时候是切橡皮……她的注意力并不集中，经常被同学们提起，课堂也因为她多了很多小意外。她很喜欢跟同学们一起玩，但是有些同学却疏远她，我询问原因，了解到关于她的三起风波。

　　第一起风波：有一天，班上发营养餐的时候，有十几个同学告诉班主任，自己的牛奶不见了，班主任经过调查，发现她的书包里装了五袋牛奶。另外一个同学的书包里，也装了五袋牛奶。

　　第二起风波：牛奶风波过去不久，美术社团的教师发现社团里用的很多大号美术本、卡纸、彩色手工橡皮泥，都离奇失踪了。那些材料，都放在了一年级教室的柜子里。经过调查，最后那些材料的去向水落石出，都是由她拿出来的，她把美术本发给班里每一位同学，把彩色卡纸送给部分同学，橡皮泥送给部分同学。而当同学们问她是哪里来的，她告诉同学们是新年的时候爷爷送给她的。

第三起风波：又有一天，同学们又到老师跟前提起了她，说她的小书包里放了化妆品。我过去了解，才发现书包里有化妆彩蛋、睫毛膏、唇彩、气垫、眼影盘……这些化妆品让所有人大吃一惊。后来调查才发现，那些化妆品是她们院子里的姐姐送给她的。三起风波的发生，让我更想去了解她的具体情况。

经过了解，我知道她来自外地，她的母亲在她幼小的时候由于车祸离开了她，她父亲带着她独自在离家很远的地方打工生活。由于父亲工作繁忙，对她的关注有所欠缺。她每天都是一个人在房间里等待父亲下班回来，有时候会趴在二楼窗台看着街上的行人。对于她的所作所为，没有人告诉她是对是错，只有犯了错误才会被关注，这也许就是她内心的独白。

在了解到她的具体情况后，我试着走进她的内心世界。在尊重的基础上，去影响和教育，选择恰当的方式与她沟通。我会在她放学后陪她在校园里散散步，与她交流一下最近在学习、生活上遇到的事情，给予她关心与爱，并为她遇到的困惑提出建议。虽然刚开始并没有什么成效，她依旧跟往常一样，但是我并没有气馁，我深知教育并不是一朝一夕之事，期待行为的改变，就要潜移默化地去影响她，帮助她走出困境。这需要持之以恒的教育，需要水滴石穿的影响力。尊重和理解只是搭建沟通的平台，为了减少她内心的障碍。慢慢地，在我的陪伴和开导下，我感受到了她的变化，她不再通过捣乱来引起别人的注意，在我的课上，有时也会举手回答问题，这令我很欣慰。在顶岗支教实习结束后，我有时也会想起她，不知道她现在过得怎么样，但在我心中始终希望她能从跌跌撞撞中慢慢走得平稳，希望她的内心世界有温暖的光照进来，希望她越来越好。

教育不是疾风暴雨的涤荡，而是一种润物细无声的涤染；教育不是厉风严霜的摧残，而是一种春风化雨的感化；教育不是千人一面的雕琢，而是一种尊重规律和个性的发展。教师，需要用心去教育，用情怀去坚守，用持续的反思去精进。这条路，需要用信念为灯，以师德为向，努力找到更有意义的远方。

顶岗支教实习学校：化隆县扎巴镇中心学校下扎巴小学

锻造学生喜闻乐见的课堂

张 莉

教师之为教，不在全盘授予，而在相机诱导。①

——叶圣陶

2022年3月顶岗支教实习，我去的是互助县蔡家堡乡中心学校。学校建于1970年，地处西南干旱山区。学校总共有9个教学班，304名学生和26名教师。

在互助县蔡家堡乡中心学校实习期间，我担任的是三年级英语和四年级数学的教学任务，以及五年级的代理班主任工作。由最初走向讲台的忐忑不安到现在对于教学工作的逐渐熟悉，回味这短暂而充实快乐的日子，我觉得日子真如白驹过隙一般，匆匆划过，而我唯一可以做的是用笔尖记录下这段日子以来我的一些感悟与思考。

将所学过的教学理论一点点转化为教学实践，从学校里的模拟课堂变为真正面对面的教学，从生涩向成熟转变，我的教学过程也变得丰富充实起来。在整个过程中，让我深有体会的是教学中应将游戏纳入课堂中。游戏教学最早出现在柏拉图的《理想国》一书中，柏拉图把游戏作为儿童心中的理想之国，认为玩游戏、听故事以及鼓舞人心的音乐，能够培养儿童正直善良的道德品质。在小学阶段儿童的注意力比较不稳定，也不够持久，他们的注意力常与兴趣密切相关。在教学中融入游戏教学这一教学方式，符合儿童的心理发展特点，回归了儿童的自然天性。

我在实习初期听课的时候发现，老师们在课堂上很少设计游戏教学的活动，于是当把游戏教学添加到我的课堂上后，发现相较于其他老师的课，融入了游戏教学的课程更为学生所接受和喜欢。游戏教学法包括两方面的内容，一是游戏活动，二是课堂教学，通过两者的结合，教师可以利用游戏讲授知识，学生

---

① 刘爱萍. 融合信息技术优化歌唱教学：叶圣陶"相机诱导"思想之我见[J]. 求知导刊，2016（1）：115-116.

可以从游戏活动中获取知识经验。

以学生为主的课堂

　　锻造学生喜闻乐见的课堂最重要的是要知道学生内心的真实想法，要知道学生想要的是什么，这就需要我们在设计教学活动时做到以学生为中心，充分了解儿童的生活经验、知识背景和兴趣爱好，真正走入学生的内心世界，去了解学生所需。

　　我在数学教学中借助希沃白板开展游戏环节，用比赛的方式，让学生回顾课上学习的内容，在组织游戏的过程中，我发现学生更倾向于竞争性游戏。例如，在学"两位数乘三位数"的时候，课前导入环节，我先让他们回顾一下以前学过的"两位数以内的乘法"，同时为了吸引他们的兴趣，用希沃白板将数字打乱，让学生来玩"连连看"，他们很积极地举手，说左上角的要和右上角的连起来，我没反应过来，他们还着急，一直拿手指给我看。当我讲完"两位数乘三位数"的时候，我又用希沃白板，让他们来玩游戏巩固。这次玩的是"奇幻森林"，是一个分组竞争的游戏，谁能答得最快最正确，找到里面计算正确的水果，谁就能获得最多的星星，成为游戏赢家。除了正确选项，我还加入一些干扰项，但是没想到学生答得非常快，比课前导入玩"连连看"的时候还热情高涨，两边是谁也不让谁，最后还是第一组险胜。但是我发现，在组织竞争性游戏的过程中，会出现一些问题，如比赛失败的一方会心情低落，无心听课等。我清晰地记得，在游戏结束和第一组同学发出欢呼的一刹那，第二组的同学脸上出现的失落表情。所以在以后的教学过程中，我会额外注重引导学生正确对待游戏，正确参与竞争的意识。又如，在进行"我来当老师"的游戏活动时，让学生自主上讲台讲练习册，在试着让他们讲课的过程中，因他们年龄相似，思维发展也具有相似性，有些题通过他们的讲解，更易于其他同学接受。在他们讲课的过程中，我也可以通过他们的讲解与表现来观察他们是否掌握了所学的知识点，然后给予适时的引导。课后通过他们交上来的作业、练习册等，可以很清晰地看到由同学们扮演老师所讲的内容，在这一部分学生们作业的准确率都较高。由此我发现师生角色的互换有益于学生自主学习意识及个性的发展，能更好地凸显学生的主体地位，也有助于教师发现自身问题，帮助教师更好地了解儿童的思维发展特点。

　　但是在进行游戏教学的过程中，我也发现了一些不可避免的问题。

在课堂上我观察到儿童对游戏教学的态度，对我所教授的班级的学生也做了一个简单的访谈。在我询问学生对游戏教学的看法时，学生的回答普遍是侧重于游戏教学可以使他们感到快乐，比起枯燥地学习知识，更喜欢通过游戏来进行学习，也有同学认为通过参加游戏学习知识，对游戏涉及的那份知识的印象较为深刻。在问到游戏教学对学生有什么影响时，学生也会说出一些他们的观点。若竞技类游戏输了，就会产生一种失落感，这种失落感会造成他情绪低落，不想继续听课。如果说他们没有参与到游戏的话，也会影响同学们接下来的学习状态。除此之外，游戏教学的组织形式如果不够丰富也无法调动他们的积极性。

通过和学生的交谈，我发现，因学生心理年龄的特点，学生游戏的目的容易偏离课堂教学目标，有些学生会因游戏失利或是未参与游戏教学而产生失落感，从而影响他的学习心态，这就需要教师在课堂中关注学生，注重引导学生正确看待游戏活动。

我在开展游戏教学时，也获得了一些反思。

第一，在开展游戏教学时，深刻理解游戏教学的本质，不能为了游戏而游戏。每次设计课堂活动的时候，我都会不断地反问自己，这个游戏适合今天这堂课吗？学生能通过这个游戏学到今天课堂教的内容吗？游戏的形式是否贴合我的教学主题，这些都是我要在上课前就解决好的问题。第二，要设计适应性游戏教学。例如，在课堂上会设计一些闯关式游戏，增强学生的自主选择性。每个学生喜欢的游戏都不一样，同时为了不让学生对单一的游戏感到无趣，应该针对教学内容和学生情况来设计多种多样的游戏教学方式。第三，在开展游戏教学时还应关注学生注意力的发展。第四，在游戏教学结束之后，要引导学生总结课堂所学知识点。这样不至于让游戏教学脱离教学目标，使得学生产生失落感和落差感等。通过正襟端坐的课堂氛围向生动活泼的游戏教学转变，激发学生学习的兴趣。通过游戏教学回应人性诉求，让儿童成为儿童。

允许学生犯错

因为刚开始接触到学生，对于学生错误问题的处理并不是很成熟，我总是在他们做事出错的时候及时地纠正他们，在课堂上亦是如此。但指导老师朱老师在听完我上课后，给了我一个建议，他说，"及时纠正学生的错误并没有什么不对，但是学生犯错误的过程也是他们学习路上必不可少的一课，你要做的是能引导学生自己发现自己的错误"。听了朱老师的话，我想了很久。在之后的授课中，我改变了我的行为，在学生出错的时候，先试着引导他们找出自己的问题及出现问题的原因，再帮助学生掌握正确的知识。这一行为带来的转变使我惊奇，我以为他们会排斥这种做法，但是我发现，经过我的引导，他们虽然有些不好意思，但是很欣然地接受了自己的错误。由此，我觉得在教学中我们不应该过于执着"标准答案""完全正确"等字眼，我们应该追求的是学生们的思维能力，只要让他们动脑思考，老师的教学就是有效的。

  实习是大学阶段很重要的一件事情。实习锻炼了我们的实践教学能力，提高了我们对教育工作的认识，我们在实践中体会到了"教书育人"这一项使命与责任的伟大。通过听课，我发现每个老师都会有属于自己不同的教学风格，或许这就是教无定论的真正含义。同时在教学过程中，我深感教学是一门艺术，课堂语言是这种艺术的传达方式。听课的过程，是积累经验的过程，在了解教学流程的同时，也应注意教学方式的丰富和组织教学能力的提升。儿童喜欢的课堂没有固定的模式可循，只有教师具有同理心，设身处地地为学生着想，才能更好地赢得学生的青睐。师生共同成长，相互成就，这样的课堂才是充满生机和生命力的课堂。

顶岗支教实习学校：互助县蔡家堡乡中心学校

用爱浇灌每一朵花

陈阳阳

初为人师，对师范生的我而言，是一件极具挑战又颇具好奇的事情。2018年9月6日，我怀着兴奋的心情来到了西宁市小桥大街小学，开始了为期四个月的顶岗支教实习。小桥大街小学位于西宁市城北区，学校有教职工115人，在校生2159人，是城北区规模较大，在校人数较多的完全小学。在这个学校实习期间的点点滴滴、酸甜苦辣，都让我体验到了太阳底下最光荣事业的崇高和艰辛。

顶岗支教实习是师范生成长为一名合格教师的必经之路，也是检验每一位师范生教学技能的前奏，是师范生教学生涯的开始，也是师范生展示学习成果的舞台。面对这次顶岗支教实习，我的心情是很喜悦的，因为我即将走上梦寐以求的教学舞台，在那里展开我教学生涯中的第一堂课。面对我的第一波学生，即便只是为期不长的顶岗支教实习生活，也足以让我心生向往。但在这喜悦里又夹杂着几分担忧，担忧自己不能很好地完成学校安排的实习任务，不能完成好实习学校分配的教学任务，不能解答学生的疑问。

习近平总书记在中共中央政治局第五次集体学习时强调，坚持改革创新，推进大中小学思想政治教育一体化建设，提高思政课的针对性和吸引力。[①] 来到实习学校后，我主要负责六年级的道德与法治教学工作。在深入贯彻习近平总书记所提出的提高思政课的针对性和吸引力这一原则之下，我充分发挥主观能动性并虚心接受实习学校指导教师的指导，把在青海师范大学课堂上所学的理论知识和实际教学相结合，在实践中学习，认真开展教学工作和班主任实习工作。顶岗支教实习的第一个星期，我的主要任务就是听课，观摩学习指导老师的讲课方式。这种听课和我们上学时的听课是不一样的，主要是观察老师怎样

---

① 习近平主持中央政治局第五次集体学习并发表重要讲话[EB/OL]. 中国政府网，2023-05-29.

讲课，学习老师如何驾驭课堂，如何控制授课时间。每当上完一节课，指导老师都会耐心地为我解答疑惑，告诉我讲课时应该注意的细节。在这一周的听课时间里，我被学校老师认真负责的态度感动了，同时也让我对接下来的实习充满信心。

　　第二周，我开始上课。在课前准备时，我尽量做到细心全面，并且切合实际内容。但在正式讲课中，我发现我的语言、表情、语速等都不太恰当。这堂课我采用的是传统的讲授法，这种教学方法注重结合实际的事例开展课堂教学，刚开始学生还听得津津有味，可到后面有部分学生就开始开小差，丝毫不关心我讲的内容。课后，我进行反思，思考学生出现这种状况的原因，之后在指导老师的点拨下，我发现主要是由于我的教学方法太过于单一，没有调动起学生的学习兴趣。认识到这一点后，在后续教学中，我不断改进自己的教学方法，例如，在认识到本班学生对讨论活动比较感兴趣后，我就在课上引导学生对教师给予的相关具体案例进行讨论分析，这样不仅活跃了课堂气氛，也使得教学达到了预期的教学效果。

　　除了自己摸索教学外，我还会认真地总结老师和学生给我的反馈意见和建议，不断地拓宽自己的知识面，提高自己的教学水平。为了弥补自己的不足，我严格按照学校和指导老师的要求，认真仔细地备好课，写好教案，积极向其他同学和老师学习，虚心向人请教，把握好每次上课的机会，锻炼和培养自己的授课能力。最后在老师的悉心指导下，我不仅较好地完成了教学任务，还与其他老师们一同对教学模式进行了探讨，尽管有的时候没有达到我们理想的效果，但也获取了很多的教学经验。

　　在这段教学经历中，有一个让我印象深刻的小女孩，她在我上课的时候总是开小差，而且对于我开展的教学活动她很少参加。刚开始对于她的这种行为我没有进行干预，因为刚来这个班级并不了解这个小女孩的情况，贸然教育她怕适得其反。在后面上课的时候，我会特别注意她的行为，发现她会写的字很少，而且笔画也是错的，经过了解之后得知，原来她是一位转学来的少数民族学生，在家中父母跟她交流大部分都是用少数民族语言，而且之前她所在的学校教学也都是用少数民族语言进行的，她四年级才转到这所学校，因此其汉字基础很薄弱。在了解到她的情况后，我想到国家自2001年起就开始实施国家通用语言文字，而到现在，还有一部分学生对汉字的基础如此薄弱，需要老师给予更多的关照。于是我开始利用课余时间教她拼音，从生活中很常见的汉字开始。刚开始的时候，她很是抵触，但慢慢地，她认识的字越来越多，在课堂上注意力也更加集中。有时候，我会故意让她发同学们的作业本，看到她能准确认出同学们的名字，我很是欣慰，这也是我顶岗支教实习中一段难忘的经历。

在顶岗支教实习期间，我除了承担教学工作外，还负责了班主任工作。在小学，班主任也算是学生的半个监护人，是班集体的教育者、组织者和指导者。对我来说，班主任工作是我顶岗支教实习过程中一个富有挑战的任务，还记得第一次班会课，我站在全班同学面前讲话，面对新面孔时我很紧张，只是粗略地做了自我介绍，但在之后和同学们接触的日子里，我渐渐地记住了每个学生的名字，以及每个学生的个性特征。班主任工作非常琐碎，花费的时间精力很多，需要耐心、细心地去完成。但班主任更重要的工作是给予学生关心与爱护，要善于发现每一个孩子的闪光点，及时进行表扬，让每一个孩子都能感受到班级的温暖。例如，在大扫除中积极劳动的学生要及时给予表扬；对于拾金不昧的、遵守纪律的学生也要给予肯定。我会记录班级中每个学生获得表扬的瞬间，这大大激发了学生们的积极性，使得班级中遵守纪律、乐于助人的学生越来越多，班级氛围越来越团结，这让我很是欣慰。

短短一学期的顶岗支教实习生活在不知不觉中就结束了，虽然很短暂，却深有体悟。我明白了对每一位学生认真负责是每一位老师的重要职责。虽然我刚入行，会因为经验不足或是其他原因使得日常工作出现这样或那样的失误，但我仍然很努力地在分担老师们的一些工作，使自己能够快速地成长起来。在这段时间里，我学到了很多书本上学不到的知识，也让我了解到教师的伟大和教师工作的神圣。教师的工作不仅仅是"传道、授业、解惑"，更是要发自内心地关心爱护学生，帮助他们成长。在教授他们知识的同时，更重要的是教他们如何做人，这才是教师工作最伟大的意义所在。

支教单位：西宁市小桥大街小学

教会学生"说"数学

李雨薇

时间总是如此，喜欢和人开着玩笑，偷偷地从我们手中溜走，从睡梦中划过，以至于我们还没来得及看清楚今晚的星辰便已过了好些时日。顶岗支教实习，也是如此。回想起来，在西宁市小桥大街小学顶岗支教实习第一天的情形依然清晰地浮现在我的眼前，令人记忆犹新。小桥大街小学地处西宁市城北区中心地带，也是城北区规模较大、校内各类设施齐全、在校学生较多的一所全日制完全小学。看着学校优美的环境、齐备的设施，以及孩子们天真的笑颜，我的内心万分激动与喜悦，但与此同时也多了几分忐忑不安，对即将第一次步入教育实习的我而言，我总是生怕自己做得不够好。

何为实习？我一直在思考这个问题，直到后来我才明白，那就是在实践中学习，因为任何知识都源于实践，所以需要付诸实践来检验所学知识。实习对师范生来说是锻炼技能的关键途径，亦是为未来就业奠基的必经之路。所以，我非常珍惜此次顶岗支教实习的机会。因而在整个顶岗支教实习期间，我时时刻刻都端正自己的态度，无论从着装还是言行举止，都严格要求自己，遵守学校的规章制度，积极配合实习学校的要求，认真完成各项任务。此外，作为本次实习团队的年级组长，我认真负责，尽力地组织活动并帮助每位同学克服各类困难，顺利完成实习任务。无论是工作还是生活上出现的问题，我都努力协调各方进行解决。经过这段时间的历练，让我学到了很多在课本上学不到的知识，让我充分地认识到了自己的优势与不足之处，也让我懂得了要用一颗平常心、平等心去应对所遇到的各种困难，也切身体会到了团队的重要性，留给我漫长人生道路上用之不尽的财富。

教学是实习的重中之重，也是我参加顶岗支教实习活动的首要任务，教学技能更是成为一名合格教师首先要掌握的技能。作为师范生，培养教学能力，掌握一定的教学方法是基本功也是必修课。所以在正式开展教学实习之前，我需要进行听课活动。顶岗支教实习学校的指导教师告诉我"千万不要去比较谁听的课更多，听课听的是质量而不在于数量"。听课前，要先熟悉一下听课的相关内容，先考虑一下如果是自己讲，会怎样进行授课。听课时，首先要认真做好笔记，特别是要注意任课教师在讲解过程中与自己提前设想思路不同的那些部分，这样才能更好地吸收别人的优点。其次，也要思考教师的教学思路，不懂的地方在下课后可以和任课教师进行讨论。最后，还要关注教师的课堂语言、板书设计、吸引学生注意力的方法以及怎样调动课堂气氛的方法等。

在听了一段时间课后，我开始授课。因为我的经验不够丰富，所以一定要做好充分的备课工作。刚开始，每节课的教学内容，我都会根据教材并按照自己的理解去设定教学目标。可是一段时间下来，教学效果确实不甚理想。于是，在学校一些有经验教师的指点与帮助下，我开始试着反思自己的教学过程。通过反思我的授课过程，我发现我的课堂教学还存在着许多的问题。一是没有充分地吃透教材，对课标、教师用书以及教材的熟悉程度不够。二是对于部分教学内容抓不住重难点，重难点讲解时间过短，其他部分的时间分配不太合理。三是在课堂上我只关注到了部分学习基础稍微好的，能够跟上我上课思路的学生，而没有关注到学习程度一般或比较差的那些学生。四是在教学过程中我没有给学生强调数学上面的细节问题，如列竖式时数位要对齐等。这一个又一个的问题使得我的教学收效甚微，真可谓"失之毫厘谬以千里"啊！

由此可见，评课也是我们师范生快速进步的一个重要方式。我们不仅要会评价他人的课，更要懂得如何评价自己的课，最重要的是一定要能够请他人来评价自己的课。有时，我总怕丢脸，怕自己做得不够好，不愿意让他人过多评价我的课。其实，这恰恰错失了一个极好的进步机会。当我鼓起勇气邀请实习学校经验丰富的老师们帮我评课时，大家总是十分热情，细致地记录下我的问题所在并帮我提出改进意见，有了他们的帮助我很快便找到了改进的方向。

与此同时，我明白了"说"数学的重要性。之前，我一直认为"说"只有在语文、英语这些科目的课堂教学中比较重要，但是通过顶岗支教实习发现事实并非如此。心理学上有这么一句话，"语言是思维的外壳，它能促进思维的发展"，同时，《义务教育数学课程标准》明确了数的运算要经历与他人交流各自算法的过程，并能表达自己的想法。《义务教育数学课程标准》要求教师要给学生讲清楚算理，但光凭教师的讲解学生并不能完全理解。所以，教师要给学生留出自己说的时间。在学生说的过程中，能让他们更加容易明白算理。所以，数学学习也要学会"说"，教师不光要掌握"说"的本领与技巧，清楚明了地向学生展示本科目的教学内容，并使其容易理解。教师更要给予学生"说"的机会，让他们能够表达自己的想法。正如同《学记》中所说："是故学然后知不足，教然后知困。知不足，然后能自反也；知困，然后能自强也。"① 给予学生更多"说"的机会，让他们试着将自己的认识清楚地讲给同伴听，然后就能够知道自己的不足之处，从而自我勉励，更上一层楼。

在教学中，我将"说数学"主要分成了"说体验""说反思""说故事"这三种类型，然后再根据学生的年龄特点选择合适的方式。例如，设计四年级数学"升与毫升"这一单元的课后作业时，我选择"说体验"的方式，同时鼓励学生动手实践操作。在认识与学习升和毫升这两个容量单位后，我让学生们试着借助量杯自己制作一个一升的量器。而后，我又让学生们找一个上下一样粗的饮料瓶，借助量杯在饮料瓶的侧面标注出四分之一升、四分之二升、四分之三升、一升的刻度线，分别感受不同容量的大小。最后，再让学生们用自己制作的容器盛一升水，分别倒入水盆、饭碗等生活中常见的容器中，尝试估计出这些容器的容量。布置作业时，我会要求学生拍出照片，在课堂上根据照片与大家分享自己的操作过程和感受。数学源于生活，又广泛应用于生活。在引导学生通过"说数学"的方式发现生活中的数学时，我看到了学生满满的学习兴致。他们总会说："李老师，你的作业好特别好有趣，这样学数学比我们直接做练习题更容易理解。"看着他们兴奋地比画着、描述着自己实践的场景和感受，我觉得他们的进步一次比一次大，课堂氛围也逐渐活跃了起来，我甚至还想尝试更多有趣的方式带领他们走进数学的世界，用心发现生活中的数学。

通过这次顶岗支教实习，我发现教师必须学会终身学习。社会在不断地发展，各种知识与技能每天都在不断地更新，因而每个人都应该学会终身学习。我作为一名未来的教师，更应坚持终身学习，不断丰富自己的知识储备，以适应新一轮基础教育课程改革的要求。只有不断地学习、更新教育观念与知识，不断地在实践中总结经验教训，汲取他人之长补自己之短，才能使自己更加有竞争力和教育教学的能力。比如，教师可以学着使用不同类型的多媒体教学工具，从而丰富课堂教学，教育数字化是我国开辟教育发展新赛道和塑造教育发展新优势的重要突破口。进一步推进数字教育，为个性化学习、终身学习、扩大优质教育资源覆盖面和教育现代化提供有效支撑。随着教学实践的增加，新问题、新矛盾也接连不断地出现，要想自己成为一名"四有"好老师，我需要学习的东西还有很多很多，要走的路还有很长很长。

顶岗支教实习学校：西宁市小桥大街小学

---

① 余奋征. 运用反思策略 促进深度学习 [J]. 数学之友，2021（3）：65-66.

"教师"与"学生"身份的转换

王 玲

转眼四个多月的实习期结束了，在这四个多月里，有时会比较忙碌、紧张，但也非常充实、快乐。在实习阶段我肩负了两个身份，一个是教师，为学生传道授业解惑的老师；另一个是学生，学习指导老师上课技巧的学生。在这两个身份中的来回转换需要自己不断地努力与适应，而我也在不断的身份转换与听课途中汲取知识，取得进步。

抓好课堂纪律，提升教学效果

第一周，我的主要任务是听指导老师上课，这还是我第一次以一位"老师"的身份去听课，和之前不同的是，这次听课的重点改变了，不再是听教师所讲的知识内容，而是学习指导教师授课的方法技巧，学习他是如何传授知识，如何驾驭课堂，如何控制授课时间的，等等。通过听课我发现，教师要想上好一堂课，不仅要有对知识的深入了解与充分把握，还要有对班级学生的课堂纪律、积极性的调动等方面的技巧。一个班级的课堂纪律往往会影响学生是否认真听课，如果一个班级的纪律差一些，那么老师上课就只是在上给好学生听，其他的学生就会趁机开小差，教师的上课效率和学生的学习效率都会大打折扣。而如果一个班级的纪律好的话，学生也就很少有机会开小差，上课效果就会好很多。而上课的积极性也会影响学生对上课内容的关注度，以及知识的吸收程度。当然，一个老师对知识的把握也是很重要的，哪些知识是学生学过的，哪些是还没学的，哪些是学生已经熟练掌握的，哪些是学生还尚未掌握的，等等，只有这样老师才可以全面细致地把握班级学生对于本科目的掌握情况，从而规划与开展好下一步的教学工作。

到了第三周，我仍旧在听指导老师的课，但在听课之余，我也开始讲练习册的作业以及帮指导老师批改作业。真正上课是从第四周开始的,上的第一节课内容是"外圆内方"和"外方内圆"。人生中的第一堂课,难免比较紧张,语速较快了一些,加上授课内容也比较简单,因此我只用了一半时间就把新课讲完了,讲完新课我就开始慌了,脑子里想的就是新的知识点已经讲完了,该说点什么内容才能把上课的时间拖完,以至于后半堂课让学生做巩固练习的时候,我讲得很乱,特别是在讲知识点时逻辑十分混乱,自己把自己的节奏打乱了,所以我的第一节课是很失败的。讲完课后我就已经认识到自己存在的问题了,当我回忆那些有经验的老师是如何把控课堂节奏时,我得到了很大的启示,开始逐步改善我的课堂教学。

通过聆听经验丰富的教师上课以及自己上课,我对上课有了进一步的认识。我是教数学的,所以自己的数学知识一定要扎实。常言道,要给学生一滴水自己先要有一桶水。只有不断地学习,汲取更多的知识,做到"腹中有货",才能胸有成竹地去面对学生,满足学生们无穷的求知欲。同时,也要注意"这滴水"的质量。当好一名老师,首先,一定要有扎实的基础知识,要有牢固的基本功,对每一个基本的知识点,都要做到既知其然,也知其所以然。只有这样才能给予学生真正需要的东西。其次是教学方面的专业知识。要根据授课内容的特点,结合班级学生的实际情况,灵活选用多种教学组织方法进行教学,比如,同桌互说、小组讨论、让学生上黑板做等,这样可以提高学生的上课积极性;当然上课时还要会随机应变,会根据实际的情况随时改变教学的顺序,来达到更好的教学效果。作业讲评时,也要分层讲解,重点题目重点分析,对于简单的题目老师只要带过就可以了,但对于较难的题目,教师不能只订正,还要能从简到难引导、巩固学生的知识。最后,一节课的课后反思非常重要,写实习反思日记是提高自己教学水准的好办法,通过总结优缺点,可以加强自己的优点,改正自己的缺点,这样就可以更快速地提高自己的教学能力。

开展第一节主题班会,播撒诚信的种子

班主任就是小学生的监护人,是班集体的教育者、组织者和指导者,是班级工作的主要操作者。所以班主任的工作非常琐碎与复杂。一名真正尽职尽责的班主任,在学生身上花的精力、时间是非常多的。我觉得,在班主任工作中始终要坚持"一个标准",在处理班级事务时,尤其是奖惩方面,对好学生和后进生都要讲究公平。通常好学生易受到偏爱,而后进生则常常使老师产生偏见,所以班主

任的"执法"一定要公允，要一碗水端平，如果处理有偏颇，就会助长好学生的坏习惯和骄傲的性情，压抑后进生的上进心，所以能做到一视同仁很重要。

我开展了教育实习过程中的第一节主题班会，班会的主题是"诚信！让心中充满阳光"。上这节班会课从选题、写教案，以及真正的上课，带我的班主任老师都帮了我很多。我先是听他怎么上班会课，例如，班会课应该走什么样的流程，主题怎样突出等。听了几次班会课后我终于开始准备自己的班会课了，第一次写的主题班会课设计方案没有通过，因为整个方案的前半部分和后半部分的内容联系不是很紧密，所以带班班主任再一次指导我，班会课要怎么上以及班会教案如何写。经过带班班主任教师指导后，第二次的方案有了很大的进步。因为我的上课过程中有讲故事的环节，所以老师还特别提醒我让我事先跟学生沟通，让他们回家后准备一些小故事，这样比较有利于班会当中故事会环节的顺利展开。我也这样做了，但真正上课的时候还是在这个环节上出了问题，我没有好好考虑小学四年级这个阶段学生的年龄、性格特点以及我在组织班会当中此故事会环节如何顺利导入的问题。到讲故事这个环节的时候，只有一个学生举手发言，课堂气氛就不是那么活跃，学生也变得不是那么积极了。

通过这节班会课，我充分地体会到课前的准备非常重要，这不仅体现在教案上，也体现在多媒体硬件准备上。在备课的时候，我准备了两段视频，准备在课上播放给学生看，事先我准备了好几个播放格式，害怕遇到教室的电脑不能识别的情况，但在正式上课的时候还是在这里出现了问题。在我即将上课的时候，突然发现教室电脑的播放器有问题，我准备的视频格式一个也不能放，只有声音没有画面，后来是带班班主任老师帮我重新下载了一个播放器，这节课才顺利地上下去。所以，通过这节班会课，让我知道课前的充分准备非常重要，这不仅是准备教案，还要准备上课时用到的各种材料，包括多媒体设备。

总之，通过这三个多月的实习，我的各方面都有了一定的提高，特别是我的教学能力和班主任工作能力，这对我今后的工作有着非常大的帮助，而且还让我深切地认识到人民教师的崇高职责，更深刻地体会到当一名好教师的不易。我一定更加珍惜剩下不多的大学生活，好好把握，不断地学习，争取克服自身的缺点，不断完善自身，为真正走上工作岗位做好准备。

顶岗支教实习学校：西宁市大堡子小学

做中学，听中学

邓芳霞

四个月的实习让我收获了最重要的一点心得，就是不去执着地追求书本上的真理，也许教育最好的结果就是"边走边看，边看边学"和静待花开的怡然。

成为一名教师对我来说是一件富有乐趣而又极具挑战的事情。2018年9月4日，我怀着兴奋和激动的心情来到了青海省西宁市城中区西关街小学，在这里进行了为期四个月的顶岗支教实习工作。在实习期间，我主要教授三年级（4）班语文和数学。就这样，开始了我人生的第一次实习之旅。

实习期间，我重温了小学校园生活的丰富多彩，也感受到了小学生的活泼可爱，更体会到小学教师工作的艰辛。实习的具体内容包括课堂教学、班主任工作和后勤工作三方面，这四个月的实践经历让我成长进步，学到了书本上没有的知识，明白了以前不懂的道理……

驾驭课堂的关键：听课、备课与试课

课堂教学主要分为两个阶段。第一阶段是听课，看指导老师是怎样讲课的。这种听课与我们平常听课是不同的，平常是坐在讲台下面听老师传授的知识，而现在我们听课的重点却是观察老师怎样讲课，学会老师如何传授知识，如何驾驭课堂，如何把自己的知识转化为学生可以主动吸收和建构的知识。前者是结果，后者则注重过程，所以这对我们的要求更高，我们不但要博学多识，还要懂得如何将自己脑海里的知识传授给学生。

听课其实也是需要技巧的。作为一名没有实际教学经验的实习教师，要学会集百家之所长，融会贯通，把别人的经验积累起来形成自己的风格。同时，听课要做好听课记录，虚心求教，深入了解课堂教学的要求和过程。仔细体会老师在课堂上的每个细节，知道这个细节中所蕴含的意味，因为教师在课堂上的每个教学环节都应该是为教学服务的。按照时间节点的划分，听课的侧重点也有所不同。在实习的第一周，我们主要是跟班听课，上什么课就听什么，并不会因为自己不教这一科目，产生没必要听的想法，因为我们听的是教学的组织方法，不同的课只是在学科的知识结构上存在差异，但在教学方法上有很多值得我们学习的地方。第二周主要是自己边上课边听课，比较自己和有经验的老师上课的差距所在，寻找自身的缺陷，然后改之。第三周我们听了一些公开课、班会课以及示范课，充分汲取优秀名师的经验为自己所用，这是练就自己上好一堂课的必要阶段。

第二阶段则是上课，我上的是语文和数学两大主要学科。我的指导老师是三年级（4）班的数学课张老师，我听过最多的就是她的课，她给了我莫大的帮助。上课之前其实有很多步骤，要选好上课内容、写教案、备课以及试课。写教案容易，写好教案却是一件麻烦事，因为一份好的教案是上好一堂课的依据与前提，写好一份教案就是上好一堂课的开头。我清楚地记得，我的第一份数学教案被我的指导老师张老师改过三次以上，才终于勉强可以试课。到了真正上课的时候，我的心里紧张无比，生怕压不住场，没办法将这节课进行下去，还好有张老师坐镇，在讲台下默默鼓励我支持我。我在张老师的鼓励下按部就班地完成了整个教学过程，课堂显得有规律、有节奏，同学们也积极回答我的问题，整堂课也算收放自如。

另外，上好一堂课，教师还应当注重学生知、情、意、行的培养与教育。学生的学习是一方面，而品质的教育尤为重要，其身正不令而行，教师的示范作用就是一个很好的例子，我们应当注重自己的行为，端正自己的品行，做好表率作用。

班级管理贵在"勤"

班主任工作指日常管理。日常管理的内容十分琐碎，贯穿在班主任一天生活的每个时间节点。班主任的管理工作从早晨的升旗仪式开始，在进行升旗仪式时班主任需要提前到场，协助学生做好纪律管理。在这一天，全校师生犹如初升的太阳，在国旗下总结过去，放眼未来。升旗仪式结束之后时间来到了早自习，学生们来到教室后需要读书，班主任要督促学生养成自主读书的意识。八点半开始上第一节课，第二节课后有课间操，我们跟着整理好队伍，带他们去操场，管理纪律。上午上完四节课后，就是午饭时间了，学生们都是回家吃饭的，由正副班主任老师护送到放学地点，再由家长接回家。而老师们可以有选择地在学校食堂吃饭。

饭后休息完，该是午休的时间了，老师们在办公室休息。下午有三节课，有时候还得花点时间去视察课堂。下午放学后，班主任是最后走的，首先要送学生队伍出校门，其次还要督促学生搞好卫生，摆正桌椅，接着就是还有个别同学未等到家长来接，需要辅助他们做作业并等家长来接，老师们要保证每一名学生安全到家。这一天说长不长，说短也不短，但是每天都有如此多的事情需要班主任身体力行。

平常管理的事宜也数不胜数。主要是班级管理，对于班级管理，首先要建立一支优秀的班干部队伍。面向所有学生，单靠一个人的力量是不能完成的，你不能时时刻刻围着他们转，这时候，形成以班干部为中心的学生骨干力量就显得尤为重要。让学生管学生，这样可以强化班级凝聚力，提高班级管理效率。

除此之外，班主任自身提高素质的培养也尤为重要。2023年9月习近平总书记在致信全国优秀教师时强调"教师群体中涌现出一批教育家和优秀教师，他们具有心有大我、至诚报国的理想信念，言为士则、行为世范的道德情操，启智润心、因材施教的育人智慧，勤学笃行、求是创新的躬耕态度，乐教爱生、甘于奉献的仁爱之心，胸怀天下、以文化人的弘道追求，展现了中国特有的教育家精神"[1]。所以，班主任工作任重而道远，吾将上下而求索。

时间飞逝，转眼间，实习就结束了，这段经历对我来说收获很多，对我以后的工作态度都有很大的影响。捷克教育家夸美纽斯曾经说过：教师是太阳底下最光辉的职业。在这四个月里，我与学生一起生活与学习，也体会到了作为人民教师的乐趣和光荣，这更激励着我坚定了做一名光荣的人民教师的信念。我决心以十分的热情、百倍的信心投身祖国的教育事业中，争取为国家培养出更多的栋梁之材。

顶岗支教实习学校：西宁市西关街小学

---

[1] 习近平致信全国优秀教师代表强调 大力弘扬教育家精神 为强国建设民族复兴伟业作出新的更大贡献 向全国广大教师和教育工作者致以节日问候和诚挚祝福［EB/OL］.新华网，2023-09-09.

亲其师 信其言

胡蔡丽

时间如流水转眼即逝，一学期的顶岗支教实习已然结束。回首那些与学生相处的日子真是令人难忘，虽然有过疲惫与彷徨，但当我要离开他们的时候又是那么不舍。在山川学校顶岗支教实习的生活对我来说是完完全全的一次锻造，是我职业生涯的一个崭新起点。这次支教，使我更加坚定了自己的职业信念，要一步一个脚印地向前走。

山川学校位于西宁市城北区，是一所九年义务制学校，这所学校的建立体现了党和政府对民族地区教育的关怀和支持。学校布局合理，校园建设整齐划一，环境幽雅美观，既有普通中学应有的规模，又具有一定的民族特色。学校以"以法治校、以德立校、科研兴校、质量强校"为宗旨，积极发展学生特长，培养学生的动手能力和创新能力，积极开展素质教育，努力提高教学质量等课程的教学工作。

我在学校担任一年级的科学、三年级的美术以及五年级的数学教师。在顶岗支教实习的时候，我是边听课边讲课，每天至少听课两节，最多时每周达十节之多，在这个过程中，我从优秀教师的课中汲取宝贵经验，并不断总结经验教训，在教学中不断实践。每一天，我都过得很充实，听课、上课、批改作业、订正作业、布置作业、备课，同时，每天都在反思，每天都在收获，每天都在成长。

最让我感悟深刻的是，高效的教学效果是建立在良好的师生关系上的。一直以来，我都认为良好的师生关系是课堂教学顺利实施的基本前提。秉承着这样的理念，从实习开始我就注重与学生们的交流、沟通与合作，在这过程中成功地与学生们建立起了良好的师生关系。在学生面前，我既是他们的老师，又是他们的知心朋友。由于我年纪和他们差距不大，他们有什么问题都会来问我。我也会利用课余时间跟他们谈心，不仅拉近了师生之间的距离，还建立起深厚的友谊。在课外活动中，我会积极参与其中，和同学们群策群力，一起动手美化教室环境，一起参与多样的教育活动，一起参与趣味比赛并取得了优异成绩。学生们都亲切地叫我"胡姐姐"，而且在我的课堂上，学生会更活跃一些，和我的互动会更多一些，课堂效果会更好一些，尤其是平常有一些调皮的孩子，在我的课堂上会遵守纪律，认真听课。每当他们表现好的时候，在课下，他们都会开心地跑来并带着一丝骄傲地问我"怎么样，我够义气吧?"我都会笑着竖起大拇指，并回答"不错，够义气"。就这样，在良好的师生关系基础上，我和我的学生们在课堂上配合默契，教学效果良好，在实习结束时，他们的学习都有了明显的进步。

在这过程中，也有一件令我印象深刻的事。有一天，我正在上课的时候，一位胡同学突然站起来说："老师，李同学拿粉笔砸我。"坐在胡同学旁边位置的李同学是一个调皮的孩子，学习成绩还可以，就是会在课堂上做小动作。听到胡同学的"投诉"，我还没有说话，李同学就大声地说："我没有砸，是赵同学砸的。"听到他说这样的话，我立马回答"那胡同学怎么不说是其他同学砸的呢，你自己做错了事还不承认，这可不像一个男子汉!"这句话引来其他同学对他的讥笑，使得李同学非常气愤，他气呼呼地看了一眼赵同学，又愤愤不平地看着我嘀咕："谁不像男子汉了，有些人才不像男子汉呢，做了错事还不敢承认!"接着坐回到自己的座位上，但他的情绪依然很激动。课后我很快了解到，今天这件事确实不是他惹事去砸人家的，而是赵同学砸的。在了解了事情的原委后，我意识到自己的鲁莽。于是，午间休息的时候我找到了李同学，开诚布公地讲了事情的原委，并向他道歉，借此机会，我也想用这件事教育一下他。我问他："你知道为什么今天这个事我会冤枉你吗?"他是一个聪明的孩子，马上说："因为我平时上课爱搞小动作，爱捣蛋。"我趁热打铁道："是呀，所以平时表现多么重要啊，你平时的不好表现会给老师和同学们带来误解，所以今天类似的事情发生的时候，老师也没有怀疑，那为了改变老师和同学们的看法，你知道怎么做了吗?"他点点头，一本正经地说："老师，你看我表现吧!"于是我们愉快地拉钩，并约定我们是好朋友，今后可不能做欺骗朋友的事情。

从那以后，他上课比以前认真多了，有时看到他调皮的时候，我会走到他身边轻轻地提醒他："别忘了我们是有约定的哦。"他马上就会遵守纪律，我也时常表扬他。渐渐地，我和他的关系拉近了不少，他对学习的兴趣也越来越浓了，上课时，时常能看到他高高举起的小手，作业本上的字迹也越来越漂亮。慢慢地，同学们对他的印象也彻底改变了，对他的埋怨越来越少了，取而代之的是对他的表扬越来越多了，他的学习成绩也有了很大的进步。这件事让我意识到遇事要冷静，不能用自己的固有思维去分析问题，要认真问清楚事情的来龙去脉，谨慎处理突发的事情。同时，我更体会到良好的师生关系是帮助我高效完成教育教学工作的基石，而良好的师生关系需要我们日常悉心的维持和呵护。

不知不觉，我的实习已经结束。这次实习，让我真正在实践中去深化理论知识，感悟与体验作为人民教师的幸福与欣慰。这段实习经历让我有了明显的进步，更重要的是很好地锻炼了我的意志，提高了我的教学实践能力，为我今后正式踏上工作岗位打下了良好的基础。同时，在实践中我也深深地感到自己专业知识的不足，体会到书到用时方恨少的痛苦。不过经历了痛苦能认识到自己的不足也是十分重要的收获。未来，我会从基础的东西一步步做起，整合与补充专业知识，打下扎实的基础，锻炼自己对事情的细致分析能力以及处理师生关系的能力等。好的开始是成功的一半，相信在以后的职业生活中，我会以饱满的热情，争取学到更多的知识，保质保量地完成教育教学工作。

顶岗支教实习学校：西宁市山川学校

"少教多学"的教学实践

马丽娜

时间过得很快,四个月的时间如白驹过隙,不知不觉就结束了。回忆起这段时光,虽辛苦却很充实。在实习的过程中我失落过,害怕过,也开心过,亢奋过。不过到了现在,一切都成了美好回忆。顶岗支教实习是我大学生活中极为重要的一个实践教学环节,通过实习使我们在社会实践中接触与本专业相关的实际工作,把理论和实践结合起来,提高教育教学能力,为自己能顺利与社会环境接轨做准备,为毕业后走上工作岗位打下一定的基础。

我实习的学校是朝阳学校,朝阳学校位于西宁市城北区,有初中部和小学部两部分。值得一提的是,这个学校别具一格的时间表。小学部的时间表,最长一节课是40分钟,还有35分钟以及30分钟的课。但是,初中的课程时长和我们常见的一样,都是45分钟一节课。为了让六年级的学生提前适应初中生活,六年级的作息跟初中部部分接轨。我在该校担任一、二年级体育课与心理课教师,同时在教务处兼职行政工作。在课堂上,我是潜心育人的老师;在教务处,我是一位真正的"杂家",绘制表格、打印数据、整理档案、布置会议室、搬东西、批改作业……我简直就是无所不能的小助手。

"少教多学"的 SPARK 课程

实习伊始,学校就要求我学习并在教学中应用 SPARK 课程,对我来说,这是一门全新的课程,需要我精心钻磨学习。通过听其他优秀老师的课和查找资料,我了解到 SPARK 体育课程源于美国,是把游戏、休闲娱乐与体育运动结合在一起的综合课程。其教学不只是40分钟的课堂教授,更强调将每个孩子的运动兴趣和能力在时间上延续,并养成健康的饮食习惯和行为,养成在运动中与他人相处的能力。SPARK 体育课程教授方法是围绕某个主题设计游戏,将整个班级的人分为多个组参与游戏，让每一组的学生在愉快做游戏的同时，掌握本节课的技能。这样的体育课程将朝阳学校所推崇的"少教多学"的理念充分展现出来。

在实习中我积极学习SPARK课程，将其运用到我所教的一、二年级体育课中。我会设计一些简单的游戏，并将其运用到学生们将要学习的运动之中，让学生快乐地学习体育动作。比如，"快乐跳跳跳"体育游戏，这个游戏课程的设计是为了通过各种游戏，使学生学习掌握"单、双脚跳"的动作并体验体育活动的乐趣。我为这个课程设计了"我是小小驾驶员"游戏。课程伊始，我先讲述了具体的教学动作并进行示范。接着就让学生们开始了游戏学习。我创设了一个开火车的故事情境，并提出需要驾驶员、副驾驶、乘务人员以及乘客等几名角色，接着将全班分为几组，让每组同学扮演相应的角色，并在游戏过程中运用"单、双脚跳"动作。同学们的热情很高，每组同学积极争取自己想要的角色，并在游戏的过程中很好地实践了"单、双脚跳"动作。甚至在玩了一会儿之后，有一个爱玩皮筋的女孩子提议我们开始另外一个游戏，即"欢乐跳跳跳——跳皮筋"游戏。她向我们介绍了运用"单、双脚跳"动作跳皮筋的技巧，并给我们做了示范，就这样，同学们又分组玩了第二个游戏。在这堂游戏课程中同学们积极参与，不仅积极学习并完成老师设计的第一个游戏，有的同学还将学习的体育动作与自己日常游戏结合起来，设计一个新的体育课堂小游戏。这让我深刻体会到了SPARK课程的优点，并决定在未来的教学中多多实践，让学生们寓教于乐，积极参与课堂。

"少教多学"的教学初体验

实习期内最重要的工作当然是教学工作。我的第一堂课是心理课，题目是"情绪"。在确定了授课题目之后，我便着手准备自己的授课内容。为了贯彻学校"少教多学"的教学理念，我通过采取各种措施积极准备。先是仔细阅读教材，同时通过"听课"学习其他优秀教师的教学方法，比如，他们的讲课风格，他们对学生的引导、反馈方式以及他们对课堂节奏的把握技巧等。然后精心地进行教学活动设计，反复试讲，确保自己的新课讲授流畅。在做好充足的准备后，我自信满满地走进教室，开启自己职业生涯的"第一课"。犹记得我是从讲笑话开始，逗大家哈哈大笑，然后向大家分享介绍"快乐"的情绪，接着讲述伤感的故事，向大家介绍"难过"的情绪……在大家了解了基本的情绪后，我邀请同学们向伙伴们分享自己印象深刻的情绪，并推选几位代表向全班分享，通过他们的分享更加深入了解"情绪"。诸如此类，就这样，整堂课我与大家在体验各种情绪中度过。课后，我的实习学校指导老师给予了我肯定，说我的课堂总体来说很棒，尤其是课堂导入和课堂互动做得特别好，体现了朝阳学校"少教多学"的育人理念。同时她也向我提出了中肯的意见，首先是我的声音还不够洪亮；板书条理性还应该增强，板书是为了让学生厘清思路，有需要时抄笔记的，因此一定要布局科学合理；授课节奏还应该再紧凑一些。总的来说，这堂课上得很好，学生的反应也不错，老师的点评也给了我很大的鼓励。

有了第一次讲课的经验和教训，后面的授课我觉得讲得越来越流畅，也越来越成功。每次在课堂互动时我多会以学生感兴趣的日常生活为线索设计学习活动，将学生的学习热情调动起来，让他们积极参与其中，让学生们做到"少学多做"。在课下也和学生们积极沟通，向他们询问这样的上课方式他们是否能够接受，是否能够熟练掌握学习内容，我会根据学生们的反馈来及时地调整我的教学设计以及课堂安排，以便逐步地提升课堂教学质量。在这样的日常互动下，我与同学们的关系形同密友，很多同学都喜欢和我聊天，有情绪上的问题也会来找我探讨，戏称我是他们的"心理健康师"。

顶岗支教实习对我们来说是一次很重要的综合实践必修课，是对我们思想和业务上的多项综合训练，是对我们教育教学能力的全面检验与提高，加深了我们对教育事业的理解和热爱。我要感谢这一段实习的时光，在这一段时间里我收获了知识，收获了经历，收获了指导老师的关爱和教诲，同时也收获了师生之间那份浓厚的感情。路漫漫其修远兮，吾将上下而求索，在今后的学习过程中我一定会更加努力，提高自己的专业能力，不断拼搏，争取早日成为一名"四有"好老师！

顶岗支教实习学校：西宁市朝阳学校

以耐心作桨，奔赴教育的星辰大海

德西纳么

光阴似箭，日月如梭，时间在指缝间悄然流逝，没想到四个月的顶岗支教实习实践就像电光石火般过去了。回想起 2019 年 9 月 5 日那天，我们一个个带着期盼和激动的心情来到人们所说的"玉树小江南"——囊谦县。我和两个伙伴一起被分到了香达镇中心寄宿制小学。香达镇中心寄宿制学校坐落于香达镇西郊的香曲河畔，是香达镇直属寄宿制学校，香达镇中心寄宿制小学始建于 1980 年，学校招生范围覆盖全县九乡一镇及外来务工人员子女。

班主任：循循善诱

在香达镇中心寄宿制小学的第一个月，我承担起了三年级的语文课教学兼班主任工作。9 月 8 日，我第一次走进他们的教室，当所有的学生用期待的目光看向我时，那一刹那，我决心要当好语文教师并做好他们的班主任。在与学生接触几天后，我感觉到班主任工作非常琐碎和辛苦，随之我开始担心自己能不能胜任班主任工作，但我知道"方法总比困难多"，所以我在心里默默告诉自己，坚持就是胜利。在当班主任期间，我对班主任工作有了更为深刻的认识，也学到了很多书本上没有的知识。班主任肩负着教育和管理学生的重任，要想把学生教育好、把班级管理好，就必须不断地学习和探索。

有一次阅读课时，学生在阅览室看课外书，课后我让学生们依次出门，有位学生可能以为我在维持秩序看不到他的小动作，就从阅览室的玻璃门缝塞出去两本书，出于对他自尊心的考虑，我没第一时间去阻止他，而是当学生们坐回教室时我单独叫他出来，问他："在阅览室里你做了什么？"听到我这么问他便开始紧张地发起抖来，我又接着说："如果今天我在全班面前指出你的行为会怎么样？"他开口说："会叫我小偷。"看到他认识到了自己的错误，我并没有责骂他。然后问他接下来该怎么做，他说第二天会还回去，我说："我会相信你说的话，也请你自己记住所说过的话。"第二天我到阅览室问管理员有没有学生还书并承认错误，管理员说确实有。

"如切如磋，如琢如磨。"教育就是一个不断磨炼学生处事方法、雕琢学生品行的过程，一个优秀的班主任不单是学生学业上的导师，更是学生人格养成的奠基者。一个教师一生会有很多学生，可是每个学生都是父母的宝贝，当家长把孩子托付给我们的时候，就是把一个家庭沉甸甸的未来交到了我们手里，我们从事的教育事业不是一份简单的职业，它需要忠诚、信仰、付出和满腔热忱。

任课教师：耐心鼓励

一个月之后我不再担任班主任工作，在余下的时间里我一直负责三年级的语文课。经过与三年级孩子们的接触，我发现他们的依赖心理比较重，对教师的信任几乎是无条件的，常挂在他们嘴边的话是"老师说了……"他们对教师的信任超过了对家长的信任，他们认为教师做什么都是对的，因此我要时刻注意自己的言行，树立良好的形象。比如，在课堂上写错了字，我会立马改过来，从来不会将错就错，因为三年级这个时间段对他们来说至关重要，他们的人格和个性最容易受到影响。

班里还有个小男孩天天不好好写作业，我尝试过口头思想教育，但第二天他还是不写作业，后来我单独辅导他写作业，让他当着我的面做作业。我看他写的不是很好，但我夸他"哇，这次你写的比之前好多了"，就这么一句话他好像找回了自信一般，开始用认真的态度去对待作业，并且在课堂上也开始主动回答问题了。此外，班上还有一个非常调皮的周同学，总爱在课堂上捣乱。在与家长沟通中得知，他是家里的独生子，从小被爷爷奶奶宠大，一遇到不合心意的事情就拒绝与家长沟通，还会在家里乱摔东西，爸妈对他的教育也感到十分头疼。对于这种"特别"的孩子，我认为教育得十分注重方法。我先是耐心地与他交流，问他："你一二年级的成绩看起来还可以呀，这说明你是个聪明的孩子。但为什么这学期成绩就下滑了呢？"他回答："一二年级的课我还能勉强听懂，这学期有几节课我听不懂了，而且越来越听不懂了，尝试学习过也没用，我讨厌学习。"我鼓励他尝试着去学，并与其他教师交流，给他布置的作业基础一点、简单一点，在平时多关注他一点，给他讲解知识点的同时多鼓励他，让他慢慢建立起信心。逐渐地，他开始对学习有了点兴趣，甚至会主动来办公室问我问题，这让我感到既惊讶又开心。在两个月后的测试中，他的分数有了较大的提高。看到分数后，他来找我说："老师，我从来没想到我会拿到这么高的分数，谢谢您。"我微笑地对他说："是你的努力和聪明让你考这么高的分数。"他露出了幸福的笑容。后来，在与各科教师和他的家长的交流中听到了许多夸奖他的话，教师们说现在这个孩子在课堂上安静了不少，也不刻意破坏班级秩序了，注意力也集中了不少。在与他家长的电话沟通中得知，孩子已经有了不小的变化，虽然在家偶尔会有小情绪，但不像以前那样乱发脾气了。从以前从来不写作业到现在不用爸妈催也会主动地完成作业。看到班里孩子们一天比一天有进步，学会的知识一天比一天多时，我感到很满足、很幸福。

　　时光匆匆，写到这里就意味着本次顶岗支教实习工作顺利结束，走出实习学校，脑海中浮现出很多感人的故事。近四个月的教育实习，让我有了很大的收获，与刚来香达镇中心寄宿制小学的我相比，现在的我已经从学生成长为一名真正的"准教师"，感受到了当老师的幸福与自豪，也坚定了为教育事业奉献自己力量的决心。

顶岗支教实习学校：囊谦县香达镇中心寄宿制小学

对高原教育的反思

朋毛多杰

顶岗支教实习是大学生融入社会、了解社会的一个机会，也是人生中一段难以忘记的美好回忆。从大学三年级开始，我就一直渴望能有机会体验顶岗支教实习的生活，因为我非常喜欢站在讲台上给学生们讲课，这样不仅可以给学生传授知识，在教学中我也能获得无限的成就感和满足感。

2019年9月5日，在学校师生的欢送下，我们集体乘坐大巴车离开学校，走了两天才到达玉树囊谦县。这里的一切都很朴素，没有高大的建筑，也没有发达的交通和完备的设施，但在这片土地上却保留着古老而淳朴的传统文化，当地居民热情好客，在这里我看到了他们最真实、最美好的生活方式。

到达囊谦县后，教育局把我和几个同学安排到了囊谦县第二完全小学，这所学校坐落于青藏高原东部，是一所创建于2006年的走读制完全小学。学校的校长和全体在校师生非常热情地欢迎我们的到来，此刻我既感到很高兴，也感受到了压力。高兴是因为顶岗支教实习生活即将开始，我即将登上教师舞台，成为一名真正意义的教师，所学的理论知识也有了用武之地；感到压力是因为我知道"立德树人"从来不是一件容易做到的事情，要让学生们学到有价值的知识，成为一名有理想、有道德、有文化、有纪律的"四有"好青年更是一件难上加难的事情。

在熟悉了这里的环境后，校长给我们分配了教学班级。由于学校迫切需要音乐老师，所以给我安排了三、四年级的音乐课程。虽然我的本科专业不是音乐专业，但是我从小喜欢音乐，对音乐有先天的敏感度也具备基本的音乐知识，所以我能够胜任音乐实习教师这个职位。在上音乐课期间，我发现每个班的孩子对音乐的兴趣都十分浓厚，每次课大家都积极认真，我还发现很多孩子十分有音乐天赋，他们的音色都很不错，而且音律也很准确。高原教育特别之处就是班里面的许多学生是来自不同的少数民族，于是我产生了一个想法，我给学生布置了一个作业——让他们回家请教自己的家长，学习自己民族的特色歌谣，然后用本民族的语言把歌谣唱给大家听,到他们"学成归来"时,我真的大开眼界。在课堂上,孩子们积极展示自己民族的歌谣,还有一些孩子穿着自己民族的特色服饰唱歌,也有些孩子在唱歌的同时情不自禁地跳起舞来,感染得全班都跟着摇摆,整个课堂都充满欢声笑语。听完两个年级的学生展示后,我感叹道:虽然不同民族的语言并不相通,但音乐能跨越这个界限。孩子们的表演也让我长了见识,听到祖国不同民族的特色歌谣,感悟到"民族的就是世界的"精髓。

通过几个月的顶岗支教实习,我发现高原教育存在一些不足之处。首先,对任何学校而言,教育教学都应该是首要任务,但仍有很多与学习不相关的活动在占用学生学习的时间,如学校组织卫生创建活动时,一整个下午的时间学生们都在打扫校园卫生。此外,学生在发展过程中容易受环境影响,学校领导或者教师对任何活动都能占用学生学习时间的做法,会潜移默化地影响学生对学习的态度,久而久之可能会造成学生不重视学习的状况。其次,高原教育面临的另一个问题是忽略学生的全面发展。我认为造成这个问题的原因主要有两个,一是高原学校的师资力量有限,尤其是音体美学科的老师十分缺乏。许多副科教师一个人要教好几个班级,甚至会同时带一两个年级。教师的缺乏会导致音体美课程的课时直接减少,对孩子们的全面发展和立德树人提出了严峻挑战。二是教师们在教学中只重视主科教学,忽视学生对音体美等课程的学习。作为一名合格的教师,我们要坚持全面发展观念,因为它是一种能够让学生拥有更多发展机会的教育模式,它强调学生的自我发展能力和技能培养,可以让学生在学习中发挥出最大的潜力。学生是发展的人,具有巨大的发展潜能,我们应该用发展的眼光看待学生。很多老师占用副科的时间用于教授主科知识的行为剥夺了学生们接受全面发展教育的权利,这十分不利于培养德智体美劳全面发展的社会主义建设者和接班人。

在这次顶岗支教实习中我收获了不少经验和知识,在这里我要感谢学校给我们提供的平台。虽然顶岗支教实习在我的人生中只有一次,但是给我留下了许多美好的回忆。在顶岗支教实习快要结束之际,我想感谢学校的指导教师们一直对我的信任和支持,因为你们的帮助和关心,我在教学实践方面有了很大的进步;我想对这里的学生们说,"亲爱的同学们,你们是国家、民族以及家庭的希望,望你们坚持自己远大理想,奔向广阔的草原,拥抱璀璨的未来"。

顶岗支教实习学校:囊谦县第二完全小学

从"纸上谈教"到"讲课自如"

杨文军

顶岗支教对师范生来说是一个将教育理论付诸实践的必要环节，我们通过实习进行相关专业的教学工作，综合运用所学的专业知识和教学技能，把理论与实践相统一，用理论指导实践提高自己在教育工作中的实际操作能力。在这四个月的实习时间里，我担任大通县第八中学七年级（17）班的数学老师和实习班主任。为了快速提升自己的教学能力和管理学生的能力，我聆听各科老师讲课，批改学生作业，与指导老师和学生沟通交流。这使我收获了很多在学校里无法学到的知识，综合素质得到了很大提升，也体会到了成为一名老师的光荣与责任，以及明白了成为一名优秀的教师所需要付出的艰辛与劳累。

新手班主任面临的挑战

由于新冠疫情，我在校实习不久后就居家办公了，学生们也只能通过居家上网课来维持学习进度。在学生们线上学习期间，我的班主任工作面临了许多挑战。第一个挑战就是有些多孩家庭条件有限，线上学习设备不够，不能够支持家里面的孩子们同时上网课，这就意味着家里面至少会有一个孩子不能够及时跟上班级的课程进度。在了解了情况之后，我先对这一类孩子进行了登记，让他们在白天预习、复习知识点并完成作业，然后利用晚上的时间对他们上课。这样才能够保证班上所有的孩子不落单，全都跟上老师的教学进度。第二个挑战就是网课效率低下。通过网络课堂上学生的反应程度和与家长沟通后发现，许多自觉性不强的孩子只是显示网课在线，但实际上心早已不在课堂上，更有甚者不仅不听课还与同学相约打游戏。面对这个问题，学校领导、教研组和老师们开会商量，网课课堂上要加强与学生的互动，不定时地要求学生在30秒内回复1来查看学生们的上课情况，课后加强家校联系，与家长及时沟通。第三个挑战就是学生不认真完成课后作业。因为上网课让许多孩子有正当的理由拥有电子设备，所以许多孩子利用网络直接查找作业答案。对于这一类问题，我在班会课上给他们讲解了抄作业的危害，要求他们不会的题目可以线上请教同学或老师。在习题讲解课时，随机抽取学生讲解他的解题思维，许多孩子意识到抄作业的后果就是被抽查时哑口无言，无形中会产生羞愧感。就这样，抄作业的问题就慢慢得到了解决。在担任实习班主任的过程中，我深刻体会到了作为一名班主任的不易，不仅班主任工作十分琐碎繁杂，每天还有可能面临许多新的挑战。但正是由于这些工作和挑战才让我不断成长，在面对许多新问题时才能够更加沉着冷静地解决。

生本理念下构建生动课堂

在教学方面，我深刻地感受到：上一堂课容易，但想要上一堂精彩的课很难，这需要花费很多的时间和精力。刚到实习学校，我的主要任务是去听不同数学教师的课程，学习他们的授课方式，听课后整理讲课的思路，开始去备课。在这期间我准备好每次课的详细教案和课件资料，并全部交给指导老师修改。随后我对每次课的内容进行试讲，在试讲过程中，指导老师对我提出了很多宝贵的意见，比如，语速不要太快、不要紧张、声音要响亮、注意上课的教态等。考虑到在教学中可能产生的各种突发情况，指导老师告诉我，如果在教学中遇到学生提出的刁钻问题，要冷静思考，才能营造良好的课堂气氛。通过与指导老师的交流以及在实际的教学过程中的运用，我明白了教授知识不仅要求知识面广，还要把书本知识与实际生活联系起来，用简洁明了的语言将晦涩的知识讲解透彻。

在真正的课堂教学中，面对这么多的学生，我有些紧张，导致经常在讲课过程中忘记下一步该说什么，很多知识点都没有提及，整堂课效果不好。曾经我也想过把大学所有学过的知识都用上，但真正上了讲台以后，才发现自己的知识匮乏，除了本身怯场之外，自身知识储备有限也有很大影响。尽管在课下我花费很多时间来准备，认真写教案，查资料，但在实际教学中会发现教案与实际课堂的差异很大。这些状况反映出实习教师与经验教师之间的差距，所以我需要学习的地方还有很多。慢慢地，在指导老师的指点以及自己不断摸索的过程中，我渐渐地实现了从学生到老师的角色转变，也慢慢克服了紧张的情绪，不断改变自己的教学技巧，逐渐学会了如何上好一堂有效的数学课，并得到了指导老师和同学们的肯定，这给予我很大的鼓励，在一定程度上提升了我的教学自信。实习让我迈出了教师生涯的第一步，同时也让我初次感受到作为一名初中老师的酸甜苦辣。

在实习过程中，让我感受最为深刻的是教师除了在课堂上真正做到以学生为主体，充分调动他们的学习主动性和积极性外，还必须积极使用行之有效的教学方法，这样才能确保课堂教学的成功。实习期间，我在教学过程中尽量使课堂生动活泼，调动学生的学习积极性，多与学生互动，比如，尽量多抽取学生起来回答问题，让学生上讲台展示等。另外，在施教过程中，以学生为主体，牢记教师是学生学习的指导者和助学者。除此之外，还明白了兴趣是最好的老师，在培养学生的兴趣后，才能让学生从真正意义上爱上数学课，让学生主动去学。四个月的实习让我真正体会到了做一位老师的快乐，同时它使我的教学理论变成教学实践，使虚拟教学变成面对面教学。

总之，通过实习，不论是在班主任工作方面还是在教学工作方面，我都受益匪浅。我从一个毫无班级管理经验的大学生变成一个对班级管理有一定处理能力的班主任，从一个只会"纸上谈教"的大学生成长为一个能在课堂上"讲课自如"的老师。通过实习，我更加明白要成为一名合格教师应该要怎样去努力，走入社会，需要学习的东西还有很多。我相信，通过不断的努力，不断地完善自我，未来的路上，我会做得更好。

顶岗支教实习学校：大通县第八中学

"美"中取乐，激发学生对美术课的兴趣

陆 湘

短暂的顶岗实习之行很快就结束了。在这一学期的实习生活中，我主要担任一、二年级的美术老师及一年级（1）班副班主任工作，通过一学期的学习和工作实践，我收获了很多，也从中取得了很多进步。

我在这一个学期学到的东西比我大学三年学到的东西还要多。我们在大学校园里虽然学习了专业课知识、美术教学法和班主任工作等方面的知识，但那毕竟都是纸上谈兵，我们学习的最终目的就是要学以致用，做一名合格的教师。而在这次的实习过程中，我们所学的知识终于在实践中运用上了。回顾这段时间的顶岗实习工作，既忙碌，又充实，有许多值得总结和反思的地方。

通过一学期的锻炼，我在教学和班级管理方面的能力已有了很大的提高，也积累了一些经验。在教学科研方面，我在学校领导的带领下，和老师们一起参加课题研究。"如何提高小学美术课的效率"这一项课题是一个难得的机遇，是一个锻炼自我、提升自我的机会。通过这个课题研究我学到了许多教学、教研方面的知识和方法，研习的成果也非常突出，我也决心以后要更加努力地学习、思考、工作。这段时间是对我的锻炼和考验，而以后迎接我的是更长久、更严峻的考验，我将尽自己的力量去迎接未来，创造未来。

班主任是一个班集体的灵魂。班主任工作是一项十分平凡又烦琐却蕴含着重大意义的工作。因此，为了能搞好本班的班风、学风，促进学生全面发展，提高学生德、智、体、美、劳等多方面的素质，我在担任班主任工作时，主要做了以下几方面的工作：一是深入了解学生，做学生的朋友。担任多年的班主任工作的指导老师告诉我，"只有了解学生，亲近学生，只有你真心地喜欢学生，学生才会喜欢你，只要心中充满爱就一定能教育好孩子们"。因此，为了能更加了解学生，我主动深入班级、深入学生，同时通过其他教师及家长，尽快了解本班学生方方面面的表现。我本着"亲其师，才能信其道"的思想，寻找时间、寻找机会接近学生，了解学生在学习、生活中存在的问题，与他们进行

思想交流，让他们感受到我的亲近和关爱。这样学生就敢于和我接近了，愿意和我主动沟通了。所以，在经过一段时间的努力后，学生中不交作业、上课爱讲话等不良现象大有改观。

美术是一门需要兴趣的学科，没有语文学科的诗词海洋，没有数理化学科的试题海洋，也没有英语学科的语法海洋，更没有政治学科的理论海洋。美术是具有趣味性的学科，它需要通过实践来掌握相关知识，它需要想象力和造型力的完美结合。而对于一二年级的学生，他们初到美术海洋，对于美术方面的知识似懂非懂，如果把太多理论注进他们的脑袋里，他们会对美术产生厌恶感。如果把美术知识化为游戏和故事，并且还能让他们亲自接触实物，他们会对美术非常感兴趣。所以美术教师要处理这些细节并认真上好每一节课，应备好课，准备好教具。

在教学期间，我按照《美术新课程标准》的要求，做好周密详细的教学计划，认真备好课，写好教案，通过指导老师的审查后，努力上好每一节课。上好每节课对老师和学生都是很关键的。上好一节美术课，一是要备好课，写好教案并查阅各种资料，以此来不断丰富自己的课堂。在教学过程中，有了完备的教案和丰富的教学资源才能确保教学环节的顺利开展实施。二是要开展鼓励性的美术学习评价，这种评价方式是培养学生对美术课程产生兴趣的有效途径。三是要坚持向指导老师学习、请教。

罗曼·罗兰曾说过："艺术的伟大意义，基本上在于它能显示人的真正感情、内心生活的奥秘和热情的世界。"[1] 面对低年级孩子，这时候的美术课对于他们是新鲜的，而在我的美术课堂教学过程中该如何引导他们，让孩子们的情感得到充分的发挥，而不是像以往的美术教学，在条条框框的规则中抑制他们的思想感情，成了我思索和考虑的问题。

千篇一律的课堂环境令学生有些环境疲劳，学生对只要是能走出教室的课堂都十分兴奋，比如，音乐课、体育课、计算机课等。因此我想，如果给美术课堂也换个气氛，是否课堂效果会更理想呢？于是在《叶子上的小血管》这一课中，我先让学生拿出上节课布置的树叶、毛笔和墨水，让他们拿起叶片观察树叶背面的叶脉，让他们讨论每种树叶叶脉有什么特点，再做示范，把墨水涂到叶片背面。然后把叶片放在美术本上，就可以印出一个树叶完整的叶脉图。对此，同学们兴趣特别浓厚，都觉得这个作品非常神奇，这样很快地调动起了学生的积极性；接着，我把学生分成小组，探索不同叶脉图印制的方法。小同

---

[1] 黄海蓉. 真切的体验与生命的咏叹：循着内心的声音 [J]. 美术, 2019 (7)：80-83.

学们自己团结起来分工合作，这就调动了学生的求知欲望，这样不仅让课堂生动有趣，也趁机让他们在快乐中完成作业。在《叶子上的小血管》课堂上，学生们全程注意力高度集中，对于小小的树叶充满了好奇，大多数孩子课上一直处于兴奋求知的状态。课后，学生们都表示十分期待下一堂的美术课。这让我的内心充满喜悦和成就感。

  一学期的体验非凡深刻。对我来说，它就是一场洗礼，让我有了一种对职业在生命中的意义的衡量。一学期的收获，我想，这得在以后的生活中才能慢慢体会。

顶岗支教实习学校：大通县良教乡中心学校

小班教学的新体验

牛生艳

顶岗支教实习是师范生进入教师职业生涯前的一项重要经历，不仅磨炼了我们在艰苦环境当中奋斗的毅力，还为我们未来要从事教师职业的师范生提供了一个实践的舞台。我们可以从中学到一个教师所需要的基本教学技能，为我们日后从事一线教学工作奠定基础。同时我们还可以在顶岗支教实习的过程当中，综合运用自身所学的理论基础来独立分析和解决实际问题，真正做到把理论和实践结合起来，提高自身的教学能力，包括实践动手能力和问题解决能力。发现自身的不足，在克服实习中遇到的问题、困难的过程中提升自己，我想这就是实习的意义所在。

我顶岗支教的实习学校是峡门学校，是一所附属于大通四中的农村小学。学校基础条件比较差，在学校的安排下，我住到了不远处的大通四中的宿舍里。当时是寒冷的三月，到达大通四中后，实习学校的老师带领我去熟悉宿舍和住宿环境，解决我的生活问题，让我感到十分温暖。从大通四中走到峡门学校，一栋三层的楼房映入眼帘。这栋楼是这个学校的教学楼。由于是初春，草木还没发芽，入目皆是荒凉。峡门学校是一所完全小学，全校从一年级到六年级，一共有120位学生，在编教师七位。峡门学校的主任黄老师按照我们各自的专业，将我们分配到不同的班级。其中，我是物理学专业，所以按照我的学科特点，让我负责五年级和一年级的数学教学，同时兼任一、二年级的音乐课教学任务。

线上备课的新体验

2022年4月，由于受到新冠疫情的影响，在我们实习期间，中途出现大通县的中小学无法正常开学的情况。在当时这种情况下，根据教育局的要求，各所学校组织进行线上课程,将线下的教学转到了线上,利用现代信息技术做到"停课不停学",实现在线教学、居家办公。

备课分为线下备课与线上备课。在线下备课时,我认真钻研教案,与指导老师沟通,来了解所在实习学校的学生情况,与实习学校富有教学经验的老师进行交流学习,来完善我的备课方案,争取在课前做好充足的准备。在近一周的听课时间里,每次指导老师的课,我都会认真聆听,及时地做好笔记。

线上备课,对此次顶岗支教实习的我们来说是一次从未有过的经历。在线上备课的过程中,我发现了一些线下备课没有的独特优势。

首先,线上备课能更好地打破学校之间的壁垒。在线下教学备课的时候,我一般都是和自己的指导老师进行面对面的交流。到了线上备课的时候,在学校的安排下,我们峡门学校的老师们在企业微信平台上进行网络教研与学习。通过网络教研,我能向其他学校的优秀老师进行请教,与他们交流学习,这给了我这样的实习教师极大的帮助,开阔了我的思路,让我在进行自己教学任务的时候备好课、上好课,更好地服务于学生,真是众人拾柴火焰高!

其次,线上备课更有利于整合优秀网络资源,提高内容质量。线上有很多优秀的课程资源,比如"一师一优课""网络云课堂""学习强国微课堂"等。在线下备课的时候,我更多的是参考教科书、教辅书等纸质材料,直到这次因为疫情原因,改为线上教学,我才发现原来网上有这么多我不知道的优秀课堂资源。对此,我认真观看,仔细筛选,截取部分片段作为学生课前预习或者课后复习的补充材料,引导学生自主学习,有利于提高学习内容的质量。

最后,线上备课的时间更加充足,老师们更加专心。平时线下教学的时候,我要做的事情不仅有备课,还要负责学生的管理工作,比如,值班看学生午休、大课间,处理学生违纪、学生补习、学生请病假等各种教学之外的琐碎事务。这些管理事务占据了我很多的时间和精力,再加上批改作业和上课,使得备课时间非常紧张。现在上网课,学生在家里面学习,在管理学生的事务上我就不用花那么多时间,使我能够全身心地去做好备课的工作。

小班教学初体验

我负责一年级和五年级的教学任务,一年级和五年级,两个跨越如此之大的年级,我不禁抹了把汗,这项教学任务对我来说是一个巨大的挑战。

我所教的五年级班里有24位同学。相比起我印象中的一个班应该有的人数，很显然，峡门学校的班额容量也小。一部分原因是随着经济发展，农村里的年轻人都涌入城市去打工，导致村里面只剩下一些老人和小孩，这样的农村像是一棵被挖空了树心的大树。"空心村"的问题反映在学校教育上，除了学生少以外，我还发现班上的学生大部分是留守儿童，平日里由爷爷奶奶照看。班级人数少也不完全是坏处，针对这种30人以下的班级，我可以面向学生个体、围绕学生个体发展来开展小班化教学活动。比起四五十人的大班级，这种小班化教学可以在时间、空间上得到重组，并且因为人数少，我和班上的每个同学都能够近距离互动，这对我的课堂教学效果具有很大的帮助。在小班教学上，不管是从密度、强度还是效度上来讲都是非常棒的。我和学生之间的师生互动十分频繁，也有利于形成良好的师生互动关系。

我还发现我教的这些学生身上存在一个共同的问题，那就是学习的主观能动性都比较差，但是实际上这些学生他们本身都是很机灵的孩子。这导致我每次在作业设计上都需要为他们花费一定的心思，从作业量、交作业时间都得给学生规定好，不然的话，交上来的作业完成度会非常不尽如人意。在教五年级学生的时候，我采用因材施教的教学方法，针对基础不好的学生，平时给他们布置侧重于补基础的作业内容；针对基础较好的同学，布置一些侧重于能力提升的作业。

相较于五年级，一年级的孩子们我觉得更难教。因为孩子们在幼儿教育阶段未曾接触过有关学习方面的内容，也没有培养出良好的学习习惯，在幼儿园的时候都是由教师带领着玩耍。幼儿园教育和小学教育不一样，孩子们在幼儿园里平时玩耍惯了，到了小学的课堂上就坐不住了。在我上课的时候，经常会出现我在上面讲，孩子们在下面跑或者坐了没一会儿就开始扭动身体吵闹这样的情况，这让我十分头疼。针对这种在幼小衔接里常出现的状况，我刻意往纪律方面使劲，让孩子们在自己的座位上安静地坐五分钟。在静坐五分钟的这个过程中，让他们什么也不干，也不能说话，端端正正地坐着。因为在之前的课堂上，我曾经跟他们反复强调纪律问题，但是他们并没有听进去，不如静坐的效果好。经过一星期的整顿课堂纪律之后，课堂氛围明显好了很多。一年级的班主任王老师跟我说，孩子们的纪律性明显强多了。听到这些话我不由得暗自窃喜，自己所采用的教学办法还是有一定的效果。而且我还发现在改作业的时候，树立合适的奖惩机制能大大提高一年级孩子学习的积极性。写得好的作业，我会拿红笔给学生画上一个大大的五角星，激励他们。有些学生看到自己同桌获得了五角星，也会十分羡慕，从而更加努力地完成下一次的作业。

线上教学的时候，不管是一年级的学生还是五年级的学生，都出现了同样的问题。根据我线上教学的经验，发现由于学生和老师不是面对面进行互动交流，自律能力较差的孩子容易被外界环境干扰，听课效率不高，甚至有个别学生只是应付打卡，语音上课期间只是手机在线。另外，学生们无法见到自己的同学朋友，线上教学缺少了像线下教学那样师生坐在一块互动的学习氛围，导致学生在家进行在线学习的积极性不高。因此我会主动向自己的指导老师虚心请教解决措施，自己也会努力地丰富课堂教学以此来提升学生的课堂参与度。

除此之外，在我们的学生中存在较多留守儿童，家长务工返岗，无人监督孩子居家学习。根据我的大致了解，十二个一年级孩子中间，父母照看的只有三四个，其余的大部分都是由爷爷奶奶照看。这种情况使得学校开展的线上教学效果大打折扣。同时学生自制力差，从作业反馈情况来看，这些学生的作业大部分都是利用手机搜题或者家中哥哥姐姐帮忙写，来应付完成作业，没有达到作业布置的目的，更不用说巩固提升他们在课堂上学到的知识了。

反思与不足

尽管本次实习进程总体上较为顺利，但在我进行反思过后，察觉到自己仍有一些不足之处，表现在：第一，在讲课过程中，对教材的挖掘深度不够，这反映出我的理论水平还有待提高，应该不断学习，不断提升自身素质与教材的挖掘能力。第二，课堂管理能力仍有待提高，一个学期下来之后，个人觉得课堂管理比教学更难。如果没有管理好课堂的秩序与纪律，不管我在上课前多么认真地备好了课，在上课的时候又是讲得多么的激情澎湃，学生一节课下来也是完全没有吸收我讲的知识，课堂教学效果几乎等于零。所以，课堂管理才是上好一节课的前提条件和基本保障。在这一方面，虽然自己也有很大的进步，可是还没有达到让我满意的程度，这也是我以后需要不断努力的方向。第三，对每个学段小学生的思维能力和学习能力不够了解，以至于自己在面对一年级学生的时候，常常会有手足无措的感觉。第四，与学生间交流较少，应该多与学生交流，了解学生的想法，深入了解学情，从而对自己的教学方式进行一定的调整。究其原因，作为新手教师的我，没有太多的教学经验，因此在实习的过程中有时候会有一种手忙脚乱的感觉。以后走上教师的工作岗位，在讲台上多多磨炼，我相信自己也能积攒一定的教学经验，并且根据自身的教学经验来找到既适合自己也适合学生的教学方法，从而成为学生们眼中的好老师。

作为尚未毕业的大学生来说，顶岗支教实习是十分必要的。有句话说得好，

"读万卷书不如行万里路"。在大学里，我们学过很多教学技能，可等到真的运用到实践当中的时候，才发现其实并没有那么简单。同样的一节课，有经验的老师上课和没有经验的老师上课，两者放在一块相比，最后的课堂教学效果真的很不一样。作为顶岗支教实习教师的我们，在工作方法和工作技巧方面缺少经验，但我们仍积极参与每一项实习工作，并且从中找到自己未来奋斗的价值和方向。在整个实习过程中，两位指导老师给了我很大的鼓励和帮助，课后也会和我交流多年的教学经验并对我进行耐心的指导，指出我在讲课过程中的不足，并且教会我如何改进。现在回头看看刚开学时的我，感觉自己收获颇多，也更加深刻地感受到教师肩上背负的重大责任以及教师身上的光荣使命。一学期下来，在教学方面自己仍有很多不懂的问题，很多尚未得到解决的问题，但是只要我每次发现自己的问题之后，及时地请教有经验的老师，就能够做到让自己每天进步一点点，每天能收获一点点。

这一学期的经历，值得我一生珍惜和追忆。其间，我面临许多困难与挑战，又用我的执着与坚持战胜困难超越自己。这些都将成为我以后登上讲台的宝贵经验，未来我一定会加强与学生的沟通交流，加强自己的教材挖掘能力与课堂管理能力，为成为一名受学生喜欢，真正做到传道授业解惑的教师而努力奋斗。

顶岗支教实习学校：大通县峡门学校

把学生当作一粒种子

马生龙

2022年3月14日，我抵达西宁市大通四中进行为期四个月的顶岗支教实习活动。在实习的这段日子里我学到了很多，感受很多，感悟也很多，实习生活有喜悦有悲伤，可最重要的是这段时光是我最值得回忆和珍藏的。我深刻体会到了基层教育的艰辛与神圣，不过这更坚定了我要做一名优秀教师的信心与决心。我明白作为一名老师的职责就是要严守纪律、恪尽职守、爱岗敬业、勤奋学习、关爱学生、对学生负责并勇于承担责任，要用心浇灌祖国的每一朵花。同时，顶岗支教也让我认识了社会的现实，人必须独自承担起生活的重任，在工作上遇到种种困难与挑战的时候，我们要勇于面对。

构建良好师生关系，助力课堂管理

我承担的是七年级（1）班数学的教学任务。第一次上讲台的感觉还记忆犹新，看着讲台前一双双陌生又渴望的眼睛，我特别紧张，我强压下紧张的感觉尽力讲课，可同学们反馈的不是笑容而是茫然的眼神。看着他们懵懵懂懂，一看就没有理解知识点的样子，我更加没自信，可我还是硬着头皮把内容讲下去，强撑到下课铃声响起，很不容易地将这场独角戏唱完。课后，我觉得我整个人都要虚脱了，这种虚脱感不是身体上的，而是沉重的心理压力带来的。好在我的指导教师针对这堂课的情况，给了我一些课堂教学的建议，还教我如何更好地启发学生、如何更好地提高教学质量以及如何与学生相处，我也从这几方面不断改进以提升课堂效果。经过几周的教学，我慢慢地发现，要上完一堂课其实很容易，但要上好一堂课就不是那么简单了。上好一堂课要求教师花时间和精力去钻研教材，精心设计，认真备课和组织教学，上课要把握时间，采取特别的教学手段，还要讲究课堂效率。要用心去上每一节课，用严谨的态度对待教学，做到对学生负责。

对于七年级的学生，管理课堂纪律是比教学还要巨大的挑战。因为初中生正处于青春期，叛逆心很严重，他们总喜欢和家长老师们唱反调，他们也不像小学生一样，老师提醒几句就会乖乖地不讲话了。但是不维持好课堂纪律就没办法带来好的教学效果，所以我在刚开始时维持课堂纪律就要花费很多时间，但是一堂课的时间一共只有 45 分钟，我在维持纪律上花费的时间多，在教学上花费的时间自然而然就被减少了。到了后来，我都无法在自己规定的时间内完成我的教学任务。那些不愿学习的同学总是在下面做着与学习无关的事，很多时候看着他们就会想起自己读初中的时候，同样的教室，同样的年龄，一些同学也会做着同样的事情，而现如今只是角色变换了。

也许是在最初的时候，和学生的关系走得太近，没有树立起教师的威严感，学生觉得我太亲切，所以才会出现调皮的学生很难管理的情况。但在后来，我在他们班主任的协助下开展了一次有关班级学风纪律整顿的班会课。那次班会我针对那些调皮学生进行了一次严肃的批评，还对他们说了一些肺腑之言，班会课总算取得了一定的成效。从那以后，班级的课堂纪律比之前好了很多，我的课堂效果也得到了提高。

关注青少年心理健康，守护孩子健康成长

在教学实习的同时我还担任了班主任工作，我的指导班主任是七年级（1）班的班主任。从进入大通四中开始，我深入七（1）班了解情况，帮助我的指导老师开展各项工作。一个学期下来，我们开展了各类主题班会，包括"学雷锋"活动、"法制教育""爱卫生、讲文明、懂礼貌""珍爱生命，安全第一"等，每一期的班会我们都会从活动的主题出发，对学生开展主题教育。

初一的学生人小鬼大，他们好像已经懂得许多事情，但又好像不了解，对很多事情似懂非懂。为了更好地开展班主任工作，我时常会到学生宿舍去了解他们，从生活上关心他们。和他们聊聊天，听听他们内心的声音，有时候还会聊一些他们感兴趣的话题。我们的默契也这样一点点培养起来，慢慢地他们也越来越喜欢我，也能越来越好地配合我的工作。

但是，正处于青春期的初中生会有叛逆的心理，有的学生甚至出现了厌学的情况，他们出现这些问题的根本原因是什么？我常常问自己这个问题，但我并不知道答案。为了全面了解学生们的真实想法，我综合大通四中的现状及学

生特点，制定并开展了一次教育调查。调查的主题是"关于中学生的厌学问题"，我对这一主题做了匿名的中学生厌学情况问卷调查，把问卷回收回来发现，大部分中学生的厌学情绪原因是觉得学习基础差跟不上，加上社会各种娱乐性诱惑较大，导致这些同学产生了厌学情绪；另一部分同学认为学习太单调无聊；还有一部分同学认为学习压力过重。

在开展这次问卷调查之前，我从来没有想过小小的他们心里藏了这么多事。作为一名从小镇考出来的师范生，我深知学习的重要性，如果不好好学习，这些孩子几乎没有希望走向外面的世界，长大之后更是少了很多的人生选择权。但是这些道理他们并不了解，或者说根本没有意识到这些问题的严重性，我作为一名人民教师，我不能这样看着他们自甘平庸，在小小的年纪就辍学。所以我下定决心要唤醒他们对学习的热情，哪怕不能唤醒所有人，我也要试试看。

之后，我和我的指导教师针对这个问题进行了深入的沟通，他也很支持我的想法，我们一起研究分析，一致认为学校要加强学生的学习目的和学习动机教育，促进学校教育与家庭教育的结合，还要加强激发培养学生的自信心和自尊心。为了达到以上目的，我们又开展了几次主题班会和家长会，希望能和家长一起帮助孩子们解决这些问题。当然，教师的教育方式也要适当改善，要提高自己的教育方法，改变传统的教育模式，因材施教。在家校协同的努力下，学生的学习动力明显得到提高，班级内的学习氛围比之前好了很多。看到这样的景象，我的内心十分欣慰，觉得自己的努力有了结果，也为这些孩子的改变感到开心。

顶岗支教实习感悟

经过四个月的顶岗支教学习，我深刻认识到作为一名教师在教学上要有永无止境的追求精神。在实习之初，我觉得自己的专业知识足以胜任，当自己真正实践教学后才发现自己的知识还是很匮乏的，所以我还要继续充实自己的知识储备。我也深深地体会到要成为一名优秀的人民教师是多么不容易，除了本身要具备渊博的学识外，其他方面，如语言、表达方式、神态、着装等方面同样是很讲究的。当然，几个月的实战之后，我在教学的各方面都有所提高，也积累了一定的教学经验，教学方法和能力得到了提升，我也真正感受到了作为一名教师的快乐。

转眼间，支教生活变成了记忆沙滩里的脚印。反思整个实习生活，有苦有乐,有欢笑有泪水,还有酸甜苦辣。实习让我有机会深入接触这些地区的学生,了解他们的生活背景和学习环境,增加对社会问题的关注,拓宽视野,提高对教育的敏感度,这些都是我在校园里无法获得的。实习不仅是我人生中一段宝贵的记忆,更是我人生的另一个起点,我坚信在未来的人生道路上我会做得更好。我将会努力提高自身的素质,时刻为成为一名"四有"好老师而努力。

顶岗支教实习学校:大通县第四中学

当初中教师的收获与思考

马桂花

曾听人说"教师是太阳底下最光辉的职业",从前的我一直未能体会到这句话所蕴含的意义。但在这次长达一学期的顶岗支教实习中,我明白了太阳底下最光荣事业的崇高和艰辛。时间长河的流逝如同大江东去,淘尽世事红尘,但对我来说,这段难忘的实习经历并不会随着时间的流逝而消失,而是铭刻于心底,常在心中。

我被分配到大通县新庄镇中心学校进行顶岗支教实习,这是一所九年一贯制学校。顶岗支教实习期间,学校安排我负责七年级三个班的历史教学工作。在上课前,我确定了教学的主要目标:让同学们能够积极地、快乐地学习历史知识,希望给初一学生奠定坚实的中学历史基础。三天后,我基本确定了上课的班级和内容。课前,我熟读教材,向指导教师咨询授课方式,熟悉不同班级历史知识储备情况,尽量全面了解学生的学习情况。在一边摸索着上课的同时,一边听课,努力学习学校教师的教育方法和教学经验。

在听课阶段,我做得还比较满意。三个月内,我一共听了二十节课,不仅听优秀教师的课,汲取他们丰富的讲课经验,而且我们实习小组内部有时间就会互相听课,听完课我们会从教师的角度给彼此找出教学方式、教学内容上的不足,从学生的角度去评判这节课的讲课效果,有没有让学生达到学习目标掌握更多的知识。听课,可以说是我提升教学能力的捷径。通过听别人上课,学习他们处理教材的手法,汲取他们的教学经验,和他们一起探讨讲课技巧,将他们的教学方法运用于自己的教学之中,提高自己的教学水平。

在教学工作中的收获

在听完课后,我便开始备课,反复读相关教材,尽量让自己对教材内容了如指掌。除此之外，我还阅读大量的书籍，收集相关信息，努力给学生一个内容充实、丰富、生动、活泼的课堂，使学生能够在轻松愉快的气氛中学习。完成备课后，我将教案交由指导教师检查修改，根据指导老师的意见继续完善教案。通过自己的努力和指导教师的帮助，备课阶段基本上完成得还算不错。本来教案完成之后应该进行试讲，但由于学校的特殊性，三个多月的实习中我很少有机会试讲，大多数都是直接上课。

上课的导入环节很关键，一个好的开头是成功的一半。为了能激起学生的兴趣，我通常采用新颖又独特的导入形式，尽量做到情节幽默但又和课堂知识点紧密结合，这样学生在觉得有趣的同时也会积极思考问题，进而激起学生学习的兴趣，提高课堂效率。整个课堂都保持微笑，时常与学生交流，拉近教师与学生之间的距离，语言上尽量做到通俗易懂，抑扬顿挫，方便学生理解，给学生一个轻松愉快的学习环境。经过一段时间的授课，我学到了要想上好一堂课，课程设计很关键，教师要根据知识结构的不同，采用不同的教学方法，设计不同的教学情景，选择合适的教学媒体，在情景中设置不同的任务，而这些任务又要围绕情景展开，任务环环相扣，贯穿课堂的始终，用任务来不断激发学生的成就感，才能更好地调动学生的积极性。

为了进一步丰富自己的教学技能，提升自己的实践能力，每次课后，我都会注意观察同学们的一举一动，了解学生掌握知识的程度，发现学生学习时所遇到的困难，及时调整教学节奏，改变教学方法。同时撰写教学反思，从教态、语言、板书、提问技巧、与学生互动、对学生的思路引导等各方面入手，总结课堂优缺点，改正不足，发扬优点。在整个教学过程中，我始终坚持以学生为主体的教学模式，采用小组学习、自主学习、表演辩论、学生讲课等不同教学形式。运用投影仪与多媒体等教学工具讲解，开阔学生视野，丰富学生学习生活。

通过三个月的教学工作，我虽然有了很大的进步，但在教学过程中，依旧存在不少缺陷。首先，在讲授知识点时，教学重难点把握不够准确。作为一个老师，找到教学重难点，并不代表你就能够把重难点讲清楚。讲授重难点时，语言的使用、内容的扩展、教学方法的使用都是有讲究的。有时一堂课很精彩，但并不代表这堂课好，正所谓外行看热闹，内行看门道，怎么样把复杂问题简单化是一门学问，需要我仔细去钻研。其次，不能协调好素质教育跟应试教育之间的关系，这让我很苦恼，也需要我去了解相关的教育热点和教育政策以便去逐步协调两者的关系。

对教师评语的思考

2020年，国家颁布了《深化新时代教育评价改革总体方案》，强调教育评价要坚持立德树人原则，实施学生综合素质评价。在顶岗支教实习期间，我对写教师评语也有一些心得体会。课堂教学结束后，需要通过布置课后作业来进行巩固。因此，批改作业成为我实习期间一件很值得回忆珍藏的事情。还记得自己在上小学时，对老师所写的评语很是感兴趣，总是会对某位同学得到了老师的鼓励性评语充满艳羡之情，当时我就暗暗地想：以后自己当了老师，一定要给每位同学都写很多评语，让他们都能找到自己的方向。而如今，真正轮到自己给同学们改作业时，才突然意识到这样写评语是不可能的。一是，要抓批改作业的效率，二是可评可点的地方真的很少，三是这样会显得累赘、啰唆。适当地让同学之间产生羡而不妒的情绪，反而有助于同学们形成你追我赶的学习势头，形成一个良好的学习氛围。我在纠正学生错误的时候，会写上激励的评语，或是画上一个伤心的表情，让同学们在评语和表情中知道订正的重要性，并根据各个学生的情况加以勉励之，开导之。对那些在我要求订正之后依然不订正的学生，我会在作业上清楚写上"订正"二字，让他们及时改正。我的指导思想是每个人都会犯错，错也不在乎大小，关键是要有改正错误的心，而教师就是要给学生提供不断纠正错误的机会和平台。对于个别情况的学生，我会采取单独辅导的方式，直到他们主动承认错误并改正错误。身为一位教育工作者，我相信就是要有这样的耐心，才能把学生的缺点从根本上纠正过来。

走进学生内心，做良师益友

实习期间，我还担任了初一（4）班的班主任。为了做好班主任工作，我制订了一个工作计划，且做好了日记、周记以及工作总结。其实，班主任的工作非常繁杂，给人一种按部就班的感觉。早上7：30和学生进教室，7：40检查教室卫生，7：50巡视早读，10：00查看眼保健操（学校重建不做课间操），10：35—11：05督促学生到操场进行课间操（周一组织本班学生进行升旗仪式）；13：50—14：20检查午休、查勤、控制纪律；15：10—15：15查看眼保健操，15：15—15：40督促学生到操场进行课间操；每周一组织学生进行班会，原班主任讲话后，我做适当的补充；晚上有时替老师值周值班。为了尽快适应班主任工作，首先，我通过指导老师较快地了解了班级的情况，并通过与班委交流了解个别学生的特点。其次，我积极与学生接触沟通，细心观察，较快地熟悉和掌握了学生的情况。每天早读和晚修、吃饭、就寝时我都会去和大家交流，慢慢地融入这个班集体。学生也很喜欢实习老师，能像朋友一样和他们聊天、倾听，一些调皮的学生也能虚心听取我的教导，努力改正，我和学生相处得非常融洽。

通过努力，我已经能顺利地开展班主任日常工作。不过更多的是监督学生的学习、纪律以及卫生等方面。在监督的同时，结合他们的年龄特点进行思想道德教育。由于这个班学生比较自觉，作业方面不需要我过多的监督提醒，但卫生打扫方面却是一个难题，女生普遍比较认真积极，而部分男生就会偷懒，总是推脱。对于这类学生，就应该给他们明确的任务，并予以适当的奖惩措施。另外，平时加强和学生交流，通过一些言语对他们做一些引导。通过一个月的班主任工作实习，我成为学生学习上的良师、生活上的益友。班主任工作使我在教育学生的同时，也启发了自己。虽然现在的我与指导老师还不能相比，但是我从指导老师身上学到了许多的教学经验和管理理念。

总之，这次顶岗支教实习使我得到很大的锻炼，一方面，积极地进行学习和积累；另一方面，在为学生传道授业解惑中，领悟到了一名人民教师的责任和使命，同学们在教学认识、教学水平、教学技能以及为人处世等方面都得到了很好的锻炼，向社会展示了师大学子的良好素质，也为今后的工作打下了良好的基础。

顶岗支教实习学校：大通县新庄镇中心学校

支教服务中的成长

李瑞忠

> 捧着一颗心来，不带半棵草去。①
>
> ——陶行知②

实习的经历对我来说是一段十分值得纪念的时光。在支教前夕认真听着2018级学长学姐们给传授支教教学经验的时候，自己心中对这次顶岗支教满怀憧憬和希望。早上坐着去大通顶岗支教的客车离开青海师范大学，脑海里已经想象自己站在三尺讲台授课的场景和孩子们一起互动游戏的欢笑声。2022年3月15日，当我踏进城关镇中心学校的校门，此时我的身份不再是青涩的大学生，而是万分荣幸地作为一名实习教师走进学校，学习如何将理论转化为实际，如何进入班级与学生进行交流沟通学习，如何能把我的知识传授给我的学生。

大通县城关镇中心学校是在大通县教育局领导下的一所完全小学，同时也是大通县一所典型的农村学校，这里的学生全部来自农村。与城市的学校相比，城关镇中心学校的教学设施还不是很完善，师资力量相对匮乏。我实习的对象是三年级和五年级的学生，在这短短的四个月里，我不仅体会到作为一名实习教师的各种酸甜苦辣，也不断回忆起当初作为一名小学生的种种心境。值得一提的是，我在此次支教中承担着带队人的角色，负责此次在大通县城关镇中心学校全体支教学生的活动组织工作，这样的角色让我感到责任重大，同时我也积极组织支教活动，希望给全体的支教同学一次既美好又有意义的回忆。

---

① 谢晶. 有温度的故事：一线班主任育人之美［M］. 吉林：东北师范大学出版社，2022：168.

② 陶行知（1891年10月18日—1946年7月25日），中国人民教育家、思想家，伟大的民主主义战士，爱国者，中国人民救国会和中国民主同盟的主要领导人之一。著有《中国教育改造》《古庙敲钟录》《斋夫自由谈》等作品。

积累丰富课堂经验，形成独特教学风格

　　教学是教师的首要任务，能否上好这门课，直接关系到学生对教师的评价和认可，甚至影响到学生对该课程的兴趣。在实习过程中，我主要以讲课为主，听课为辅。进入校园的第二天，学校就让我担任了六年级毕业班的数学和道德与法治，后期因为教学调整，我被调到三年级（7）班担任副班主任。同时学校为了给我们师范生"压担子"，还给我分配了三年级（7）班的数学和美术，五年级的科学以及校本的教学任务。

　　被分配了这么多课之后，也确实感受到了很大的压力，这是我第一次站在讲台上面对学生开始教学，我感受到了前所未有的紧张。在开始讲课的前一天，我早早地开始熟悉教材的内容，写好了讲课稿，自己一个人对着镜子一直练，一直练，看自己的教态有没有问题；用手机把我的讲课过程录下来，看自己是不是少讲了知识点；不停地翻看别人的教学记录，找到他们讲课时值得我学习的地方。那晚，我躺在床上之后，脑子里还在一遍一遍过着要讲课的内容，已经紧张到根本睡不着了。但是，在我踏入教室的那一瞬间开始，我的身上莫名地出现了一种"教师的气息"，好像我就是身经百战的教师。这样的心态给我增加了一层光环，让我的身心都放松下来，沉浸到教学中去了。随着和学生介绍自己，我开始和学生互动交流，课堂气氛也随之轻松，我的第一堂课就这么顺利地开展起来了。

　　我深知自己的教学效果还不够完美，所以开始听指导教师讲课、其他班数学老师讲课、科学老师讲课，然后进行自我反思，汲取了很多经验。指导教师和办公室的老师在课下也给我讲解了很多技巧和方法，告诉我怎样将课程知识点贯穿起来、怎样把握课程节奏等，我在他们这里学习到了很多学校里学不到的知识。就这样，我一点一点地进步，从刚开始讲课很紧张，到之后经过课堂经验的积累，随时调整自己的状态，让自己一直保持一个饱满的精神状态去面对学生，到最后，我把我特有的幽默带进了课堂教学之中，慢慢形成属于自己的教学风格，这样的进步让我在后面的教学中变得越来越自信了。

　　虽然相比刚到学校的我已经有了进步，上课时能够把自己要讲的知识点、强调的知识点梳理清楚，但我通过反思还是觉得自己的教学存在着缺陷。首先，对课堂时间的把握不够准确。刚开始自己备课的时候总想把尽量多的知识教授给学生，可是却忽略了一节课仅有45分钟，也忽略了要让学生在45分钟内很

好地消化和吸收是一件非常困难的事。其次，不能很好地调动学生的积极性。每次课堂上，只顾多讲知识点，甚至忽略了学生的存在，不明白要观察学生的表情和眼神，观察他们的回馈。最后，不清楚该往黑板的什么地方写知识点，也无法通过板书将课程中的重难点进行展示强调。之后经过不断地听课和请教其他教师，我能够展示出清晰整齐的板书，以此提高学生的理解力。

回顾这段时间的教学过程，自己的教学经验与学生的交流沟通也随之提升。从中，我看到了自我的成长，也了解到了自己的不足。在今后的某一天自己也许会站在这三尺讲台之上，对我的学生传道授业解惑，这段时间的教学经验为我今后的教学生涯树立了信心。

"看见"每一个学生

在这四个月当中，通过刘老师的指导，我对班主任工作如何管理班级、如何培养学生干部、如何调节小矛盾和学生的心理等方面都有了很大的认识。通过班级开展班会、组织活动、监督学生们的自习课等，我对学生有了进一步的了解，从而也明白如何管理好一个班级。通过担任副班主任工作，也加深了我和学生之间的感情，我对他们的了解越来越深刻。当然，作为一名实习班主任，虽然在实习过程中班级管理的工作对我来说有些难度，但是这也让我学到了很多。距离成为一位名副其实的班主任，我还有很长的一段路要走。

三年级的孩子已经有了自己的小心思，觉得自己长大可以去决定很多事情，会变得古灵精怪，有了自己的想法和个性，他们也不再像一二年级的小朋友那样，有什么心事都愿意跟老师分享，有什么矛盾都找老师调节，和老师之间的交流逐渐少了起来。实习之初，我不明白如何跟这些学生交流沟通，总觉得他们有问题会跟班主任提出，没有人提出就应当是没有问题的，所以我从来没有想过主动找学生沟通。后面，跟指导老师沟通后才明白，原来学生的自我意识开始凸现了，很多事情不愿意讲出来，他们更多的是把自己的心事藏在心里，不愿和老师分享，但是作为班主任应该主动去关心学生，而不能被动地去解决问题。在了解到这个情况之后，我先和同学们互相做自我介绍，拉近我和学生之间的距离。此外，我还抓住一切可能的机会和他们接触交流，除了上课时间，下课我也待在班级和孩子们聊天，一周下来，我跟班里的同学都混了个脸熟，我也发现了我们班是一个团结、活泼的集体，这些学生都是十分可爱的孩子。为了鼓励他们，我也跟他们分享了自己美好的大学生活，让他们明白学习也可以是一件美好的事情，通过学习，我们的生活也会变得越来越好。这样以真心换真心之后，学生们对我产生了依赖，当他们知道我要离开的时候，他们都很舍不得，有说不完的嘱托。

习近平总书记指出，教育公平是社会公平的重要基础，要不断促进教育发展成果更多更公平惠及全体人民，以教育公平促进社会公平正义。① 实习给我最大的感悟就是在进行教学工作和管理班级时不要歧视任何一个学生。不可否认，在当今社会教育教学工作中，这个问题有着普遍性和严重性。如今我有机会站在讲台上，第一次为人师表，我没办法去回避这个问题，在四个月的实习过程中，我时时刻刻以这个观点提醒着自己，每个学生从走进这个教室起，都是平等的，也没有哪个学生就应当受到不公正的对待。这些"10"后的孩子自我意识异常强烈。我尽量地去了解他们，换位思考，体会他们的感受，尊重他们的要求，期望能更多地从心理上去帮助他们，让他们明白自己就是属于学校这块土地的。这里是传授知识的殿堂，是播撒种子的土壤，是每一个学生梦开始的地方。

实习活动

在本次实习中还值得一提的就是我在实习期间组织的清明扫墓活动。为了增进顶岗支教实习生们对彼此的了解，也为了提高大家的思想意识，了解烈士们以往的光辉事迹，我想借着清明节的时机，将所有同学聚在一起，去烈士陵园扫墓。我把这个想法跟顶岗支教带队指导教师沟通后获得了她的支持，于是我便马不停蹄地跟同学们联系，确定下时间、地点、路线等细节。我原以为这不过是一次普普通通的祭奠，没想到这次祭奠时遇到了一位小男孩，给这次活动增添了不一样的色彩。

那位小男孩看着像是三四年级学生的样子，他手里捧着一大束鲜花，妈妈在他身后陪着。他把烈士的墓碑用抹布擦干净，并把自己怀里的鲜花拿出来一束放在碑前，在离开时对着墓碑鞠了一个深深的躬。刚开始我觉得这个小男孩只是在进行寻常的祭奠，直到他把流程对着所有的墓碑都做了一遍。他做得是那么一丝不苟，没有因为墓碑多就中途放弃，也没有因为累就偷懒，而他的母

---

① 中华人民共和国教育部. 推进教育公平 共享优质教育 [EB/OL]. 中华人民共和国教育部政府门户网，2022-05-05.

亲就一直在背后默默地看着他、支持他。我不知道能用什么样的语言才能形容出我的震撼，他仅仅十来岁的年龄，在没有学校组织的情况下自发来到这里祭奠烈士，而且不是抱着来参观的心态，而是认真地想为这些烈士做些什么。想到这里我感到自愧不如，在他这个年龄我还不知道清明节意味着什么，这些烈士的牺牲意味着什么，即使到了这个年龄，我也没想过可以为烈士做到这个程度，这个男孩用他的行动给我上了一课。

　　四个月的实习时间转瞬即逝。虽然仅有短短四个月，但是我却收获了将课堂知识应用于实践的经验，实现了从学生角色到教师角色的转变，在实习过程中虽然辛苦忙碌，教学条件也很艰苦，但对我来说这次教学实习是自己人生不可或缺的一次宝贵经历，给我的人生添加了多彩的一笔。

顶岗支教实习学校：大通县城关镇中心学校

拒绝"拔苗助长"式教育

徐延芳

什么是"润物细无声"的教育？雅斯贝尔斯说："教育的本质意味着一棵树摇动一棵树，一朵云推动一朵云，一个灵魂唤醒一个灵魂。"① 作为一名青海师范大学教育学院的学子，在从学校去往称多县顶岗支教的17个小时路途中，我始终想到的是教育学院四楼墙壁上的那句"扎根青藏高原，服务西部教育"。

称多县完全小学是在绵延不断的山坳中的一座希望校园，它建校历史悠久，承载着一千多个儿童的求学梦。来到学校的第一天，伴随着呼呼的风声，映入眼帘的是一张张稚嫩的脸庞，蔚蓝色的天空下他们甜甜的笑容治愈了我这一路上所有的不安和疲惫。我喜欢校园里每一个晴朗的早晨，绿油油的山脉在仿若少女面纱般的晨雾中若隐若现，随之而来的是学生们的琅琅读书声。

七嘴八舌的科学课

在指导老师的统筹安排下，我成了称多县完全小学六年级（2）班的科学课老师。这时，我成了班主任口中"专业的科学老师"，为了体现我的专业性，我在几天内恶补了一至六年级的科学知识。由于今年小升初增加了科学考试，许多学校不得不破釜沉舟，开始重视科学课，然而这种重视却是试图在两个多星期内补完一到六年级落下的科学课程。面对如此艰巨的任务，我不得不成为一名"拔苗助长者"，每天都认真研究考试试卷，并将试卷上的考点与教材上的知识点结合，在教案和备课本上写满了密密麻麻的笔记，这样才能更好地为学生们讲解重难点，让他们更容易理解和吸收科学知识。在黑板和白板结合的十几

---

① 王祥连. 特教：揭示教育本质的地方：在南京市育智学校观摩学习的感悟[J]. 师道，2017（3）：42-45.

天里，学生们有了非常大的进步，从一开始的听写不理想到后面每天听写满分，从一开始在科学试卷面前的抓耳挠腮到一张张高分试卷，每次课堂上一双双举起的手，一声声响亮的回答，都是我们六年级（2）班同学和我一步一步取得的成果。但我不得不承认，这份成绩只是暂时的，因为学生只是考试成绩得到了提升，他们对科学知识的理解还不够全面和深入。短短十几天里怎么可能一下子学完小学六年的科学课程内容呢，而我不断地讲解科学试卷和相似的考试题型，并让他们背诵知识点也是陵节而施，违背了学生个体身心发展的顺序性和规律性。

手忙脚乱的美术课

第一节美术课的主题是"画出你的家乡"。我发现学生们作品中所有的风景都是灰色的。这让我想到一个公益广告，广告里的孩子们也是画出了千姿百态灰色的高楼大厦，那是因为空气质量差，严重的雾霾遮住了儿童们的眼睛。但在称多县完全小学，蓝天白云晴空万里，火红的国旗迎风飘扬，他们笔下的灰色只是因为没有颜料，一盒彩笔全班用。即使在这样的条件下，他们依旧很享受地沉浸在美术的世界里。看到这种情况，我自以为是地制定了我的"课程教学内容"，将六年级的美术课分为三类：一种是绘画课，一种是手工课以及一节美术鉴赏课。每节课我讲解十分钟，剩下的时间让他们自己动手绘画或者创造。但我全然忘记了之前他们的美术课基本是以自习为主，很快我就乱了节奏，因为绘画课没有彩笔，手工课没有剪刀彩纸等，鉴赏课也是在凌乱中结束，这一刻的我像极了那只捡了芝麻丢了西瓜的猴子。之后我进行了深刻的反思，发现自己过于着急，不够有耐心，总是担心他们一节课能不能画出一幅作品，担心他们是否有新的收获，而忽视了他们的美术基础和具体的实际情况，我成了一名"拔苗助长者"。后来，我对自己的课程目标和课程内容进行了调整，后面的课堂以教他们如何用铅笔进行绘画为主，以彩色绘画和美术鉴赏为辅的方式循序渐进地进行下去，学生们逐渐对美术课产生了浓厚的兴趣，课上积极地用铅笔描绘自己内心的美术世界。

对家长角色的思考

顶岗支教期间，学校领导担心学生们不认真听讲，每天会派一位家长同老师们一起走进课堂，家长们好像是学生们学习战场最安全的后方。这让我对家长在课堂中扮演的角色有了一些思考。

一方面，六年级的儿童作为一个拥有自我意识的个体，为什么还需要家长监督他们学习？六年级的儿童还需要家长监督学习的话，这只能说明孩子的自觉性和自控力还比较差，而且有些家长的出现会对课堂纪律造成不好的影响。一些家长随意走动，进出教室接听电话，这些都对儿童的课堂注意力造成了困扰。儿童在课堂上的注意力只有二十分钟，其间的五分钟儿童在观察今天的家长，消耗了学生的宝贵时间。另一方面，家长对课堂的监督不利于让学生们养成良好的学习习惯。在自主合作的探究性学习中，自主学习是基础。自主学习是让儿童自己站起来向前走，需要的是家长和教师的良好引导，而不是一味地督促。如果六年级的儿童还需要在家长的监督下完成学习任务，那么今后的学习生涯自己又要如何面对。家长扮演的督促者角色并不利于学生自主性和独立性的培养，相反这会加重学生的惰性和依赖性。

通过与学校学生们的接触，我充分感受到了学生们的依赖和信任。我们进行顶岗支教不仅仅是为了完成教学工作，更多的是去观察，去倾听，保持一个教育者在课堂上的敏感度。关爱和热爱学生，走进他们心里，看到他们的特长和突出之处，因为教学的艺术不在于传授的本领而在于激励、唤醒和鼓舞。

顶岗支教实习学校：称多县完全小学

促进深度学习的教学设计

周先加

顶岗实习落下帷幕已经有一段时间了,在这段历程中我经历了很多让人难以忘怀的趣事,也有幸遇识了许多亦师亦友的优秀教师,收获颇多。但是最重要的还是从一个教育者的视角观察、体会、学习了最真实的课堂,课堂中的点点滴滴都深入人心。在大学的理论学习中我们探索过各种各样的教学案例,对课堂也进行过或深或浅的探索。但是当我们真真切切地在一段较长的时间里接触真实课堂时,才会对以前学到过的一些理论有更深的理解和感悟。

我这次实习的学校是黄南藏族自治州河南县优干宁镇第二寄宿制完全小学。这所学校教师的年龄普遍较高,除了实习老师以外,三十岁以下的只有四个老师。到了实习学校后的第一周,我们被安排了很多听课任务,其中包括学校优秀教师的公开课。每次听课时,我心里就在默默地想着"假如我去上这节课的话我应该设计什么样的教学活动""我应该怎样推动学生的深度学习""我怎样授课才能让学生有良好的学习体验"。这三个问题从最初的听课到实习结束,一直贯穿着我的教学生活。

如果说教育是一种生活,那么教育也是一个生命成长的过程。教育只有把受教育者作为独立的个体,并关注这样的个体,教育才可能获得自己的内在价值,否则教育只能是一件生存的工具,没有精神与灵魂。正如陈旭远[1]先生说过的,"在教育中,体验是认知内化的催化剂"[2]。只有让学生参与进课堂,体验课堂,全身心投入课堂,才能唤醒学生头脑中已有的知识结构体系,让他们调动自己的大脑,与眼前的课堂结合起来,才能真正地把老师传授给他们的东西学进去、学好。在此类"大先生"的启发下,每次翻开教案时我都在暗示自己一定要给学生一个良好的学习体验,让他们自己有学习的内在动力,使每个学

---

[1] 陈旭远,东北师范大学教育科学学院院长、教授。
[2] 周龙兴. 协商性课程研究 [M]. 南昌:江西高校出版社,2009:18.

生都有一份充实愉悦的学习体验。所以我一直在坚持设计一些有趣的活动穿插在课堂当中。在我设计这些活动时会遇到很多问题，比如，对活动各个环节的时间分配不合理，学生的参与度不高，语言组织能力不足导致教学用语表达不清楚等问题。这一系列的问题也导致了自己的教学进度远远落后于其他教师。但是我一直在思考，一直在改进，直到实习结束，我总结了一些能掌控课堂活动的技巧，可惜的是，在实习期间没有能够展示出来我心目中那种无与伦比的课堂活动。不过我也相信终有一天我会将这些教学经验用于实践，得到的这些收获也足以让我倍感珍惜。

  实习期间，指导老师鼓励我们多看书多思考，其间我一直学习的一个概念就是深度学习。尽管我看到的文章都是关于初高中生以及大学生如何深度学习的，但是我觉得小学生也是可以深度学习的，甚至说，小学教育也应该让学生从小学会深度学习。小学教育作为以课程学习为主线的教育，肩负着培养学生批判性思考、解决新情景问题等深度学习能力，从而为学生核心素养的形成及未来发展奠定良好基础的责任。在实习过程中，我在真实的课堂中观察了学生的学习情况，发现在小学生学习过程中，普遍存在浅层化学习、学生主体性不足等现象，学生的学习能力和学习质量都有待提高。因此，我尝试在我任教的班级中开展以"学习共同体"促进小学生深度学习为主题的教学活动。在学习《白雪歌送武判官归京》的时候，里面有一句"忽如一夜春风来，千树万树梨花开"。我问学生，岑参是不是真的见到这样的景色？是不是真的有一千棵一万棵梨花树在他眼前开花？同学们迟疑着没有回答，于是我就让他们自己前后四人组成一个小组，自己讨论。学习共同体的学习效果，比我直接提问好得多，大家集思广益，各抒己见，有人说是真的，有人说是假的。我让学生说明自己这样认识的理由，并且表扬他们对这个问题认真思考，不管是说自己见过很多梨树开花的学生，还是说不可能全都是梨树肯定还有别的树的学生。接下来我揭晓答案的时候，同学们便听得格外认真，就想知道自己思考的到底对不对。我用他们学过的一个成语来举例，问他们，成千上万是不是真的有几千个几万个？他们恍然大悟，回答说不是，意思是有很多很多，不一定有几千个几万个。我又接着问，那有没有千树万树的梨花呢？没有！他们异口同声地回答，是有很多很多棵梨花树。随即，我就借机引入了虚指的概念，告诉他们，作者在这里用了虚指的写法，像我们之前学过的"桃花潭水深千尺"，里面的桃花潭水也没有千尺深。同学们一下就懂了，也记得非常深刻非常牢固。

  经过这次实习的实践，我对于以"学习共同体"促进小学生深度学习有了一些自己的看法。

第一，给学生们创设的问题要贴近学生生活实际，不能离他们太遥远。"学习共同体"要依据特定的任务展开，但我们的问题不能假大空，小学生的认知水平有限。如果在教学中，我要给学生们创设问题，就要设立贴近他们实际生活的问题，这样他们才能有探究的基础和动力。有好几次我提出的问题，学生们一脸茫然，经过我解释之后才勉强理解，最后小组讨论探究的结果也不理想。

第二，留给学生自主探索和自主实践的空间。通过学生自己实践、动手操作，将一些难解的、难挖掘的理论化知识和规律转化为一种简单的问题，有助于学生自主思考，积极搜集相关信息与资料，主动地提出解决问题的方法与措施，从而激发学生探究与求知的欲望，使得学生进行深度学习，对知识的理解与把握也能更加得心应手，进一步提高学生收集、鉴别、分析信息的能力。尽管这样想着，但在实际操作的时候，我没能留有足够的时间给学生自己摸索，并没有达到让学生深度学习的条件。这是我作为教师应该反思的。

这次实习经历中出现的种种情况警醒着我以后一定要关注学生的实际情况，小学生不是心智成熟的大人，也不是已经汲取很多知识的初高中生，他们的认知很浅，不能无视他们本身的情况，盲目地开展深度学习的活动。在这次的实习经历里，我发现，以"学习共同体"促进小学生深度学习的教学活动只能在小学高年级开展起来。而对于低年级的学生，教学的重点还在于促使学生掌握基础的知识点以及培养学生良好的纪律意识，深度学习对他们而言还是不大适切的。

不过我仍然坚信，在我们的教育中学生是自由的，而他们也应当是自由的。在这段顶岗支教的实习经历中，很庆幸自己用新的方式进行了尝试，试图改变我所教班级的课堂氛围。虽然效果没有达到自己的预期，但是我知道教育是具有延时性的。我们在尝试用自己的方式给学生播下学会自由和学会平等的种子的时候，相信未来总有一天会开花结果。

顶岗支教实习学校：黄南藏族自治州河南县优干宁镇第二寄宿制完全小学

倡导"合作学习"的实践

乐 知

时光荏苒，岁月如梭，为期一学期的顶岗支教实习生活不知不觉已经结束，在此过程中我得到了一定的历练，也学到了很多东西，收获满满。同时，我从学生、实习学校的教师及整个实习过程的经历中，深刻地认识到了自身很多的不足以及未来要改进的地方。

河南县托叶玛乡寄宿制完全小学位于黄南藏族自治州，是一所坐落在县城边缘的乡镇学校，学校规模不大，共有教职工45名，全校学生549名。一年级有四个班，二到六年级每个年级均为两个班，总体来说师资较为匮乏。整个实习过程中我相继担任一年级两个班的数学、四年级两个班的数学以及一年级两个班和六年级两个班的科学授课教师。

在真正的实践过程中，我面临着最大的挑战：是"同化"还是"坚定"？在高校接受理论学习时，我一直比较喜欢"佐藤学"所倡导的"合作学习"的教学理念，也是秉承这样的教育理念参加顶岗支教实习的，希望在顶岗支教实习教学过程中尝试实施这一理念。然而我所在的顶岗支教实习学校习惯于传统的以教师讲授为主的课堂教学模式，这种课堂在我看来抑制了教师与学生的创造力，更多是机械式地灌输知识的过程。我觉得若想要让深度学习在学生身上真正发生，就要把课堂还给学生，在此过程中教师要做的是在了解学生的基础上设计好学生的"合作学习活动"。秉持着这样的理念，我便开始把课堂上更多的时间留给学生，给学生多一点自主学习的时间，还试着将全班学生分为几个组，设计几个主题活动，组织学生们进行合作学习。但由于自己的教学经验、组织能力及对知识内容的掌握深度和分析能力还远远不足以去完成一堂深度学习的课堂，这也导致了我对课堂的组织和对学生自主学习的培养方面一直都达不到一个良好的效果。而反观以传统讲授为主的教师们的教学效果明显要好很多，无论课堂上学生的状态，还是课后作业的完成情况以及学生对学习内容的掌握程度远高于我的教学效果。这让我处于彷徨的十字路口，面临着"同化"

还是"坚定"的两难选择。

在这种艰难的窘境下，我决定还是先尝试通过其他方式去分析自己教学方式失败的原因，再与其他有经验的教师进行交流并去深入阅读一些与教育相关的书籍。最后我总结出来了一些关于合作学习的原理性的知识：首先，专业的合作学习活动要有一个明确的活动目标，没有明确目标的合作学习活动是毫无意义的，无论是关于知识掌握的目标还是核心素养形成的目标，设计学生的合作学习活动首先要有一个明确的活动目标。其次，学习内容的选择也要与学习活动相匹配。设计一个活动必定是围绕一定的学习内容。因为学习内容的类型与难度各有差别，所以针对不同的学习内容就要设计不同的学习活动。再次，教师在合作学习活动中要给学生安排具体的学习任务，同时教师要知道学生的学习内容难度要适宜且呈梯形递进，要针对学生的差异性进行相应指导。最后，教师还要注意把握好活动的过程与环节，及时进行总结与评价。教师只有关注合作学习活动的整个过程，才能使活动有序进行，才能做好各环节间的衔接，才能使整个活动顺利开展。活动结束时还要及时做好总结与评价，积极反馈学生的表现以及总结整个活动的完成情况。教师也可以让学生们及时反思并总结自己在活动过程中的收获，发现自己在学习活动中的不足，激发学生参与学习活动的积极性。

经过对合作学习活动的专业学习和在指导教师的指导下，我决定在我的科学课上再次尝试"合作学习活动"。通过学习课本、查找资料和自己先行尝试，我决定开展"认识植物"主题活动，希望通过活动让学生们了解相关植物，掌握它们的特点，了解他们的生存习性并能够养好植物。我搬来几盆花放到讲台上，并且附带搜集的带有图片的相关资料。然后我按照分层原理，将班里的学生分为五个小组，每组五六个人，让他们分别选择一盆花。在活动开始时，我告诉学生们活动的目标，然后将复杂的学习内容分解为具体的步骤，让他们一步一步进行，从对植物的仔细观察到通过资料确定植物的种类，再让学生们探讨植物的特点和生存环境，最后让学生们尝试养这些植物。我发现在本次活动里，学生们都很积极，而且因为是活物的观察且让他们尝试养，他们更激动一些并且更负责一些，在每一个步骤里我发现孩子们都会在同组里积极讨论，激动时有的甚至站起来比画，有的孩子回到家以后还会主动和家长交流，还有的回家后会比对自己家里的植物。整个过程中，孩子们的积极性比以前好了不少，而且通过这个活动好多孩子都会跑过来和我说"老师，那个花不能浇很多水哦""老师，那个花最好要几天浇一次水"等。这些话语让我觉得这次活动很有价值，起码孩子们探索了植物世界，在互相讨论中学习到了植物的生存习性，甚至尝试自己主动了解植物世界。这次活动虽然还有很多需要改进的地方，但给予了我信心，未来我会在我的教学工作中积极实施这样的学习活动。

时光飞逝，岁月如梭，为期四个月的支教实习已经画上了句号，但实习过程中所产生的深刻的感受和收获的丰富经验让我铭记于心。我永远忘不了自己创新设计学生学习活动时的激动，在遇到失败后的迷茫与彷徨，更忘不了通过多种途径找到解决办法时的激动。看着自己的创新在实践中被慢慢实现，看着孩子们投入的脸庞与身影，看着他们在课堂上的侃侃而谈，我心里的自豪感油然而生，未来我会更加努力，做一名"德高为师，身正为范"的"大老师"。

顶岗支教实习学校：黄南藏族自治州河南县托叶玛乡寄宿制完全小学

用心领悟良教乡

周鑫源

3月14日，我怀着忐忑的心情跟着驻县老师一起坐上了去往良教乡中心学校的大巴车，即将到来的一切都是未知的。虽然在学校一次次的实训课让我对教学已经有所准备，但想到马上要真正走向课堂，我的内心还是久久不能平复。良教乡中心学校位于大通回族土族自治县，刚来到这个学校，看到校内简陋的设施，我心里有点失落，但一想到这里是孩子们度过几年青春的地方，我逐渐释然，开始努力去适应这所学校。

在顶岗支教实习期间，我主要承担二年级道德与法治课程教学任务。实习第一周主要是听课，这让我深深地感受到我与这些有经验的老师之间有很大的差距，无论是在课堂衔接，还是知识点的引入输出上，我都不如有经验的老师们自然。他们能循循善诱，引导同学们去学习新知识，引导学生的思维发展，这些都是我需要努力学习改进的。在听课期间，发生的一个小插曲引发了我的思考。有次在听指导老师的课时，他让我上台给学生们讲几道题，由于事发突然，我很紧张地走上台，在讲题过程中，班里有个调皮的同学开始跟同桌说话，在我出言提醒后，他不仅不收敛，还朝我扮鬼脸，弄得全班同学大笑，课堂突然变得很混乱。这时指导老师直接走到那个调皮的学生面前，教育他不尊重老师，课堂瞬间又安静下来了。在课后，我开始反思为什么遇到这种课堂突发状况我会无计可施，指导老师帮忙去教育，虽然制止了学生的行为，但是之后没有指导老师在旁的情况下，我该怎么来维护课堂纪律呢？在发生小插曲之后，在听课时我会更加关注有经验的老师们管理课堂的方法，怎么在发生课堂突发情况后巧妙地将学生的注意力重新吸引回课堂。

顶岗支教实习的第二周，正式开启了教师生涯的第一节课：道德与法治。课前我的心情有点忐忑，害怕出现上次那种情况，但当我真正走上讲台，听到学生们一声声的"老师好"后，我紧绷的神经开始慢慢放松下来。第一堂课很顺利地结束了，但随着慢慢与学生熟络起来，他们开始在课堂上捣乱，课堂纪律变得混乱起来。这时我意识到他们并没有因为我是教师而对我产生敬畏感，学生在摸清我的脾气后，便开始试图挑战我的底线。于是，我开始思考如何树立自己的威信。在一次课间做眼保健操的时候，一个小男孩趴在桌子上不做眼保健操，这时前面的小女孩想叫他起来做操，就打了小男孩一下，但小男孩随即就还手了，打回去之后小男孩便趴在桌子上默不作声。我看见这一幕后，选择先等眼保健操结束后，再将小男孩跟小女孩叫到办公室。我先安慰委屈的小男孩，告诉小男孩作为男子汉我们要心胸宽广，在别人打了自己之后，应该告诉她这种行为是不对的，然后告诉老师，而不是立刻还手，这样同样也伤害了别人，小男孩听了之后点点头表示同意。随后，我又看向小女孩，先肯定她想叫小男孩起来做操的想法是正确的，然后告诉她方法是错的，不能直接动手，这样可能会伤害到别人。孩子们的本性是天真善良的，跟他们讲道理会比直接制止效果更好，并且孩子们会更加信服老师。树立教师的威信还可以通过与学生建立良好的师生关系来完成，在顶岗支教实习期间，我在课下积极与学生交谈，及时了解他们的困难和需求，并给予帮助。慢慢地，学生们越来越信任我，愿意跟我敞开心扉，这让我很欣慰。

　　在顶岗支教实习期间，我除了承担教学任务，还参与了校园社团文化建设。5月19日星期五，我很荣幸作为解说员与学校的鼓号队参加大通县"高举队旗跟党走·铿锵鼓号颂党恩"少先队鼓号展演大赛。这个比赛分三个赛区，同时进行。我们所在的赛区是桥头镇第一小学，经过一个多月风吹日晒的努力训练，我们取得了第一名的好成绩，这是学校的集体荣誉，我为学校感到开心，也为我自己的解说没有拖后腿而开心。有了这一次的经验后，我更加积极地参与学校社团文化的建设，为五年级的学生进行编舞。经过一个多月的努力，从一开始没有雏形到最后展现非常亮眼的舞蹈串烧节目，我真的非常有成就感，每一个动作的设计，衣服的挑选和妆容的搭配，每一项都沁入了我的心血。在完成这些后，我带领学生们前往大通县桥头镇第四小学和良教乡初中部进行展演。在演出结束后，我与学生进行交谈，引导他们懂得欣赏自己，欣赏他人。就这样，在一点一滴中，学生们越来越敬佩我，我也慢慢领悟到了教书育人的真谛。

　　不知不觉中，顶岗支教实习生活就已经接近尾声了，在最后一堂课上，我给学生们讲述了一节广角游戏，学生们积极配合，踊跃发言，为我的支教实习画上了一个圆满的句号。通过这次顶岗支教实习，我明白了作为一名教师，育人比教书更为重要，也更加难以做到。

　　一学期的顶岗支教实习虽然短暂，却给我留下了完美、深刻的回忆。对每个顶岗支教实习生来说，这都是一个提高自我、检验所学的过程。通过听有经验的老教师上课和自己的亲身实践，我们在教学认识、教学水平、教学技能、学生管理水平以及为人处世等方面都能得到很好的锻炼，这将为日后走上工作岗位打下良好的基础。不仅如此，通过这次顶岗支教实习，我增强了信心，坚定了信念，向成为一名合格的人民教师又迈进了一步，这将是我人生中另一个起点，鞭策着我不断向前。

顶岗支教实习学校：大通县良教乡中心学校

小学音乐教师初体验

袁 欣

转眼间，一学期的顶岗支教实习生活结束了。离别的日子真正到来的时候才发现，虽然是短短的四个月，可是自己早已在不知不觉中习惯了这个环境，融入了这个集体，早已把自己当成了这个集体里的一员。想到自己要离开了，心中是那么不舍。看着与自己相处了四个月的学生和老师，想到今日一别再见又待何时，心里万般不舍。突然间发现这里的一切都好亲切，自己的学生们都万分可爱。回想起在这短暂的四个月内所发生的和自己所经历的事情，真的受益匪浅。

依稀记得当时早上六点迎着太阳踏上顶岗支教实习的道路，我内心又激动又担心，激动是因为这将是我人生中第一次真正与学生和各位老师们接触，我不知道这将会对我的人生带来多么重大的意义。担心是因为面对那么多学生，我是否能有教师的威严，是否能真正让孩子们改变一些理念。想着想着，我便已经到达了我的实习学校——斜沟乡中心学校。这所学校位于大通县，校园环境优美，学习氛围浓厚，曾获"全国青少年校园篮球特色学校"之称，我主要承担小学、初中阶段教育教学工作。

整个实习期间，我觉得自己像是坐上了时光机一般。每当看见那些十三四岁青春活泼的学生时，自己仿佛回到了六七年前的中学时代。初中阶段的学生还不失童真，并且善于思考问题，但是在道德、情感等方面还有待发展。也许我的年龄与之相近，他们既把我当作老师，又把我当作朋友，许多心里的问题都愿意与我交流。处在这个年龄阶段的学生已经有了自己的思想和逻辑，遇到问题时有自己的思维方式和解决办法。他们已经不喜欢老师牵着他们走，也不喜欢老师完全教他们怎么做。由于我年纪和他们差距不大，他们都很愿意和我讨论问题。这时，我就以朋友的角色与之倾心交谈，适当地给予他们建议。将他们的内心世界作为我的平台，将心比心，他们也就会报我以同等的尊重。

在斜沟乡中心学校，我主要负责一、二、五、六年级的音乐课。在乡村小学里，音乐课并不是必修课，我也初步了解到这里并没有音乐老师。这让我产生了想为他们上好音乐课的兴趣，这份想法也如同一团烈火，燃烧得越来越热烈。在入校当天，分配好各个顶岗支教实习大学生的工作后，我意识到自己此时此刻是作为一名教育工作者站在这里，内心似乎还有点难以置信。带着这份热情，我充分地准备了我的第一堂课音乐课——学习柯尔文手势。在学生眼中，柯尔文这个人非常陌生，而我的目标便是让孩子们知道谁是柯尔文，什么才是柯尔文手势。我秉持着学院老师教给我的音乐学科基本理念"以音乐审美为核心，兴趣爱好为动力，面向全体学生，注重个性发展，重视音乐实践，鼓励音乐创造，提倡学科综合，弘扬民族音乐，理解多元文化"，开始了我的教学生涯。在上这堂课前，我第一步想到的便是如何让他们对音乐产生学习兴趣，针对这个问题我利用"三声"来解决：第一，课堂中要有笑声。音乐课是一门有生命的课程，当一堂音乐课上充满了笑声，便展现出了它的活力和教学理念。第二，课堂教学中要有赞美声。在当今的教育教学活动中，鼓励式教学已成为主流，基于小学阶段孩子们渴望得到表扬与鼓励的心理，鼓励式教学能更好地找出他们的闪光点并激发自信心。而在音乐教学中，老师对学生、学生对学生的赞美也同样显得极为重要，这是一个挖掘学生潜力的好方法。第三，课堂教学中要有惊讶声。所谓惊讶声，就是让学生进入更多音乐的奇妙世界，听不同的音乐，感受不同的情绪，甚至将这种情绪用画笔画出来，这种方法很大程度上开发了他们的想象力，更能激发孩子们对音乐的学习兴趣。

对二年级的孩子们进行《狮王进行曲》的教学时，也正是利用这一点。二年级的学生活泼好动，他们喜欢动物而且愿意去模仿各种动物的特点。《狮王进行曲》是一首节奏明快、动物形象鲜明的乐曲，很容易引起孩子们的共鸣。二年级的学生们有一定的音乐感知能力，但由于学生的年龄较小，孩子接触到的乐器有限，听辨器乐音色的能力相对也较差。因此，引导学生如何去听音乐、感受音乐、表现音乐是本节课的教学重难点。我主要引导学生通过对比聆听、表演，感受并表现音乐中描述的动物形象，使学生深入浅出地理解作品，提升学生的音乐素养。在课堂中我让同学们闭上眼睛，感受狮子带来的凶猛和紧张的氛围，让学生们有身临其境之感，再用手的动作表现出紧张的感觉。听完后，我邀请几位同学上台学一学狮子走路的步伐，进一步提高课堂的活跃程度。在模仿的过程中学生逐渐熟记了《狮王进行曲》的旋律，用"beng"来哼唱，感受力度的大小，之后将这段旋律在本子上画下来，用线条来表现狮子的吼叫声。本次课堂临近尾声时，我带领他们观看电影《狮子王》片段，让学生更直观地感受狮王的形象，并教会他们也要像狮王一样勇敢、无畏，做自己生活中的主

122

角。我想，音乐的课堂不能仅止步于单一的音乐教学，适当结合内容对学生渗透思想教育，进行思想提升，使学生与课堂都得到不同程度的升华。

　　这次的顶岗支教实习体验使我受益颇多，也是对自己成长的一次历练。实习过程中也存在些遗憾，主要是对于角色定位有些偏差，有时候会忽略掉自己实习老师的身份，而把自己设定为一个观察者，多了旁观，少了融入、参与以及指导。通过此次实习，我深知作为一名老师，基础知识要扎实，知识面要宽广，平时要做有心人，多多细心观察生活，留意身边的事情，并将他们灵活地运用渗透于教学之中。实习生活虽已结束，但我的教师生涯才刚刚开始，知识永无止境，我会时刻牢记超越自己，面对教育事业，我将带着满腔热情，不断前行。

　　　　　　　　　　顶岗支教实习学校：大通县斜沟乡中心学校

追梦起航　踏歌而行

李雪萍

三月十四日早晨，我踏上了去支教的征途，一路上我非常担心自己适应不了当地的气候、人文，等等。怀着忐忑的心情，我来到支教的地方——大通县桥头第一小学，在这里开始了我的支教生活。

乍见之欢 以爱久处

入校后，实习学校的老师将我安排到了二年级。从这里，我的第一个挑战便开始了，与我想象中的不同，刚开始，我的支教生活并没有很忙碌，只是跟着各科老师去听课，我也没有听到一节与自己专业相关的课，学校老师告诉我，不要局限于一科，将各科的课都听一听，会有很多的收获。然而，仅仅是听课就让我有些疲惫不堪。开始的两天，我没有调整好自己的作息时间，导致一整天昏昏欲睡，状态不佳，后面，我开始逐渐适应这样的作息，慢慢跟上学校的整体节奏。从第二周开始，实习学校的老师便开始给我安排课程。当我得知我上的课是二年级的道德与法治时，我再次陷入沉思，这是之前完全没有接触过的课程，不知道如何给学生们上课，我的内心忐忑不安，害怕难以胜任。二年级的孩子正是树立价值观的时候，我害怕讲得不好。然而，结果和我想象中的截然不同，一整节课下来，学生们都非常配合，课堂效果很好，大家都积极发言，让我出乎意料。有了这样的开头，接下来每一节课我都信心满满。不过紧接着，新的挑战开始了，学校开始给我安排音乐课，虽然只是代课两周，但还是让我很开心，不同于道德与法治的忐忑，我自信满满地去上课了，音乐是我的专业，这让我很有把握。然而，事实证明，我还是太过自信了，因为学校专业的音乐老师只有两位，所以，一、二年级的学生都没怎么上过音乐课，孩子们都没有一点基础，最简单的简谱也不认识。在认识到这一现状后，我迅速改变我的上课内容，将上课的重点放到歌曲的学习上，把以前没有学过的音乐知识一点一点加到歌曲当中。果然，效果很不错，很多孩子知道了什么是简谱，什么是节奏。这一点令我感到十分骄傲。

耐人寻味的课余生活

比起上课时遇到的问题，我想支教生活中最大的难题应该是运动会排练舞蹈，这是我第一次一个人排练舞蹈，百人方队、队形的变换、人数的剧增一系列问题让我压力倍增，每天都在想舞蹈动作要怎么加进去，队形变换要怎么加进去……我上网浏览了一些运动会舞蹈方阵的视频，并根据自己以往的经验，设计出了一套动作，设计好动作后向之前排练过舞蹈方阵的老师请教，最终经过我坚持不懈的努力，终于排练出了完整的节目。然而，就在我欣喜若狂时，问题接踵而至：如何进行排练？一百余人，不管是教动作还是排练队形方面都是一大难题。但我仍然努力地去摸索，我先把学生们分成10组，每组选一个跳得比较好的作为组长，先教组长动作，再让组长教组员，我也会在他们教的过程中进行指导，当所有人动作都练熟的时候，再统一练习队形。户外的阳光刺眼，但同学们都在坚持，我心里满是感动。运动会开幕式那天，当我所排练的舞蹈在赛场上"亮相"时，我感到一切的付出都是值得的。

身体力行　耐心聆听

运动会结束以后，我又被安排到一年级进行学习，在我的眼里，他们真的很小，还不懂得如何沟通。我将困惑告诉了指导老师，她一下就明白了问题所在，并且建议我先去听一听一年级老师是如何上课的。接下来的几天，我有机会走进一年级的课堂，仔细听一年级老师的上课习惯和技巧。果然，在听了几节课以后，我发现了诀窍，大部分的一年级老师在上课时都有口令，比如，想让学生安静下来时，可以说"小嘴巴，闭起来"，这样孩子们就知道要安静下来了。而我在上课时，不知道这种口令，所以孩子们不明白我在干什么。学习到一些教学技巧后，我再次去尝试锻炼，果然初见成效，同学们都会听我的口令，整个课堂纪律比以前好了很多，我心中也多了一份成就感。并且，在一年级学习久了以后，我发现我越来越有耐心了，以前学生吵闹的时候我会感到不耐烦，而现在我会细心劝导,并且仔细聆听每个孩子的心声,我也开始主动去了解每位学生的情况,在一年级我真的学到了很多。后面的日子,我渐渐适应了这种生活,渐渐领悟到支教的意义。

成长之旅　绽放才华

支教是一个非常有意义的活动,它不仅让我体验到了教学的乐趣,还让我更好地了解了县城的教育现状,为我以后的教育理念提供了重要的启示。

在支教过程中,我了解了当地的教育现状,实践了自己的教学技能,我在教学中采用了一些互动式的教学方法,如做游戏等,帮助学生更好地掌握知识。同时,我也注重培养学生的探究精神和创新精神,让他们不仅掌握知识,还能够灵活运用知识,解决实际问题。通过这个过程,我不仅提高了自己的教学能力,也帮助学生们更好地理解和掌握了知识,培养了自己的信心和能力。

在支教过程中,我不仅增强了教学技能,还提高了自身的综合素质,通过与学生们的交流,我更好地了解了他们的需求,也更好地认识到了自己的责任和担当。同时,通过与支教学校教师的交流,我更全面地认识到当地教育的多方面问题和需要改进的地方,这让我更好地了解到自己未来应该如何从事教育事业,为学生们提供更好的教育服务,在支教过程中,我深刻地体会到了自己的社会责任感和使命感。

顶岗支教实习学校:大通县桥头第一小学

关注学生，静待花开

李守烨

三月，我很幸运，在我的母校开启了支教生涯，重返自己生活过六年的学校，这让我既兴奋又憧憬。

三月起航　重返母校

三月十四日清晨，天蒙蒙亮的时候，我们已准备好前往支教地点的行李，天空星星点点，伴着金色的朝霞，天空的美景似乎也在祝福我们即将去顶岗支教的每一位同学。前往的学校是我曾经上过的小学，进入学校后，我清晰地发现校园设施不同往昔。校园的两座教学楼之间，之前是水泥地，还有两棵大树，现在地面全部铺上了塑胶。进入第二座教学楼，楼梯被黄色的线二等分，这样的设计是为了区别上下楼的可行走区域，为了最大程度减少意外事故的发生，每一层都贴上了"慢慢走"之类的文明标识。同时学校修了偌大的操场，专门划分了学生活动区域。厕所全部进行了翻新。

教学工作之一：批改试卷

到顶岗支教学校的第一个任务就是批改卷子，我负责的是二年级的语文试卷，分到的内容主要集中在词语的使用上。卷子的上下两个位置，是使用"渴"和"喝"组词，有很多学生分不清这两个字，出现了混淆的错误。在批改试卷的过程中我也发现同一考场的相邻试卷出现雷同，很可能是抄袭的结果，我不清楚是在班内直接考试还是分了考场进行考试。"奖"这个字的书写也有很大的问题，大雪纷飞容易写成"大雪风飞"，"观"的最后一笔竖弯钩，很容易直接写成捺。虽然批改卷子的题目不难，但是坐的时间长还是比较劳累的，这让我感受到老师的辛苦。批改完卷子后，我把在批改卷子时遇到的比较多的问题进行了总结，与语文老师进行了沟通，从而为下一步的教学计划提供方向。

家校沟通：学习语言的艺术

如何与家长沟通一直是我比较担心的，我与办公室的老师也聊起了这个问题，这时办公室的一位语文老师说正好下午她要和一位家长进行沟通，可以让我旁听学习。家长到办公室后，这位老师起身并将家长迎到自己的办公桌前，给家长倒了一杯水，然后先跟家长说了近期孩子的表现情况，主要讲了孩子的学习成绩以及在班级与同学的相处情况等，主要是以正面评价为主，从家长的表情中可以看出欣慰。家长是孩子的父亲，从外貌看可能患有皮肤病。老师说完后，这位父亲坦言，自己之所以不愿意出席孩子的家长会等一系列需要抛头露面的活动，是因为感觉自己的样貌会给孩子丢脸。此时教师说，孩子的教育需要家长的参与和陪伴，陪伴就是孩子最骄傲的事情，鼓励家长不要自卑，要积极参与孩子的各项活动，还安慰这位父亲，皮肤病很常见，不要因此丧失与儿童建立家庭关系的机会，不应该逃避，要勇敢面对。父亲听完，表示自己一定会让自己勇敢起来，以后会陪伴孩子多参加学校的活动。从这位老师和家长的沟通中，我意识到，教师要有爱的意识，不仅要注意学生的学习，也要关注学生的心理成长，在与家长沟通过程中，要慢慢进行引导，尊重是教师与家长沟通的前提，并以换位思考的方式与家长沟通。

改变教学观念

听教学课时，我发现有的老师在讲圆锥的认识时，采用直接教授的方法，即出示圆锥的图片，告知学生这个叫作圆锥。介绍圆锥的高时，也是直接引入高的概念，没有相关的解释，来说明为何圆锥的母线并非圆锥的高。我觉得这样的授课方式并不能很好地让学生认识圆锥，因此我在上课的过程中，将"柱"和"锥"先进行了文字方面的认识，学生先清楚柱和锥这两个字具体指什么。锥，就是指一头尖锐的工具，这样我觉得把圆锥的特征就很清楚地表达出来了，圆锥的名称与图形形成统一。讲圆锥高的时候，我先类比测人的身高，正好我带的班上周刚进行了体测，经历了测身高的过程，测身高时，脚要水平放在地面上，不能踮脚，同时测量的是脚到头顶最长的距离，我也以此类比到了圆锥高的测量当中，圆锥的下底面要水平放置，同时测量底面到顶点的距离，才是高，而不是底面到圆锥侧面的距离是高。还有测身高时，学生需要站直这一点，类比讲圆锥高也要垂直于底面，这样就避免学生错把母线当作高了。

圆锥认识结束后，是计算圆锥的体积，小学阶段圆锥体积的计算方法是通过实验法，使用等底同高的圆柱和圆锥体积的数量关系来推导的，我们办公室的一位数学教师购买了可以灌水的圆柱和圆锥教具，在课堂上通过实验进行了演示，得到了等底同高的圆锥是圆柱体积的 1/3，我觉得这位数学老师的实验比较直观，所以也将这个方法采用到了教学之中，学生们在理解上容易了一些。

顶岗支教的时间过得很快，回顾四个月的实习生活，我体会到教师的伟大。正如习近平总书记 2014 年 9 月 9 日在同北京师范大学师生代表座谈时的讲话："有爱才有责任。好老师应该懂得，选择当老师就选择了责任，就要尽到教书育人、立德树人的责任，并把这种责任体现到平凡、普通、细微的教学管理之中。正是因为爱教育、爱学生，我们很多老师才有了用一辈子备一堂课、用一辈子在三尺讲台默默奉献的力量，才有了在学生遇到危难时挺身而出的勇气，才有了敢于攻克新知新学的锐气。老师责任心有多大，人生舞台就有多大。"[1] 想要从事好教师这个行业，就要热爱教育事业，摆脱名利的困扰，坚定自己的选择，在平凡而伟大的教书育人中寻找到人生的价值。

顶岗支教实习学校：大通县桥头第一小学

---

[1] 习近平同北京师范大学师生代表座谈时的讲话 [EB/OL]. 人民网，2014-09-10.

因材施教，为师之道

冶晓梅

四个月的时间如白驹过隙，转眼间就结束了。这段时光，虽然辛苦却很充实，成了我人生中的美好回忆。顶岗支教实习是大学生活中极为重要的实践性教学环节，通过实习，我们能接触到与本专业相关的实际工作，把理论和实践结合起来，不断检验自身教学效果，提高实践能力，为毕业后走上工作岗位打下基础。我的实习单位是西宁市祁连路小学，它位于西宁市城北区，有67年的建校历史，曾荣获2019年全国青少年校园足球特色学校荣誉称号。实习期间，我在班主任工作和教学工作这两个方面收获颇丰，我也通过这两方面的实习工作更加深刻地体会到了因材施教式教育的意义所在。因材施教是教学中一项重要的教学方法和教学原则，在教学中根据不同学生的认知水平、学习能力以及自身素质，教师选择适合每个学生特点的学习方法有针对性地教学，发挥学生的长处，弥补学生的不足，激发学生学习的兴趣，树立学生学习的信心，从而促进学生全面发展。因材施教对教师、家长、学校以及教育公平的实现都具有重要意义。

绽放个性之花

班主任工作是实习工作的重要组成部分。我的班主任日常工作主要是处理学生矛盾，巡查早晚自习，整顿教室环境卫生，带领学生参加各项活动，积极配合学校各项工作，为学生答疑解惑，与家长及时沟通，做好家校合作的中间人等。除此之外，我作为班主任还会及时关注班上的每位学生，留意他们的心理和情绪变化。在担任实习班主任角色期间，班里的小陈同学让我印象十分深刻。她十分内向，有点自卑，不太爱与其他同学交流，在班上的成绩处于中下的位置，在班级里的存在感比较弱。在与她妈妈沟通后得知，由于父母工作的原因，她需要跟随爸妈去不同的城市生活，从小到大在很多个学校学习过，这使得她需要不停地适应新环境，不断适应不同老师的授课方式并且跟上不同的教学进度。慢慢地，她开始变得内向，不愿意主动去交朋友，对班级活动也不感兴趣，上课更是沉默寡言，不敢举手回答问题。在了解了她的基本情况后，我在课堂上开始增加对她的关注，我会刻意点名让她起来回答一些简单的问题，以此来树立她的信心。一开始，我几乎每堂课都会让她回答问题，渐渐地，当我问谁愿意来解答一下这个问题的时候，她开始主动举手了，我感到很欣慰。在课下，她也会主动向同学咨询一些她不能解决的问题，并且还会和小伙伴一起来办公室问老师问题。就这样，慢慢地，她变得开朗了许多，也敢一个人来办公室向老师请教一些她不懂的题目，对班级活动开始感兴趣，在班级里的人缘也慢慢好了起来。

　　在班主任实习工作过程中，我懂得了教育中的每个个体都是与众不同的，每个孩子都是独一无二的，不存在不能被教育的学生。教育人和种花木一样，首先要认识花木的特点，区别不同情况进行施肥、浇水和培养，换言之，即"因材施教"。因此教育工作者要去发现每一位学生的禀赋、兴趣、爱好和特长，为他们的发展提供充分的条件和正确的引导。

虚心学习，以促独特教学风格

　　教学工作是实习期间最重要的工作。在开始正式教学工作之前，我的主要任务是听课，通过听课，汲取不同老师的优秀教学方法，积累教学经验。我发现，每位老师在教学过程中都形成了自己的风格，他们对知识细节的把握十分到位，值得我不断地学习。在听课的过程中，我认真做笔记，记录学生的学习情况以及对知识的掌握情况，认真观察学生在课堂上的真实反应，这都有助于自己在上课的时候管理好学生，把握好课堂的教学进度，也有助于思考和揣摩如何形成自己的授课风格。

　　经过一周的听课学习后，第二周我就开始授课了，在确定授课内容之后，便开始积极备课。首先我认真阅读教材，并在网上搜集相关资料。与此同时，我在指导老师的帮助下拿到了教案，并依据参考教案上的重难点，制订自己的教学设计。之后，指导教师根据课标要求对我的教学设计进行了修改，并向我强调了上课时的一些注意事项，用言语缓解了我紧张的情绪，给予了我信心。

　　第一次登上讲台时，我有点紧张，但当上课铃声响起之后，我的心慢慢地平静下来，看到讲台下面六十名学生对知识渴望的眼神，心里更是踏实了很多。我有条不紊地按照自己的节奏顺利地完成了这堂课，在课上同学们主动配合，积极举手回答问题，课堂氛围极为融洽。课后，指导老师给我提出了中肯的意见，他热心地给我提出了三点建议：授课声音要更加洪亮，板书条理性还有待增强，讲课节奏需更紧凑一些。这些建议给了我很大的启发。有了第一次讲课的经验后，后面的课程越讲越顺，越讲越成功。我努力从最简单最清晰的角度来体现我的教学思路，让学生们更容易理解知识的逻辑。

课后，我也会批改作业，从另一个角度了解学生的情况，并调整教学进度，再次确定重难点。在这个过程中我明白了课堂上没有最好的教案，只有最适合学生的授课方式，我们应该在教学相长中努力提高自己。在讲课的过程中不能一味求新，考虑到我们还是实习教师，我们在授课的过程中应该先模仿，在班级的教学中要有一定的稳定性和连续性。但也不能一味地模仿，也需要在模仿中找到适合自己的教学方式，形成自己的教学风格。

在实习过程中，我感动于学生们纯真的眼神，孩子们的明眸里映射着祖国的未来，这带给我极大的震撼。振兴中华在于教育，振兴教育在于教师，因此作为一名教师首先要懂教育、爱教育，要知道博学、耐心、宽容是教师最基本的素质。除此之外，我认为培育学生的品格比教会他们知识更有意义。陶行知先生曾说过教师的职务是"千教万教，教人求真"，学生的职务是"千学万学，学做真人"。学校是孩子的天堂乐园，孩子大部分时间都是在学校度过的，所以每一名教育工作者都应用爱哺育每一个含苞欲放的花蕾，为了祖国未来的明天甘做化作春泥护花的落红。

四个月以来，我收获的不仅是知识，还有幸福和快乐。实习接近尾声，我也倍感珍惜学生和教师们相处的时光，这一切必将成为我一生中不朽的记忆，必将为我以后的人生打下坚实的基础，必将是我生命中丰硕而宝贵的精神财富。

顶岗支教实习学校：西宁市祁连路小学

救其失，也长其善

索南昂日旦

伴随着顶岗支教实习生活的结束，大学四年的时光也快要结束了，这四年的时间里有太多的回忆，就连这短短四个月的顶岗支教实习生活也令人难以忘怀。顶岗支教实习生活紧张而忙碌，四个月的时光就这样匆匆过去了。在这段时间里，我真正地体会到了初为人师的酸甜苦辣，对于教师这个职业也有了更加深刻的认识。这次实习是我正式走向社会之前的一次大检验，检验了我所学的知识，加强了理论与实践的结合，对我个人综合能力的提高有很大的帮助。经过这段顶岗支教实习的磨炼之后，我觉得自己在各个方面都得到了很大的进步。

逸夫小学坐落于高原古城——西宁的一所公立小学，数十年来的教学实践始终秉承着"求知识，讲道理，学做人"的校训，"敬业厚德，好学上进"的校风，"公正，和谐，规范，卓越"的教风，"合作互助，乐学多思"的学风。但是，由于高原地区的环境条件相对较为恶劣，能在这里坚持教学的教师真可谓是凭着对教育事业的一腔热爱与信念。

来到逸夫小学，我主要担任四年级（1）班的语文课以及二年级（3）班的体育与健康课教师。在实习的过程中，顶岗支教实习学校教师经常鼓励我多去听各个学科教师的课并从中汲取各类教育经验；他们也常常建议我多去尝试着讲授不同年级的不同课程，通过实践来发现自己的不足之处而不是纸上谈兵。在听课过程中，我虚心听取他们给予的经验和建议，同时在课下也坚持学习和锻炼。因而，一段时间下来我收获颇丰。

虽是收获颇丰，但在我这个新手教师的课堂上仍存在着不少问题。比如，我发现低年级的学生还是比较认真的，他们有一大部分的学生会认真听讲，专注于课堂。然而，高年级的学生却与此相反。他们虽然少有吵闹的情况出现，但他们中的大多数人在上课时注意力不够集中。这个问题使得我心里犯了难，我到底该如何做才能调动他们的热情和积极性，让他们能够集中注意力去听课呢？一时之间我有些不知所措。在反复思考后，我决定先了解二年级和四年级学生的年龄特点，再去向有经验的老师们进行请教。我发现，二年级的学生们正处在一个好动、爱玩，但相应求知欲较强，对于新鲜事物的兴趣比较浓厚的阶段。而四年级则是学生成长的一个关键期，他们开始从被动的学习主体向主动的学习主体转变，对于许多事情他们已经有了自己的认识，但是从整体来看他们具备一定的规则意识。正是因为不同年级的学生有着不同的年龄特点，这才导致不同课堂问题的出现，若想要解决这一问题自然也要因人而异。

  在向经验丰富的教师们请教的过程中，我发现许多教师们都认为作为教育工作者，就要想方设法创设民主和谐的教学气氛，在教学活动中建立平等的师生关系，而且教师要把自己当成活动中的一员，时刻意识到自己是学生的良师益友。并了解到低年级的小学生是活泼好动的，而且注意力容易分散，这样很容易开小差，影响教学效果，可以试着把握他们的心理特点，多在教学中采用鼓励等方式。在听取了许多建议以后，我积极采取措施，在课堂教学中开始给每一个积极回答问题的小组进行加分，哪个小组认真听课，哪个小组回答问题最多，就给哪个小组加分。同时，我也试着对那些表现良好的学生使用鼓励性的语言"做得很棒！""你们又有进步啦！"等等。对于高年级的学生，我会试着先让他们预习课文内容并提出自己感兴趣的问题，然后我会结合教学的重难点并借助多媒体等现有教学资源补充一些他们感兴趣的图片、故事等激起他们的学习兴趣。比如，在讲到《普罗米修斯》这一课的时候，我会向学生们补充有关普罗米修斯与希腊诸神的故事，一方面能够增加课堂趣味吸引学生们的注意力，另一方面也可以从侧面丰富普罗米修斯的人物形象。从普罗米修斯是一个怎样的神，到他因何被带上高加索山，最后再到他如何被解救出来。一部分故事由我讲给学生们听，另一部分我也会鼓励他们自己先去阅读，然后再分组来进行故事讲解或演绎。一段时间下来，之前常出现的问题果然有了很大的改善，我们师生之间也越来越熟悉彼此，课堂教学的配合度也直线上升。

  2023年习近平总书记在北京育才学校考察时强调：提高人的健康素质，青少年是黄金期。这个阶段，长身体是第一位的，身体好了，才能为今后一生的学习工作打好基础。体育锻炼是增强少年儿童体质最有效的手段。家庭、学校、社会等各方面都要为少年儿童增强体魄创造条件。[①] 在之后的顶岗支教实习中，我在体育与健康这门课中实践了自己的教学理念。首先，在我看来，所谓的体

[①] 习近平在北京育英学校考察时强调 争当德智体美劳全面发展的新时代好儿童 向全国广大少年儿童祝贺"六一"国际儿童节快乐［EB/OL］.新华网，2023-05-31.

育与健康课不等于体育课和健康课的简单合并，而是以突出健康为目标，为学生的全面发展，健康成长而设置的一门综合性课程，是为了发展学生认知能力，让学生能够快乐、健康、幸福地生活的教育，更是能让学生改造自己主观世界的情意课程，正如同逸夫小学"求知识，讲道理，学做人"的校训所提倡的那样。其次，我旁听了学校专业体育教师的体育课以及其他学科教师带的体育课，在他们的课上基本都能给学生传递健康第一的体育理念。但我觉得还应该给予学生更多的品质教育、情感体验，毕竟学习品质对每一位学生未来的发展都至关重要。在体育与健康这门课上，教师更多的应该是教体育所特有的生活方式和处事方式，以及坚持不懈的态度，而不是一味地传递给学生一种体罚的体育教育方式。最后，我认为体育与健康课程的教学应该要注重学生个体的情感体验以及行为习惯等非运动技能的表现，同时也需要与学生的生活经验和运动经验相联系，帮助学生获得和完善经验，从而树立终生教育的观念。并且，在教学开始前，我常常去学习、观摩学校里其他教师的课堂活动并从中汲取经验，而后在我的课堂上结合我的理念去实施体育与健康这门课程。在课上和课下，我听见学生们一声声地叫着"老师"，心里顿时充满无尽的甜蜜与激动，心中那种教师的责任感也油然而生。

顶岗支教实习的这段时光虽然很短暂却是不平淡的，我深深地认为，它是我的人生道路上一个重要的里程碑。无论以后自己是不是做一名人民教师，我都会记得在自己大学的时候曾经带过这样一批学生，他们给我带来那么大的触动，让我再一次体会到天真烂漫，再一次经历心灵的洗礼。我真心地希望他们可以在这片高原上快乐成长、学业有成，也真心希望他们在人生的旅途中可以走得顺利一些。

顶岗支教实习学校：西宁市逸夫小学

学会倾听

马福莲

2018年的冬天对我来说，注定是难忘的。这个冬天，我离开了舒适安逸的校园，踏上顶岗支教实习的旅程。作为一名顶岗支教实习生，我在西宁市城北区陶园小学度过了大四的第一个学期，主要负责一、二年级四个班的英语教学以及学校的泥塑社团。时光飞快，不等我细细整理，半年的支教生活早已从指缝中溜走。这半年的支教生活中有喜悦，也有辛酸，但更多的是欢声笑语，这段时光是我最值得回忆和珍惜的。在这半年的时光中，我学到很多，感受很多，领悟很多。

我最大的教学感悟是教师要懂得从学会"听"开始。通过实践教学我发现，教师学会倾听远比学会"滔滔不绝"更重要。课堂上的孩子都是独特的个体，每个孩子对每一堂课的接受程度都是不同的，因此教师需要倾听学生们的心声。悉心倾听每一个儿童的心声是教师与儿童培养相互倾听关系的第一个要件，也是课堂教学的良好开端。而在刚开始的课堂教学中，我并没有做到这一点。起初在课堂上，我习惯性地运用了传统型教学课堂模式，即"教师说，学生听"模式，而学生是怎么听的，我很少关注。面对学生时，我常有这样的感叹：你们怎么不会听讲呢？为什么不听其他同学的发言呢？有时甚至还会有"你是不是上课没有认真听？"这样的灵魂质问，而这样的问话往往得不到一个正向的反馈，看到的都是孩子们低下头沉默的身影。这样的场景不由得让我焦虑与反思。当换位思考之后我会问自己：当学生讲时我认真听了吗？学生说的我是不是都能抓住要点？答案是没有。在反思了这一点之后，我积极地去找我的同事与指导教师交流沟通，并且在听其他老师课的过程中注意观察这一点。我发现，在其他优秀老师的课堂上，她们会蹲下或者坐在孩子的旁边，降低自己的高度，在与学生平行的视野范围内，关注孩子们的动作和发言，而学生们也会在课堂上积极回应老师，用实际行动表达出他们"听懂了"。

通过学习我明白了，要想让学生学会倾听，教师首先要学会倾听。在课堂上"蹲下身听"并不意味着简简单单地做这样的动作，而是需要教师谦逊地俯下身去仔细观察学生的神态，细心听他们的回答，更要有敏锐的判断力，能从学生的细微动作中掌握学生对学习内容的兴趣、课堂学习的参与程度，以及对所学知识的理解程度等信息，要能及时根据学生的不同反应，不断地调整自己的教学活动，而不是沿着自己预设的路线毫无顾忌地走下去。因此，在后来的课堂教学中，每一次与学生互动时，我都尽量做到蹲下身或弯下腰来与他们平视，仔细聆听他们的回答，观察他们的神态，从而判断他们对于所讲知识的掌握程度以及感兴趣程度，从而以此为依据及时调整教学内容。在多次实践后，我发现，原来孩子们在讲到自己感兴趣或已经掌握了的知识时会很自信地仰起头与老师对视，声音洪亮甚至还有点洋洋自得地回答老师的问题或分享自己的学习感悟；相反如果他们对这个内容不感兴趣或者没有掌握这个知识点，他们会低下头，避免与老师的眼神接触，声音如喃喃自语般地回答，有时甚至不出声地低着头站在那儿。原来，在实践教学中，如果老师善于"倾听"，就会发现孩子们已经在课堂上用自己的语音、语调、神态和身体动作告诉我们，他们有没有在听讲，感不感兴趣，有没有听懂，而不注意"倾听"的老师很难发现这一点。

　　善于倾听的老师，不仅可以掌握学生的学习情况，调节课堂气氛，而且善于发现孩子的多样性，鼓励孩子们大胆发言，调动学生的学习积极性。因为善于倾听的老师，非常地尊重孩子，会给学生创造一个让他们感觉舒适的学习氛围，会降低自己的高度，以学生的身份和姿态在旁边来认真地观察和倾听，会让孩子们体会到老师在"倾听"他们的回答，并且听懂了。在我的实习实践中，我发现自从我学会"倾听"以后，在课堂教学中会更喜欢仔细地观察我的学生们，会发现他们的更多面以及"可爱"之处，会鼓励他们发现自己的多样性，发展自己的优点以及可能性。久而久之，课堂上发出声音的学生变多了，发出各样的声音也变多了，甚至自己发问的声音也变多了。

　　时光匆匆，顶岗支教实习生活已然结束，但它教会了我很多，其中最令我受益的是它教会了我作为一名教师最重要的是做到"学会倾听"。只有当教师们抛开自身对学生的学科成见，内心坚定地认为学生是处于发展中的人、学生是会不断地成长与变化的，教师要学会蹲下身来，仔细聆听孩子的心声才能真正走近学生，尊重学生，包容学生，只有这样，才能做到了解学生，悦纳学生。全身心地悦纳每一个学生，要求老师在学生们发言时不去区分学生们发言或理解的好还是不好，而是从学生的发言中了解学生的知识掌握程度，发现学生的兴趣与发展可能，发现学生的多样性。正如意大利教育家罗里斯·马拉多奇所写的一首诗中说：孩子是由一百种组成的，孩子有一百种语言，一百只手，一百个想法，一百种思考、游戏、说话的方式。而教师首先要做的就是学会倾听，发现这"一百种"孩子，避免将这一百种孩子发展成为"一种孩子"。学生是五彩斑斓的珍宝，教师只有以"每位学生的理解和心得都是无可替代的"的信念为前提进行教学，才会像采撷珍宝一样珍视每个学生的发言，才能创造丰富多样的快乐教学。

顶岗支教实习学校：西宁市城北区陶园小学

指导教师的悉心提点

贡 布

小时候，宋祖英的那首《长大后我就成了你》在我心中留下了痕迹。自此之后，我就立志长大后要成为一名教师，这个美好的愿望也时刻提醒我要珍惜时光，刻苦学习，砥砺品格，增长传道授业解惑本领，毕业后到祖国和人民最需要的地方去，努力成为党和人民满意的"四有"好老师，为培养德智体美劳全面发展的社会主义建设者和接班人贡献力量。在大三顶岗支教实习期间，我留下了很多美好的回忆，也让我更进一步地了解了教师这个职业。对师范生来说，顶岗支教实习是他们在大学期间将理论与实际结合起来，进一步提高综合素质的必修课程，同时也是为师范生未来教师职业生涯发展奠定基础的重要功课。

2019年9月5日，我来到了囊谦县第一民族中学开始顶岗支教实习生活。刚到学校，校长就带着我到处参观，一路上向我介绍了学校的基本情况，如学校的建校历史、学生的总体状况、学生的学习时间安排等，同时也对我之后顶岗支教实习的主要工作做了简要说明。在参观完学校之后，我跟指导教师进行了简单的交谈，之后我的顶岗支教实习就正式开始了。实践指导教师是囊谦县分配的第一实践教师。

在四个多月的顶岗支教实习时间里，我主要负责初一（7）班的英语课。实习的第一周，主要是听课，在听课的过程中，我体会很深刻，由于学生之间的知识储备不同，因此在听课的时候，除了向有经验的老师学习讲课的节奏和方法外，我还会注意班里学生上课的反应，并做好记录。在课后积极地思考我应该以怎样的形式上课才能达到良好效果，如何激发学生兴趣使知识点变得通俗易懂等问题。这种听课和我以往在学校的听课都不一样，以往只关注老师所讲的内容，现在更多关注老师的讲课方式，例如，如何控制课堂气氛，如何把握授课时间等。因此，在顶岗支教实习过程中，听课的重点是注意各个老师讲解过程中与自己思路不同的部分，并汲取教师的优点，形成自己的讲课风格。

到了第二周，我正式开始讲课。怀着忐忑的心情踏上讲台，虽然课前我在备课和教学设计上都准备得很充分，但在讲课的时候还是出现了"没有分清教学重难点"的问题。我每讲完一个知识点就会感觉自己没有讲清楚，然后继续讲解，这浪费了很多授课时间，导致一节课没有完成相应的教学任务。在我上课期间，指导老师会过来听课，在课后他会毫无保留地指出我在讲课中的不足之处，从讲课声音大小、语速、讲课方法、教学思路、课堂纪律、教态体态等各个方面切中要害地进行点评，并传授他的讲课经验。这让我体会到教学的确是一件十分细致的工作。记得有一次与指导教师交谈时，他这样说："我们老师往往担心学生会不懂，所以在课堂上不断地说。但是我们说的学生又能记住多少呢？所以我们还是应该放手让学生自己多学、多做。"指导教师的这些话既委婉地指出了我存在的不足，又一针见血地道出了上好一堂课的真谛，使我深受启发。指导教师的评价让我有了很大的进步，同时每讲完一节课我就会进行自我反思，慢慢地，我的讲课水平有了很大的提升。

在顶岗支教实习期间，我还积极组织学生们开展课外活动，因为只有劳逸结合才能保证德智体美劳全面发展。每周六，我会组织在校住宿的学生看电影，让他们的身心都得到放松，以更好的精神投入下一周的学习中。在九月份，我组织开展了"挤球蟹行"活动，十月份举办了"感恩一中，歌唱祖国"歌咏大赛，十一月份开展了"队列比赛"。在这些活动中，我任教的班级都取得了不错的成绩，通过开展这些活动，有效地陶冶了学生的身心，提高了同学们的班级荣誉感和集体观念，同时也为我和学生留下了一段难忘的回忆。

通过这次顶岗支教实习，我感受颇多。首先，我深感知识、学问浩如烟海，我不得不刻苦钻研。如果我们仅懂得书本上知识的话，那是远远不够的。有句话说得好："要给学生一碗水，自己就要有一桶水。"上好一堂课虽然不要求我们能够旁征博引，但学生有时也会提到一些书本上没有涉及的知识，这就要求我们的知识面一定要广。当然，探索是艰苦的，但是在这种富有成效的实践中，教师的内心深处充满了喜悦、欢乐和幸福。因为在学生成功的同时，教师自身渴望成就事业的精神需要也得到了满足。其次，我深刻地体会到要想成为一名优秀的教师，不仅要学识渊博，其他各方面如语言、表达方式、心理状态以及动作神态等也都是有讲究的。上完一节课后，我最大的感受是：当好一名老师真不容易啊！在以后的教育生涯中，我要更加努力地完善自己，争取做一名真正的优秀人民教师。

短短四个月的时间，让我清楚地懂得：教师的职责不仅仅是教书，更重要的是育人。教师的一言一行，使我想到了传统医学中的"望、闻、问、切"四诊法。于是，我总结出四点：细心"望"其表，耐心"闻"其声，真心"问"其想，准确"切"其脉。对学生需要"爱心"，一次真心实意的交谈，一句亲切入微的话语，一份暖意融融的爱护，学生就会产生对教师的亲近感与仰慕心理，将他们所信任与爱戴的教师作为模仿的榜样。要知道，每个孩子都有自尊心，老师客观公正的评价，有助于"后进生"的转化。教师应该在消极因素中寻找积极成分，在失败中点燃希望之火。总之，教育是一个互动的过程，教师只有认真投入教学，孩子才会积极配合。通过这次顶岗支教实习，我的教学实践能力得到明显提升。我第一次发现自己真的长大了，不是一名学生，而是一名教师；第一次发现自己的言行举止会在学生中产生巨大的影响。也许，随着岁月的流逝，我会淡忘他们的脸孔，但这种美好难忘的师生之情将永驻我心。在这段时光中，我付出了很多，但得到、学到的更多。除此之外，在顶岗支教实习过程中，指导教师一步一步引导我，帮助我，让我的教学水平得到提升，让我的实习质量得到了提高，也让我坚定了以后要当一名教师的决心。

顶岗支教实习学校：囊谦县第一民族中学

脚踏实地做好小学数学教学工作

伦 珠

我是来自民族师范学院数学系 2016 级数学 A 班的伦珠，我在囊谦县第三完全小学进行了近四个月的顶岗支教实习。光阴似箭，日月如梭。时间像一匹飞驰的骏马，从我的身边飞逝而去，我的顶岗支教实习工作就像是一颗闪耀着金色光芒的流星一样一闪而过，眨眼之间就结束了。回顾这几个月的实习经历，一切都还历历在目，仿佛就如昨天一般。

顶岗支教实习开始，我们一行人收拾好行囊从西宁出发去往囊谦县。在从西宁出发到囊谦县的路途中，随着海拔的不断升高，空气也逐渐变得稀薄，气候更是寒冷起来。大巴车上的老师及同学们都出现了不同程度的高反现象，这难免需要我们一行人花费些时间去适应环境的变化。好在沿途大家都团结一致，彼此关心、相互帮忙，我们很快就适应了这里的环境。经过两天的长途跋涉，我们终于来到顶岗支教实习的目的地。从那时起，我就清楚地认识到，自己不只是一名快要毕业的大学生，而应快速地转换角色，尽快以教师的身份来完成踏上工作岗位之前的实战训练。

囊谦县第三完全小学新建于 2013 年，是一所位于囊谦县香达镇的公办寄宿制学校。学校地处高原，平均海拔 3600 米，高寒、缺氧，生活环境比较艰苦。这虽是囊谦县教育硬件设施和师资力量比较完善的一所完全小学，可仍因地处偏僻而缺乏师资。因此，在我们到达囊谦县第三完全小学不久之后，学校教务处便为我们每个实习生安排了相应的教育教学工作。我的任务是负责三年级（2）班和三年级（5）班数学课程的教学，每周共有 11 节课。由于囊谦县第三完全小学的学生大都来自牧区，受牧区环境闭塞、家长文化水平较低等因素的影响，学生们的数学基础本身就比较薄弱，所以我带的这两个班级里学生的数学成绩普遍不高。但是每当上课时，台下的学生们都积极认真，看着一双双渴求知识的眼睛，我感到了一份沉甸甸的责任。

这一双双眼睛的关注，不仅让我意识到教师所肩负的责任，也让我感到了一丝紧张，我生怕自己做得不够好或是没能让他们有所收获。所以，我在第一次站在讲台上试讲时，大脑偶然之间会出现一片空白，心里也满是不知所措，甚至连声音都在颤抖。后来，经过有经验的老师们的帮忙和鼓励，我慢慢放开了一些，从心理上克服了紧张情绪，最终能够比较自信地站在讲台上授课。由此，我觉得教师必须首先敢于表达自己，不要担心出丑、丢面子，要时刻记得上了讲台以后自己作为一名教师的责任和义务，和学生们对知识的渴求，所以绝对不能胆怯，要镇定从容、大胆自信地去说去讲。在讲台上的每一次怯懦，其实都是源于内心的底气不足，而教师的底气与自信正是来自对其所教内容的牢固掌握。我时常在想，自己是真的胆怯还是知识掌握得不够牢固。因而，我认为对于那些自己拿不准的知识点，在备课时一定要端正态度，尽心做到细致细致再细致，不放过任何一个知识漏洞。只有先做好最基本的，我才能进一步锻炼自己的胆量，从而更好地完成自己在课堂中的教学任务。"学高为师，身正为范"，从我站在讲台上的那一刻起，我所讲的每一句话，做的每一个动作都可能对学生产生极大影响。因此，无论是知识点还是教态，我都需要努力完善以做到最佳。

这是我站在教师舞台上的第一次展示，我知道在未来的日子里我还会遇到很多可爱的学生，但见证我一步步从幼稚慢慢得以成长的却是他们。我们亦师亦友，相互学习与成长。每次课后，我都会去询问学生们的课堂感受和他们不理解的知识点，根据他们的反馈逐步改进我的教学。因而，他们带给我的不仅仅是教学上的提高与进步，更教会了我要珍惜每一次的教学实践机会，珍惜每一次的相遇。在之后一次次的教学实践、反馈以及和有经验的老师们的交流学习后，我的教学水平有了显著的提升。我逐渐能够自信地站在讲台上，有时我也会试着将一些新学到的教学方式带入自己的课堂教学。看着学生们慢慢地喜欢上我，喜欢上我的课堂，我的心中充满了激动与喜悦，干劲儿更是满满的。我也更加期待在日后的教学过程中和学生们的互动和交流，我们彼此鼓励共同进步，用爱的心灵温暖彼此。

教育心理学知识的学习表明，游戏在小学课堂中具有重要价值。面对枯燥的学习内容，适时的趣味小游戏更能吸引他们的注意力。于是，我在上课开始时设计了一个"开火车"抢答的游戏来帮他们复习已学的知识，并为新内容的学习做铺垫。在学习"口算乘法"这一节时，我会请同学们先分组进行乘法口诀的"接龙"比赛。待课堂氛围活跃后，再转入新课的学习。计算"50×3"时，我会问他们："你们会计算它们的结果吗？你们是怎样计算的？"有的学生会选择三个50相加的方式，有的学生会联想到"5×3"而得出结果。在比较两类学生的计算方式后，我会带领学生通过动手操作数学小棒，理解整十数乘一位数的算理。经过直观的实物操作，学生们不仅理解了所学内容，甚至还有学生产生了新的思考。我还记得，有一位学生在课堂上高高举起手，大声地问道："老师，整十数乘一位数是不是可以在积的末尾直接添零啊？"我没有直接回答他的问题，而是请他们自己在纸上列出算式进行检验。学生们带着疑问兴致勃勃地摆弄起小棒来，迫不及待地验证自己的猜想。回头看来，从初上课时我的窘迫再到如今从容应对学生的问题，一步一步都是成长。并且，在这个"教"与"学"的过程中，我们教学相长、共同成长，彼此都在不断收获。

　　苏联教育家苏霍姆林斯基说过："教育技巧的全部奥秘也就是如何爱护儿童。"作为一名顶岗支教实习的教师，我也同样要用爱的心灵、爱的行为去感动学生，去帮助和启迪学生。这种高尚纯洁的热爱正是教师与学生心灵之间的一条通道，是开启学生心智的钥匙，是用以点燃照亮学生心灵的火焰。教师一次关切的目光，一句温暖的话语，一次耐心的辅导，会将师爱的滋养汇入学生的心田。在顶岗支教实习期间我见证了许多鲜活的例子，例如，在教师的期待与鼓励的话语中逐步在课堂上积极发言的学生；耐心指导学生作业后学生对教师的声声感谢……正是教师用尊重、信任、关心、理解、宽容、期待，让学生们能够在温馨与幸福的道路上成长。而我，也将像他们一样用心开展我的教学工作，爱我的学生们、爱我的工作，努力成为有理想信念、有道德情操、有扎实学识、有仁爱之心的"四有"好老师。

顶岗支教实习学校：囊谦县第三完全小学

穿越青藏高原的地理课

张佳琪

习近平总书记在致西藏民族大学建校60周年的贺信中提出，紧紧围绕培养什么样的人、怎么培养人、为谁培养人这一根本问题，培育和弘扬社会主义核心价值观，提高教育教学水平，贯彻党的民族政策和宗教政策，加强民族团结进步教育，传承中华优秀传统文化，自觉维护民族团结，全面推进学校各项工作，努力培养德智体美劳全面发展的社会主义建设者和接班人，为推动西藏经济社会发展，为实现"两个一百年"奋斗目标、实现中华民族伟大复兴的中国梦作出新的更大贡献。①

支教的我如同一根火柴，偶然在石山乡中心学校这片土地上留下了一点点光和热，这对我来说便是顶岗支教实习的全部意义，用我短暂的实习，在这片土地上挥洒下自己努力奋斗燃烧的青春。

大通县石山乡中心学校是一所九年一贯制学校，有专任教师47人，322名初中生和349名小学生。我担任七年级地理老师，同时负责一、二年级品德和四年级美术学科的教学工作。这是我第一次走上讲台为学生们讲解地理知识，看到教室里学生的眼神都聚集在我身上，我不禁感到有些紧张，但我仍然努力保持镇定，尽可能大声地与学生们打招呼，把我要讲的内容有条不紊地讲了下来。

我一直认为，地理是一门浪漫的学科。那些天气、气候不是黑纸白字的知识，山峦的绵延壮丽无法用水墨画完全表达，大自然具有很多奇迹，而地理则是打开这个奇迹之门的钥匙。而我们脚下的这片土地，是中国最大、世界海拔最高、被称作"世界屋脊""第三极"的青藏高原，这样一个雄伟壮观、举世无双的高原也是地球上最年轻的高原，它的存在对我国甚至是全球生态都有着重大意义。正如习近平总书记在第二次青藏高原综合考察研究（简称"第二次

---

① 习近平致西藏民族大学建校60周年的贺信［EB/OL］.中国政府网，2018-10-15.

青藏科考")正式启动的祝贺信中所提道的:"青藏高原是世界屋脊、亚洲水塔,是地球第三极,是我国重要的生态安全屏障、战略资源储备基地,是中华民族特色文化的重要保护地。"① 那是大自然鬼斧神工的杰作,也是高原地区孩子们地理学习的"活教材"。

青藏高原地理环境的特殊性使其在全球生态环境保护、国家生态文明建设、地理科学研究以及地理学科体系中占有举足轻重的地位。不论是从学科知识传授方面还是从培育高原地区孩子对家乡、对祖国的热爱之情、自豪之感,抑或是从弘扬守护好世界上最后一方净土的生态文明理念来看,青藏高原的地理知识是作为一名青藏高原地理人必须上的一课,而我有幸能有此机会。

我与学生的高原之旅

借着由青海师范大学牵头负责"第二次青藏科考""人类活动与生存安全环境"任务,"生物地球化学循环与环境健康"专题团队赴青藏高原及其周边地区开展科学考察活动的契机,我正式开启了带着同学们领略平均海拔4000米以上、冰川广布、河流如织、沼泽湿地众多、生物多样性丰富的青藏高原之旅,沿着"生物地球化学循环与环境健康"团队的西宁—玉树—昆明足迹一路进发。我告诉同学们,"闭上眼睛想象着我们现在拥有超能力,可以去任何想去的地方,看看我们这'世界最后一片净土'的雄伟壮阔"。第一站,我们来到西宁上空,海拔2200米,你看到了什么?感受到了什么?你会看到四面环山、三川会聚,呈东西向条带状的地形,地势自北向南倾斜,西北高、东南低,中间湟水河穿城而过。河谷两岸,受河流向下侵蚀造成地表岩石较为松软的地方凹陷下去所形成的西宁、大通、湟源等河谷盆地,河谷地势平缓,水热条件好,所以是城镇和工农业发展的重要地区。接着我们向南进发,前往青海省最南部的玉树藏族自治州,途经了中国内陆最大的咸水湖——青海湖,海拔3196米,而要到达玉树藏族自治州要先穿过海南藏族自治州和果洛藏族自治州,两州之间有着一片面积非常大的平原地带,映入眼帘的是一望无际的大牧场,浩浩荡荡的牛羊安逸地在里面或吃草,或卧坐,享受着静谧的时光,时不时地有几只小羊从公路上穿过,放牧人不紧不慢地跟在后面。再向南进发,同学们裹好你的大

---

① 习近平致信祝贺第二次青藏高原综合科学考察研究启动[EB/OL]. 中国政府网,2017-08-19.

棉袄，穿好你的大棉鞋，前面的温度不是那么友好，我们进入了高寒地带，海拔4000米左右，雪山仿佛近在眼前，或许此刻的你感觉呼吸轻微有些不顺畅或者皮肤有些刺痛，因为海拔越高意味着空气越稀薄，而辐射会越来越强烈，地面上铺着稀稀松松的小草，但受低气温的影响，冰川冻土发育，寒冻风化和融冻作用十分普遍，湖泊众多，除少数淡水湖之外，大部分是咸水湖和盐湖，阳光照耀下就像一面巨大的反光镜，而在这种高寒环境下能够生存的动物绝不是等闲之辈，我们把它们叫作耐高寒物种，或许你会在草丛中看到泛着红光的小鸟朱鹮，它们是中国的特有物种，只在高海拔地区出没；或许你能看到张开翅膀在空中肆意遨游，尽显空中霸主风范的老鹰；运气极佳时你会看见被人们熟知的"大方脸"——赤狐。此地不再逗留，我们去看看前面的风景。在大平原的尽头就是一排排巍巍雪山、皑皑帷幔，雄浑、壮阔、旷达，海拔5000米的巴颜喀拉山到了。此地，你的"缺氧感"会十分明显，也就是俗称的"高反"。高耸的巴颜喀拉山是长江与黄河的分水岭，全长780米，在海拔5000米以上的山峰上终年积雪不化，在这几乎看不到什么生命的迹象。海拔仍在不断攀升，而我们离玉树越来越近，雪山逐渐被抛在身后，绿色开始逐渐出现，不过迎接我们的不是开阔平原，而是陡峭的岩壁，玉树到了。我想同学们首先想到的是2010年发生的7.1级的大地震，摧毁了这里90%的建筑，2000多人遇难。为什么会发生这样的天灾呢，和它的地形环境息息相关。玉树处于青藏高原块体的中部，位于喜马拉雅地震带上，在历史上也曾发生了多次地震，主要是由太平洋板块冲撞并挤压玉树所在的欧亚板块，地面隆起所造成的。天灾没有压垮高原人民的精神脊梁，在中华民族强大的凝聚力与向心力的支撑下，在玉树人民的顽强斗争下，铸就了大爱同心、坚韧不拔、挑战极限、感恩奋进的玉树抗震救灾精神，屹立起雪域高原上的精神标杆。玉树不仅有伟大的精神，还有闻名全国的三江源自然保护区。三江源是世界上海拔最高、面积最大的地区，是长江、黄河、澜沧江的发源地，有"中华水塔"之称，拥有众多的湖泊、沼泽、雪山，而大大小小的河流加起来接近200条，大大小小的湖泊有1800余个，多么令人震撼的数字！值得注意的是，三江源不仅水资源蕴含量很大，地下水资源也十分丰富，仅在玉树州地下的水储量就达到了115亿立方米，以每人平均用水0.05立方米，约为50升计算，大约能养活2000亿人。除此之外，三江源还有着丰富的动植物资源。三江源是世界高海拔地区生物多样性特点最显著的地区，被誉为高寒生物自然种质资源库。三江源地区有太多太多的美景要看，有太多太多的故事要讲，而它只是我们所处青藏高原地区的一部分，青藏高原的传奇与故事不是仅用一节课的时间可以道尽的，老师带你们的高原之旅就且暂停到三江源吧，更多的景色、更多的故事、更多的知识需要你们自己去探索，三江源到昆明的高原之旅老师希望能由你们带我来领略，更加希望同学们可以另辟一条高原之旅的路线。

地理教学与生态文明教育

  地理这门学科承载着独特的育人价值。随着地理学科及其课程标准的不断发展完善，地理教材中蕴含的生态文明教育内容变得更为丰富。作为教师，我应该深入挖掘教材中的隐性生态文明教育内容，与显性的教材内容相衔接，将新时代生态文明理念与爱国主义精神融入自己的地理课堂之中，而不是只关注课本上的知识点，应该将这些书本上的静态知识与时代的特殊性相结合，让地理这门学科发挥出更大的育人功能。正如《义务教育地理课程标准（2011年版）》中提出，要求学生关心家乡的环境与发展，形成环境保护意识，养成关心和爱护地理环境的行为习惯，懂得保护生态环境的重要性；同时还规定学生学习要从实际出发，要求具体的学习内容要从所选区域出发。人地协调观是地理这门学科最重要的核心素养之一，培养人地协调观有助于培养学生的生态文明素养和爱国主义精神。通过科考项目的事例，借助权威机构调查的数据或图表，让学生知道自己所处地区的生活环境以及所面临的生态问题，增强学生的生态文明意识和社会责任感、使命感。

  这一学期的地理教学，我不仅教会了孩子们许多地理知识，自己也从中收获了许多。教书教的不仅是书，教的更是信仰、希望与价值。只有真正做到育人育才，我的教学才是真正有效的。在课堂上，我带学生畅游世界，学生带我认识自己。很感激自己有这么一段顶岗支教的经历。正如开头所说，支教的我如同一根火柴，偶尔在这片土地上亮了一下，但意义巨大。作为一名教师的幸福，来自天真的孩子们，也来自平凡工作的每一滴感动。或许我并没有留下些什么，但是却带走了值得珍藏一生的回忆。

顶岗支教实习学校：大通县石山乡中心学校

小学科学教学实践

吕尊涵

在这近四个月的实习过程中,我受益良多,不仅锻炼了自己的实践教学能力,培养了吃苦耐劳的精神,还学习到如何与学生建立良好的师生关系。用一句话总结我这段时间的实习经历,那就是,在实践中成长,在教学中践行,在奋斗中进步。

在备课上,我通常会在课前仔细研读教材,阅读相关参考书目来查找备课资料,做到"备好课""备足课"。在备课的过程中,如果遇到一些困难我会请教自己的指导老师,积极面对和解决遇到的问题。备完课后,我总是在宿舍或办公室对着镜子先练几遍,或者用手机录像记录下来,发现自己存在的问题,从而在备课这一环节及时地进行调整。与此同时,我会把撰写好的教案让指导老师过目,对于指导老师针对教案中提出的一些关键性问题进行思考。之后,根据指导老师提出的一些建议和改进方法进行总结学习,将教案加以完善整理。

在课堂教学方面,我的不足几乎也是每个新教师的"通病",即太过于关注教案而忽视了学生。由于我把教案准备得太事无巨细,没有留足教学发挥的弹性空间,导致在上课的过程中我极其依赖教案,忽视了学生的主观能动性,没有做到以人为本,以学生为本。我在讲三年级下册科学"比较相同距离内物体运动的快慢"这一节课时,讲到相同距离内物体运动快慢比较方法和原理的时候,我直接否定了学生们给的答案"s速度",坚持自己的教案上的"时间",而不是引导学生进行思考,从而得出正确的答案。指导老师告诉我,课堂教学要以学生为主,教师是引导的角色,在课堂上提问让学生思考的时候,要首先肯定学生发言的勇气,再逐步带领和引导学生掌握正确的知识点。因为人与人之间的思维是不一样的,如果教师在一开始就否定学生的答案,学生会对此产生挫败感,觉得自己说什么错什么,最终丧失学习的积极性和主动性。

在教学实践中,我感到非常困惑的一点,就是如果新教师要备详案,则会被教案牵着鼻子走,然而新教师备略案的话,则不能很好地驾驭整个课堂。究其根本原因，还是新教师缺乏经验丰富教师具有的课堂教学经验以及其中锻炼出来的课堂应变能力，无法做到像有经验的老师一样游刃有余地进行课堂教学。

在课堂教学过程中，我还有另一个明显的不足，就是评价语的不恰当使用。教师应该以积极的眼光来看待每一位学生，尊重学生，理解学生，多多鼓励学生，因为学生是发展中的人，每一位学生都具有无限的发展潜力，好的课堂评价语能很好地激励学生，安慰学生，甚至能够使学生重拾对于学习的自信。教师对回答问题的学生都应该给予适当评价，无论是答对还是答错；对表现好的学生应该及时鼓励表扬；对回答错误的学生应适当肯定对的一面，再指出其中的错误，并耐心引导学生掌握正确的知识点。而且在指出学生错误的过程中，应该尽量避免"错误""不是""不对"等这一类具有绝对性意义的评价话语，换成"你再想想""还有没有更好的答案呢""换一种方式讲讲会不会更好呢"等这一类引导性的话语。教师在课堂中不能以权威自居，要通过讨论、协商的方式与学生共同探讨问题答案。

我在教小学三年级科学的时候，遇到过这样的情况，题目要求通过举例子来说明蚕的身体结构和哪些小动物相似，如蚕的身体和毛毛虫相似，有一位同学就急着举手，说了一句："蚕的身体好像火车的车厢！"我当时就说："我们说的是和小动物做比较，你这种答案和老师的题目要求是不相符合的。"事后，指导老师告诉我，把评价语换成"你的形容用得非常好，写出了蚕的身体是一节一节的，但我们这道题要将蚕的身体结构和小动物相比较，看看它和哪种小动物在身体结构上有一个或几个相似的方面呢？你再试试？"会更好，既肯定了同学的优点，又讲出了他的不足，一举两得，又不会打击同学们的自信心和积极性。我觉得小小的评价语，其实包含了很多学问在里面，评价语的恰当使用跟学生的快乐成长有密切的联系，所以教师一定要使用好评价语。

在批改作业上，我学到的最重要的一点就是做好作业层次的分类。教师每天要改很多作业，不能改完了就发下去，这样等于白改。把做得好的和做得有待提高的作业分出来，每天表扬做得好的和有进步的，这样学生会觉得老师很重视学生的作业，也给全班同学树立了学习榜样。对做得有待提高的同学要及时给予引导和鼓励，好让他们下次改正。

还有最重要的一点就是改作业的时候不能掉以轻心，一定要认真仔细，尽量不要改错，如果一个教师老是在作业修改中出现错误，会影响教师在学生心目中的地位，失去教师威信。教师是学生在学校的引导者和引路人，如果一个教师频频出错，那么叫学生如何相信教师呢？所以修改作业一定要认真。教师是一个在潜移默化中感染学生的职业，"师者，所以传道授业解惑也"。这就说

150

明教师不仅仅是教授知识的行业，更是一个传授学生做人做事的道理，培养学生身心健康发展的职业。

课后及时总结对我来说非常重要，实习教师必须在上完每一节课之后，对课堂的教学进度与教学效果进行总结反思，从课堂的实践经历中汲取教学经验，从而进一步提升自己的教育教学方法和技巧。每次上完课后我都要认真听取指导老师的意见，及时修改教案，把上课过程中出现的问题摘录下来，反复思量，反复斟酌，然后对自己的教案进行调整与修改，在下次上课的时候着重注意那些自己容易犯错或者做得不好的方面，同时将本身做得较好的方面争取做得更好，及时验收自己的教学成果，提升自己的教学水平与教育能力。只有在这样一次又一次的不断打磨中，教学经验才能积累下来，真正发挥作用，为接下来每一次的课堂教学做好铺垫，打好基础。

最后一部分是关于班主任工作的总结，除了上课以外，班主任还需要处理好师生关系，调解学生之间的矛盾。一个好的班主任能使他的班级成为一个具有凝聚力的班集体。相比于科任老师来说，班主任的工作多，比较杂乱，需要关注到班级里的每一个学生的学习与发展情况。

在实习期间，我主要是协助班主任管理九年级各班级。早晨，我早早地来到教室监督同学们的早读。在同学们遇到难读难认的字词时及时给予帮助，同时，我会及时表扬早读认真的同学和提醒早读走神的同学。中午的时候，我要把全班同学带到食堂就餐，在此期间，我要监督他们排队，保证学生们整齐有序地下楼。在午餐期间，我还要到处去巡视，管理学生们的就餐纪律。放学后，我要把全班同学带到校门口，这时又要整队和管理纪律，小学生的自律性较差，叛逆心理也比较严重，所以班主任一时一刻都不能懈怠，只有付出辛勤的努力，才能收获成果。另外我还组织各种各样的班队课，其中包括"如何养成良好学习习惯""食品安全与健康""1+1>2——团结协作的重要性"等等。形式多样，学生表现积极，师生配合默契，班级气氛很活跃。

这个学期的顶岗支教实习是有史以来最特殊的一次实习，也是面临工作以及各方面压力最多的一次实习。由于五月份的疫情，我们只能在学校上网课，这使我接触到了一种不一样的教学模式，也使我感受到网上授课的困难，其中包括观察不到学生的动态，不知道学生是否在认真听讲，也不知道学生因为什么不来上课，学生上课积极性明显偏低等各种方面的问题。经过与在校老师的沟通，发现不仅仅是我们在上网课期间存在这种问题，学校的在校老师的网课教学过程中同样存在类似问题。针对网上授课所出现的问题，我们也会及时地召开教研会议，对这些问题进行归纳总结，并找到相对应的解决措施予以实施。

很忙碌，也很充实，顶岗支教实习带给我许多不一样的体会，在这里，我第一次体验真实的教学课堂，第一次接触班主任工作，第一次学着网上授课。其中，我不断反思，反思自己对学生是不是评价得当，反思自己在批改作业的时候有没有认真仔细，在反思中不断成长，又将自己的反思在教学过程中付诸实践，不断改进自己的教学方式，不断朝着我心目中向学生们传道授业解惑的好老师奋斗前行。

顶岗支教实习学校：大通县逊让乡中心学校

小学老师在幼儿园的奇妙旅程

王仁贤

教学的艺术不在于传授本领,而在于激励、唤醒和鼓舞。①

——阿道尔夫·第斯多惠②

时光如古木参天,摇曳着无数片树叶,春夏秋冬的更迭,变的是面孔,不变的是一份坚守。坚守的是一棵棵小苗的成长,更是那不忘初心的梦想。

顶岗支教实习是青海师范大学每个师范生必须拥有的一段经历,它使我们在实践中了解课程与教学,让我们在实际中体会理论、运用理论,同时它打开了我们的视野,增长了我们的见识,使我学会如何将所学的知识具体应用到实践中去。时间飞快流逝,我们一学期的顶岗支教实习活动已画上了圆满的句号,回顾这段时间的经历,收获的不仅是岁月,还有我的进步与成长。那些与孩子们在一起度过的美好时光也早已深深地刻在我的脑海中,成为我最难忘、最绚丽多彩的回忆。

尤其是在顶岗支教实习中,我被分配到幼儿园,但我本身的专业是小学全科,在陌生的环境中承担与自己专业完全不相关的教学工作,这让我感到十分紧张与担忧。好在我的指导老师给了我帮助与鼓励,让我在这次实习路上没有掉链子,成功完成顶岗支教的实习工作。

幼儿园教学与家校沟通

本次实习我被分到了天峻县民族幼儿园,全园共有五百多人,其中小班有

---

① 徐晓林,蔡学武. 中外教育名人名言 [M]. 北京:企业管理出版社,2019:143.
② 第斯多惠(1790—1866)是 19 世纪德国著名的民主主义教育家。生于法官家庭,获哲学博士学位,1835 年出版了他的教育代表作《德国教师教育指南》。

三个班，中班有四个班，大班有六个班，教职工差不多有六十人，幼儿有四百多人，人数较多。2022年3月15日是我第一天进入幼儿园，我在幼儿园门口和我的指导老师一起完成晨检工作，随后就进入中（2）班这个大家庭中。我们班总共有三十五名幼儿，其中大部分幼儿为藏族。我的指导老师带我熟悉了幼儿每日生活安排和我的教学安排。

幼儿园的教学与小学的教学有十分大的差距，小学生上课一般是在教室中，教师传授知识，学生们则坐在讲台下听教师传授知识。但在幼儿园则完全不同，因为幼儿的身心还没有发育完善，所以他们经常以游戏为载体进行学习。并且幼儿园的课程并不是以数学、语文、英语这样划分科目的，他们是以五大领域来划分的，而我就被安排负责健康、语言、社会、科学、艺术五门课程。指导老师知道我并不是这个专业出身的，所以对我悉心教导，一步步告诉我应该如何备课、如何上课、如何和孩子们相处、如何处理一些问题以及如何融入孩子们与他们更好地交流等。通过在天峻县民族幼儿园为期三个多月的学习与实践，我受益匪浅。我对幼儿园的教学工作和日常管理工作有了全新的认识，并且在其中学习到了很多新的理念和技能。

尤其是在家校沟通这一方面。因为在学校接受教育的过程中主要接受的还是一些基本的教育理论或者是教育方法，很少会涉及家校合作、家校沟通这一方面的内容，所以我对这方面的知识、技巧也是知之甚少。但是到幼儿园实习之后，我发现家校沟通也是教师工作内容很重要的一部分，记得在六一儿童节那天，园里举办六一儿童节的活动，需要家长配合来给孩子们带一些食物。有一位家长带来了好大一袋子蚕豆，但是这些蚕豆比较硬，而且分给孩子们吃的话可能会出现呛到、噎到的情况，所以是不适合分发给幼儿的。我的指导老师就告诉这位家长这个情况，没想到家长却不理解，任指导老师怎么解释也不听，最后园长出面来向他详细讲述了因为蚕豆孩子们可能会出现的一些意外状况，解释老师的做法只是为了防止这些意外的发生，并没有别的意思，这个家长才罢休。

这位家长走了之后，我的指导老师一直在默默地擦眼泪，我看了都觉得委屈，我在一旁为她打抱不平，说这个宝宝的家长怎么能这样不讲道理。没想到指导老师听了我说的话不仅没觉得欣慰，还教育我说：":家长和孩子是两个独立的个体，我们不能因为家长的不当行为迁怒于孩子。"这句话我到现在都记得很清楚，我真切地从这句话中感受到了作为一名教师对待学生应有的态度：平等地对待每一位学生。我觉得我对这句话的认知更加深入了，不只是把它读出来记在脑子里，而是记在心里，体现在行动上。

指导老师给我的帮助体现在方方面面，诸如此类的行为有很多。所以我感觉到这个幼儿园从教育理念到师资条件再到园所文化建设都非常先进，同时初入幼儿园的教师介绍和培训等活动也使我深刻明白学前教育是如此重要。学前教育是人生教育之始，幼儿教师承担着幼儿第一位灵魂导师的重任，因此优质的学前教育需要一批拥有高度教育热忱和强烈专业认同的幼儿教师团队，发挥其引路人的重要角色和功能。

在天峻县民族幼儿园的三个多月，我踏进的是一个五彩斑斓的童话乐园。这里的每一个孩子都有着明亮的眼睛，他们天真烂漫地笑着，奔跑着，好像风中飘散的花儿，他们的身上散发着阳光、稚嫩。每个孩子都有自己的内心世界，他们好比一把把锁，老师就是开启那把锁的主人，需要真正走进孩子的世界，去发现他们、改变他们、教育他们。

如何上好一节课，是整个实习过程的重点。我们最初的任务就是听课，我听了多位教师的课，在这一过程中我认真学习其他教师的讲课方法。初步了解了教师们的教学方式，大致掌握了大、中、小班不同年龄阶段学生的特点，也会在课后反思如果这节课由自己来上，又会如何进行教学，有哪些亮点和不足。在听课中我印象最深刻的是我参加了一次大班组的"一课三研"活动，上的是一节语言课《乌鸦喝水》。我在听课过程中发现，大班的孩子们经过小班和中班的学习，已经养成了良好的行为规范。教师们说大班的孩子面临着幼小衔接，因此对于大班孩子的上课方法也会有所改变，更多的是在培养良好的学习习惯，引导孩子们主动地融入学习知识的课堂以及培养孩子们遵守课堂的纪律意识。同时教师们也告诉我，幼儿园重点培养学生健康、语言、社会、科学、艺术等五个领域，各个领域相互渗透，从不同角度促进幼儿情感态度、知识和技能等的发展。

当第一次站上讲台，带给我最初、最大的感受就是看着他们那一双双求知的眼睛，我明白了教师不仅仅是一个岗位，更是孩子们求知的窗口。在教学过程中，我通过对幼儿园教师日常教学的观察，发现自己在与幼儿的沟通、引导以及知识传授等方面存在着很大的不足。幼儿园大多数幼儿为藏族，因此在与幼儿日常的沟通交流中还是存在很大的语言障碍，同时我也发现有时因为我的知识面太狭窄无法回答幼儿因好奇而提出的各种问题，也让我对自己现有的知识面有了一个新的认识，认识到自己所学的知识在实际应用中还远远无法满足需要。在指导老师的耐心教导下，我逐步地完善自己，"思考、实践、反思、总结"是我每天学习的重要组成部分。我虚心求教，认真钻研，深入思考，通过学习和总结，我的水平有了很大的提高，开始对幼儿的心理活动特征有了初步的了解，对教学的各个环节和活动的组织都有了一定的认识，同时对幼儿园的各种常规活动和工作也有了一个较全面的认识，懂得幼儿教师在工作中也需要体现出更多的爱心、耐心、敬业精神以及不断创新进取的学习精神，也需要教师有更多的探索精神。

通过这一段时间的教学，我也发现幼儿园教育和小学教育有很大的不同。我带的班级是中（1）班，由于中班幼儿还无法长时间集中注意力，所以幼儿园中班的教学时间为20—25分钟，上课和日常主要是以活动和游戏的方式进行。例如，每天让孩子搭建积木，进行绘本阅读、户外游戏等。对幼儿园的孩子们来说，游戏无疑是他们最喜欢的，因此，在幼儿园里活动课是最多的。游戏在学龄儿童中起着重要的作用，对儿童的身心发展也有重要影响，而且游戏对于幼儿体能、动作技能、语言、认知及社会性的发展具有重要作用，因此幼儿园中最主要的就是在游戏中教会他们最基础的知识，比如儿歌、简单的舞蹈等。但是在我们班中因为藏族孩子较多，上课时有时会出现幼儿听不懂教师指令、课堂气氛沉闷等问题，但是进行儿歌、舞蹈教学时每一位幼儿都能积极融入其中，具有愉悦的体验。在课后，针对以上问题我也会及时地进行教学反思，并与经验丰富的教师进行交流与沟通来制定相关的解决措施并予以实施，从而确保每一名幼儿都能积极地投入课堂学习中。

保育工作实习

实际上在保育工作方面我遇到了很大的困难，因为之前学习的专业是小学教育全科，所以我对幼儿园的保育工作内容知之甚少。我实在没有想到幼儿园教师的保育工作能这么琐碎、困难。因为中班幼儿的生活自理能力还不是那么强，所以在他们吃饭的时候需要有老师在一旁照看，害怕他们会因为打闹或者其他原因而呛到；在他们午休的时候也需要有人照看，以免出现幼儿窒息、从床上摔下来等情况。但这些并不是最困难的，对我来说，最难以克服的是帮助他们上厕所，因为我本身有一点小洁癖，而这些孩子有的时候需要老师来帮助他们脱裤子或者擦屁股。在刚开始接触这些工作的时候我真的要崩溃了，我从来没有想过老师要负责这些工作，我甚至有了打退堂鼓的念头。但是当这些可爱的孩子冲着我笑的时候，我又打消了这些念头，觉得我做的这一切都是值得的。在进行琐碎的保育工作时，我开始积极和保育员老师配合，体现着"教中有保，保中有教"。在户外活动时，孩子热了，会给孩子增减衣物；回到教室里，督促孩子去洗手；喝水的时候，提醒孩子不要说话，培养孩子安静喝水的好习惯；吃饭时，观察每一位孩子的进餐情况，提醒幼儿吃饭时安静，不挑食，细嚼慢咽；午睡时，做好巡视工作，为孩子盖好被子。

每个孩子都是一个独立的个体，有自己独特的气质与个性，幼儿的心灵是纯洁无瑕的，当他们接受了你，就会真心地喜欢你、信任你。孩子的爱是最真实、最纯真的。当我看着孩子们一张张天真烂漫的笑脸时，听着孩子们说"老师我爱你，老师我最喜欢你了"等话语时，和孩子们一起做操时，孩子们画画送给我时，看着孩子们得到奖状快乐的样子时，我也会觉得孩子们很可爱，我的内心也充满着幸福感，并对教师这个职业产生着极大的热情，我也会愿意弯下腰走进孩子的心灵，倾听孩子内心的声音，去了解孩子、关心孩子。

经过这短短几个月的顶岗支教实习之后，我对幼儿教师这份工作有了新的看法，对幼儿教师的职业特点和所担负的责任有了进一步的理解，也对自己现在的学习目标和将来的就业目标有了更深的认识。有辛苦的付出，就有幸福的收获，我感受到了顶岗支教活动赋予我们生命的精彩，在这过程中我学到了很多，其中的酸甜苦辣值得我今后不断去咀嚼、回味。人生是一片广阔深邃的海洋，时光留下了一朵朵折射生命意义的浪花。我将继续学习，静心沉淀，我相信，只要在每一个阶段的坚守中成长，一定能够遇见更好的自己。

顶岗支教实习学校：天峻县民族幼儿园

在观摩学习中成长

万德措

> 求知可以改进人的天性，而实验又可以改进知识本身。人的天性犹如野生的花草，求知学习好比修剪移栽，实习尝试则可检验修正知识本身的真伪。①
>
> ——弗朗西斯·培根②

2022年3月14日，我开启了人生中的第一次实习。我怀着兴奋、忐忑的心情走进了湟中区群加乡群加中心学校，这所学校位于西宁市湟中区群加乡唐阳村。这是一所九年一贯制学校，全校189个学生，90%以上都是藏族。走进校园，当听到那些学生对我说"老师好！"我意识到自己踏入了真正的校园，我也意识到，此时此刻，我的身份由学生转变成了教师，身上肩负着作为教师的责任。实习期间，我和老师、同学们朝夕相处，我收获良多，感触也很多。从刚开始的批改作业与听课到现在的站上讲台给学生上课，这个过程说出来很容易，实施起来却很难，从坐在台下听课到站在讲台上讲课这个过程是每个师范生的必经之路。

刚到实习学校，学校就给我们安排了各自负责的班级和教学任务。这是我本次实习的主要任务，因此我以认真的态度来对待教学和班主任工作的学习。由于此前在大学主要是以学习理论知识为主，但是有时候理论与现实总是脱节的，所以实习的机会让我们真正体验到给学生上课的感觉，让我们能在实践中检验理论知识的正确与否，在实践中改进教学方式，积累教学经验，为后期的学习提供改进和发展的方向。

---

① 梁适. 中外名言分类大辞典［M］. 上海：复旦大学出版社，1997：142.
② 弗朗西斯·培根（1561年1月22日—1626年4月9日），英国文艺复兴时期散文家、哲学家。英国唯物主义哲学家，实验科学的创始人，是近代归纳法的创始人，又是给科学研究程序进行逻辑组织化的先驱。主要著作有《新工具》《论科学的增进》以及《学术的伟大复兴》等。

本次实习，我所带的主课班级是三年级（1）班，全班总共有21人，我是他们的英语实习老师，整个班级的英语水平比较弱，大部分学生的学习动机和目标都不太明确，学习的积极性和主观能动性比较低，自控能力也不是很强，但是这些现象是学生在该阶段一些常见的学习心理，需要教师经常性的鼓励和引导。

为了能更好地完成这项任务，我也进行了各种准备。首先，加强对本班学生学情的了解，如学生的知识储备状况、接受知识的能力状况、学生的性格状况、上课状态等，都必须进行非常细致的掌握，这是上好一节课的基础。因此，在来到实习学校的第一周，我都会积极地跟班主任和任课教师沟通，去听教师们的课。在听课的过程中，我收获了很多，从教态、板书、教法、学法、到课堂气氛的调动，都使我受益匪浅。

尤其是在此次实习过程中，我们根据学校的安排去观摩了湟中区加汝尔小学的同课异构教研活动。"同课异构"顾名思义，是指同一课程同一教学内容由于教师的教学风格、习惯、授课环境条件等的不同所导致的课堂进程、结构、师生活动空间、授课方式及其效果等方面存在差异的课堂模式。同课异构生动地诠释了什么叫作"教无定法"，同样的课程内容有了不同的呈现，给我这个新手教师很大的启发，让我知道可以从不同的角度入手对知识点进行讲解，也可以在日渐丰富的教学实践当中总结自己的教学经验，形成自己的教学特点。

在为期两天的教研活动中，我有幸听了四位教师的同课异构教学活动的展示。从这些课中，我学会了许多的教育教学方法，特别是对小学语文高、中、低年段教学理念有了一定的认识，在语文组教研听课活动中，能够领略到别的教师课堂上的精彩教学，对自身的教学起到了取长补短的作用。也使我明白了什么样的课能称作优质高效课堂，那就是充分利用了课堂教学中的每一分钟，把课堂教学分别从自主学习、合作探究、精心点拨、有效训练四个基本环节进行精心的设计。切实实现学生学习方式转变，明确学生是学习的主人、发展的主体，是教学之本。

在听了四位教师精彩的课程之后，我受益颇多，虽然我的顶岗支教实习科目是英语，而这四位老师演绎的是语文的课堂，但对课堂节奏的掌握、对知识点的导入和讲解、对板书的艺术化处理、对学生积极性的调动等内容都具有共性，不受科目的限制。听完课后，我深知好记性不如烂笔头，在课程结束的第一时间，就把我感兴趣的内容和对我的教学有帮助的内容统统记录下来，并将它们进行整合，运用在我的课程当中。

在整个学习运用教学方法的过程中，有一件让我印象非常深刻的事。在刚开始我上英语课的时候，我觉得标准的发音十分重要，所以在上课时我会不停地纠正孩子们的发音。到了后来，我发现孩子们越来越不喜欢开口和我交流了，我很苦恼，不知道是哪里出了差错。在一个课后，我无意识地翻到了之前听课的笔记，一位李老师的课堂有很多小组讨论或是学生发言的环节，我一下豁然开朗，我是不是过于注重一些细节而打击到了孩子们的积极性了呢？我开始改进此后的课堂，多了一些属于孩子们的教学环节，让他们成为课堂的主人，课堂气氛果然更加活跃，孩子们也愿意用英语跟我交流了。

这件事让我更加明确地认识到了优质课堂的本质所在，一改以往教师的"一言堂"，而是以学生自主学习为主，使学生成为学习的主体，教师只起到组织、示范、引导的作用。教师通过有效的学习活动，通过师与生、生与生的交流，使学生不断进行自我组织、自我建构，在这种组织、建构中逐渐提高教学素养形成适合自己的学习方法。让我明白了课堂教学就是不断生成的过程，在与学生的多样互动中，充分体现和发挥学生的主体地位，实现每节课的教学目标，完成课程知识之间的转换，让学生真正内化课堂所学知识并达到学以致用的效果。

实习是每一个学生必须拥有的一段经历，它使我们在实践中了解社会，让我学到了很多在课堂上无法学到的知识，更重要的是，顶岗支教实习是一次锻炼自我意志与能力的宝贵机遇。相对于在校的学习，顶岗支教所需要面对的环境与挑战更为复杂与全面。从烦琐的行政工作到不断的课程备课，再到与学生们的日常交流，无一不考验着我的承压能力与脚踏实地的态度。但这有助于培养我的社会责任感和担当精神，实践性强的顶岗支教实习工作让我切身感受到教育及社会责任的沉重，使我更加珍惜学习机会，积极行动，不断通过自己的努力，为贫困地区的教育事业做出贡献。

作为一名大三学生，再有一年就将迎来真正的就业。我很庆幸我能通过这次实习，在我即将步入社会时，能够提前知晓这些没人会教给你的东西。实习让我的角色和思维发生了巨大的转变，而这是我在实习中遇到的最大困难。在这之后，无论何时何地我都会告诉自己，勇敢地迈出去第一步，提升自身素养，为推动教育事业的发展，促进人才培养贡献力量。相信在未来，我一定会永远热爱，永远积极向上，永远不忘初心，为教育事业贡献自己的力量！

顶岗支教实习学校：湟中区群加乡群加中心学校

用爱滋养，静待花开

冶玉花

临近毕业之余，我们开始了为期四个月的顶岗支教实习之旅。在这四个月当中充溢着欢乐、幸福、童真，同时还有对教育的思考。我很感谢这次顶岗支教实习的经历，给了我们这样一次走进中小学校园的机会，让我们近距离地接触学生，感悟他们的成长，经历人生中最珍贵最难忘的时光。

"我把石头还给石头，让胜利的胜利，今夜青稞只属于他自己，一切都在生长……"一直以来我都很喜欢海子的《日记·今夜我在德令哈》这首诗，没想到这次顶岗支教实习我被安排到了距离德令哈市18千米的尕海镇小学实习，这让我不禁对我的实习生活充满期待，想去看看海子诗里的德令哈。

德令哈市尕海镇小学位于距离德令哈市18千米的尕海镇，始建于1970年，最早为海西州德令哈电厂职工子弟学校，后经改制成为乌兰县德令哈镇中学。2017年3月海湖小学与德令哈市第三中学合并，德令哈市第三中学初中部搬迁至新址。德令哈市尕海镇小学服务半径10千米，辖区内7个行政村，是一所半寄宿制完全小学。

2022年3月14日，经过一路的颠簸，在蓝天白云、荒漠戈壁的映衬下，我来到了德令哈尕海镇小学。其实这里比我想的还荒凉。一眼望去，没有几棵树，到处都是沙石，真是应了海子诗里"只有美丽的戈壁"的风景。将行李搬到宿舍，看到宿舍环境我心里获得稍许安慰。经过一天的隔离，我的实习生活拉开了帷幕。来到二年级的教室，我的指导教师向学生介绍了我，学生向我投来的目光新奇又炽热，我有些局促又强装镇定。这是我认识他们的第一天，我成了他们的小花老师。自此，我与这群可爱孩子的故事由此展开。短短四个月，我经历了从学生到教师的角色转换，不管是在教案的准备和书写上，还是课堂的管理上都有了很大提高，虽然时间不长，但感受颇多。

在顶岗支教实习上课的过程中，我最大的感悟与体会是教育是一个需要潜心等待的过程，教育过程中要允许错误的发生。课堂上的每一个孩子都是独一无二的自己，每个孩子对每一堂课的认知与接受程度都是不同的，因此，教师需要多一些耐心等待学生成长。在实习过程中我发现，我们班有个女孩子，每次上课的时候都认真听讲，有时候也会举手回答问题，但在日常交流与课堂上回顾时就会发现她对知识的掌握程度不如其他同学。对此我感到迷惑不解，为什么看起来学习认真踏实的她会经常回答错误呢？为什么她会跟不上大家的进度呢？对此，我和她进入了深度交流。她告诉我"她一年级的基础没有学好，有时候我讲的知识点她还需要下去再消化与再理解，有时候课堂上听懂了，但换个形式，换个思路她就跟不上了"。通过交流，我了解到这个女孩子的学习态度和能力与其他孩子一般无异，只是需要老师给她更多的耐心，等待她的成长。我也在想，或许是老师的教学没有顾及这样的学生，因此我转换思路，在讲课过程中遇到基础性的知识我会复习一下，遇到灵活知识点我也会多种形式变换，让学生们熟悉掌握知识点，在课下我也会多与她沟通，帮她复习基础性知识，鼓励她不要气馁。就这样，慢慢地，在后来的课堂上，我就看到了她的自信对答与侃侃而谈，看到了她的快速成长。

同样的，在实习的这段日子里，在听课的过程中，我也偶尔会听到"啊，你怎么就不会，其他同学都会了，就你拖我们班的后腿""你是不是上课没有认真听"这样的声音，这样的声音让我陷入了反思，我开始思考到底应该如何更好地解决学生差异的问题。我觉得教学也是从发现问题到解决问题的过程，这样一味责怪的言语带来的更多是对孩子的打击，会让他们觉得厌烦或者是觉得教师是不喜欢他的，会让他们对学习失去信心。学习本身就是一个漫长的过程，或许今天所讲的内容对他来说是很有难度他没有掌握的，但是未来的某一天里他也许会突然开窍。虽然今天孩子们对于知识还有些懵懵懂懂，但是他们有可能会通过这节课懂得了要多反思、要多向他人请教、要多看教材等一连串的想法，而这样的想法会驱使孩子这样做，在这样做的过程中学生会慢慢学到方法，掌握知识点，重新找到学习的自信，而这需要老师的耐心多一点，给予他们时间成长。

与此同时，教师或许也需要反思，是不是自己的授课方式不尽完美，是不是还可以再精进，让这些孩子更好地理解与掌握知识呢？在听课的过程中我可以看到有的老师在对教材的处理上是不加思考地把课本中的情景内容搬到PPT上，重点讲解很多孩子已经预习过的知识。有的老师将注意力放在听"正确回答"的声音上，对于那些"回答错误"的发言总是忽略或者是批评，对孩子们来说这样的课堂是无味的、枯燥的。教师是要对学生有更多的耐心和爱心的。对此我总结教训，在自己的课堂上避免这样的错误发生。尤其在语文课堂上，因为这个年龄段学生们的阅历并不多,对生活外的世界也有着很强烈的好奇心,所以在每次备课的时候,我都会结合学生汉语的实际掌握情况精心设计切入环节,让学生有兴趣听我讲课,跟着我的思路,让自己处于最佳的学习状态。在授课过程中我也会发散孩子们的思维,让他们畅所欲言。渐渐地,我发现孩子们的笑容变多了,回答问题的声音变多了,掌握的东西也变多了。

四个月的实习已然结束,从刚开始的陌生到现在的熟悉,我们成长了许多。顶岗支教实习让我迈出了教师职业生涯的第一步,同时也让我初次感受到了作为一名教师的酸甜苦辣。当生命的剧本翻到实习这一页时,与其说我们在实习,我更愿意说我们是在用爱心、耐心、责任心谱写我们人生的新一页篇章。孩子们纯正的明眸里映射着祖国的未来,振兴中华在教育,振兴教育在教师。作为一名未来的教师,我们更要继续奋发图强,做学生为人、为事、为人的"大先生"。

顶岗支教实习学校:德令哈市尕海镇小学

游戏教学法在英语教学中的应用

马 婷

春天是播种的季节。我们怀揣着不知是激动还是喜悦的心情，乘坐大巴前往目的地德令哈市。德令哈市，在蒙古语里是"金色的世界"的意思。德令哈市处于柴达木盆地东北边缘，景色优美。我记得那天天气格外好，心情亦很舒畅，感觉自己真的来到了金色的世界一样。大巴一直在高速上奔驰，翻过日月山，穿过共和盆地，来到柴达木盆地，一路上看到一望无边的风力发电机组、魅力无穷的茶卡盐湖、点缀在草原上的羊群，美丽的海西在青海省"四地"建设中更加灿烂夺目，令人感慨万千。下午到达德令哈，德令哈市教育局局长、教研室副主任和各实习学校负责人对我们的到来表示欢迎，并就实习点安排进行交流。核酸检测之后，当地的支教学校领导来接支教学生入校并安排住宿、饮食等基本生活问题，并就日后实习工作做出安排与要求。

德令哈市滨河路小学位于巴音河河西滨河西路，在编教师14位，学生433人。学校环境良好，学校对面就是著名的巴音河，学校附近还有游泳馆等。学校共有三栋教学楼，其中厚德楼一楼设有食堂和隔离室，其他两栋楼中间由长廊连接，两楼是相通的。在教学楼里除去教室和办公室，还有图书室、舞蹈教室、少先队室、多功能教室。学校有两个操场，还有一个体育馆和花园，东南角还设有乒乓球桌、单杠、双杠等健身器材。

在2022年3月14日到达德令哈市滨河路小学之后，按照当时的疫情管控政策，进行了三天的隔离，在隔离的三天时间里，我的指导老师要求我准备一堂英语试讲课。从隔离结束即3月17日开始，在指导老师的带领下，我开始讲课。我的第一堂课是在三年级（1）班进行，听课的有祁副校长和同去的顶岗支教实习生娜娜。课后指导老师们及时给予了评价，认为我的课堂整体完整，课堂气氛也很活跃，但亦存在中心掌握不够、时间把握不足等问题，鼓励我继续努力，总体来说这堂课是成功的。自此，我开始担任三年级（1）班的英语老师，这是我实习期间的主要教学内容。

在闲暇时间，我也会找时间去听其他老师的课，去观摩学习，不仅限于英语课，体育、语文、数学、美术等其他学科的课我也会去听。与此同时，平时我也会跟指导老师学习课堂教学技巧和方法，不断提高自己的教学能力，为更好的教学奠定基础。

启智润心，因材施教

我所在的实习学校，学生都是从三年级开始学习英语，没有在一、二年级的时候接触过英语。当我到达学校，与学校教师进行沟通，了解班级英语学习情况的时候，经验丰富的教师告诉我，三年级（1）班英语水平基本上是可以的，只有三四位同学学习起来比较困难，对此我在授课过程中对他们多关注、多鼓励，在这一个月中也逐渐看到了他们的进步。其中有一个小男生，我刚刚接手班级英语教学的时候，原来的英语老师跟我介绍了他的情况，性格比较活泼好动，学习成绩不尽如人意，尤其是英语，认不全单词，只能说一些英文字母。但我并未放弃，针对这个学生的具体情况来帮助他进行英语课程的学习。有时上自习课，其他同学自主进行英语学习的时候，我就会带领着他在一旁，为他讲解英语单词的构成，纠正他的发音，教他反复地读和写，努力为他补齐学习上的短板。并且对于他交上来的作业，我会额外关注。刚开始的时候，他因为跟不上班级的学习进度，经常不交作业或者交上来也是空白的。我常常会在课余时间与他谈心，有时也会询问他今天上课的内容有没有哪里不懂，然后为他详细解答。在我对他倾注了关爱和期望之后，慢慢地，他交上来了一份完整的作业，然后是两份，后面就和班级里其他同学一块交作业，作业的质量也在逐步提高。在我孜孜不倦的教导之下，这个学生在后期的考试中竟考出了95分的高分成绩，这是我实习生涯中最欣慰的事情。

还有个小女孩是视障儿童，眼睛贴着书才能看见，她的座位被安排在最后一排。针对这个小女孩的情况，我开始在日后的工作中每天对她多关注一些，给她布置在其能力范围内能够完成的抄写单词、抄写字母等简单的作业，尽量让她能够学到一点东西。从我接手这个班级的初期，这个小女孩只能说出一些不成型的英文字母，到实习快要结束的时候，她每个星期能跑到我面前来背出四五个英文单词。我看着她站在我面前背完单词之后神气十足的样子，内心觉得又自豪又激动。我摸了摸她的头，表扬了她，我想这就是教育的意义，也是我来到这里的意义。

在此期间，我带的班级经历了两次考试，分别是单元测试、期中考试。三年级（1）班单元测试的平均成绩为89，第二次考试的平均成绩为94.5。当然，第二次考试试题难度较第一次简单。但同时我也看到了好多名同学的进步，从刚开始带班的三十几分进步到了及格甚至能考八九十分，给予了我教学上的巨大鼓励。我还通过听课的方式和其他任课老师的教学方式进行了对比，深化了自己的一些认识和见解。我相信自己在以后的教学过程中能够汲取经验与教训，增强自身的教学能力，在教学中与学生教学相长，共同进步。

游戏教学法的尝试

在教学上，我最大的收获是学习与熟练掌握"游戏教学法"。德国教育家福禄培尔[①]认为："游戏是儿童活动的特点，通过游戏，儿童的内心活动和内心生活变为独立、自主的外部表现，从而获得愉快、自由和满足，并保持内在与外在的平衡。儿童游戏往往伴随着语言的表达，这有利于儿童语言的发展。"[②] 而《义务教育英语课程标准》中同样指出，基础教育阶段英语课程的任务之一是激发和培养学生学习英语的兴趣。游戏教学法无疑是最能激发和培养学生学习英语兴趣的教学方法之一。

游戏教学法中，对目标的追求能激发学生的学习动力，让他们为了获得成就而不断进行尝试，及时的反馈能让学生马上了解自身的学习成效并做出调整。在解决问题与克服挑战的过程中，学生能够自主学习，反复练习与进行学习策略调整，这能让学生进行更高层次的思考，也能逐步培养学生的自主意识与能力。在实习期间，我也运用了Bingo游戏、大声小声游戏、蒙眼猜人游戏、记忆游戏等多种游戏活动。通过这些活动，课堂气氛不再沉闷，学生对于单词、句型的口语练习也有所提高，并且大多数学生都能参与到游戏中来，配合我共同完成这一教学环节。但是在游戏教学过程中，我也发现了许多问题。以第六单元教学为例，小学三年级下册第六单元主要是数字英语表达方式的教学。在这个游戏中，我将英文数字fifteen设为"Bingo"，要求学生以蛇字形开火车的方式从数字11数到20，当有人轮到15时必须拍手并大声喊出"Bingo"。反应慢

[①] 福禄培尔·弗里贝尔（Friedrich Wilhelm August Fröbel，1782—1852）德国著名的教育家，幼儿园运动的创始人。代表作品《慈母曲及唱歌游戏集》《幼儿园教育学》《人的教育》等。

[②] 钟传祎. 学科作文教学的理论与实践［M］. 北京：语文出版社，2010：101.

或回答错误的学生站着，等待一轮游戏结束后进行惩罚，惩罚方式是朗读单词。在这一环节中，大部分学生热情高涨，但是部分同学表现为注意力不集中、不注意前面学生的表现、会错意等，还有学生多次抢答，不遵守游戏规则。因此我觉得"游戏教学"除了要设计好游戏的内容，将游戏内容与本节课所学的知识点相互关联之外，还要重点关注课堂当中的纪律问题及游戏频率的安排问题，这样才能更好地确保教学目标的实现。毕竟游戏教学的重点在于教学，而不是游戏。

在我刚刚开始上英语课的时候，为了快速地和班上的同学们拉近距离，也为了激发学生学习英语的兴趣，让学生能够积极地参与到课堂当中来，经常在课堂上开展游戏，结果学生们是玩开心了，该学的东西一点没进脑，还需要额外的一节课来给他们重新巩固复习。与其他老师一沟通，发现我们班的教学进度落后了一些。我急忙调整了开展游戏教学的频率，从一周好几次到一周一次，将重心放在英语知识教学上面，把游戏当作辅助手段，赶上了其他班的教学进度。在后面的教学工作中，我也一直在寻找游戏教学和常规讲课之间的平衡，针对不同的知识点来寻找合适的教学方法，而不是像最开始一样，什么都想通过游戏教学来教。游戏不是万能的，讲授也可以很有趣，这是实习经历带给我最大的启示。

在将游戏教学法付诸实践的过程中，我发现有几点不足之处。第一，在游戏教学的环节中，我对于游戏规则的表述不够明确，并且组织能力较差。第二，我对于学生本身掌握的单词水平以及知识储备情况不清楚不了解。例如，学困生对于单词的读音掌握不够，因而在游戏教学的过程中表现较差；而对优等生来说，我设计的游戏环节难度较低，不需要思考，更容易抢答。第三，有时候会出现太过关注游戏而忽视了教学的情况。我必须明白，游戏不是教学的目的，如何提高学生学习的兴趣才是。投入过多的时间与精力在游戏环节上，容易导致学生为了游戏而游戏，忽视了开展游戏的目的。出现以上问题之后我也在借助网络不断学习，加强和改进游戏环节的设计，争取让每一位学生都能参与进来，并从中收获知识。

寓教于乐

回望这几个月的实习经历，我发现一个情况，学习成绩越好的学生对英语的学习兴趣越高，而学困生往往不感兴趣，甚至不愿意学习英语。我认为感不感兴趣有一个重要的原因是他们在学习英语的过程中所获得的成就感较少以至于他们逐渐失去了对英语学习的耐心和信心。适当的奖励或得高分能够对他们起到激励的作用。因此，我认为培养学生的成就感能够激发学生学习英语的兴趣。

除此之外，我还对班上的个别学生进行针对性的辅导，在课堂上多提问多帮助。针对学生的不同情况，采取小组指导或个别指导的方式。尊重学困生，鼓励他们多讲话，进行分层教学设计，必要时可让学生自己进行讲解，从而加深他们对知识点的印象。在课后多与学生沟通、谈心，寻找他能接受的学习方法。

总而言之，在这几个月里，我觉得自己取得了很大的进步，不再像开始那样懵懵懂懂与不知所措，也掌握了一定的教学方法。接下来，我会将重心放在如何让课堂更加"丰满"、课堂结构更加完整以及践行"以学生为中心"教学理念上，学习更多高效的教学方法，继续观摩学习，多与有经验的教师探讨学习，持续努力地精进自己，做一位合格的老师。

顶岗支教实习的时间短暂而又充实，我将把这段经历永远地珍藏在心里。顶岗支教实习给我的人生留下了不可磨灭的一笔，生命也因为它而更加丰富和精彩，这将是我今后工作的不竭动力。重温自己顶岗支教的实习生活，尽管看起来显得有些平淡，但是它让我受益匪浅，更使我对支教产生了一种依依不舍的感情，能成为一名支教教师，是我无悔的选择，支教生活所焕发的光芒将照亮我今后的人生道路。

顶岗支教实习学校：德令哈市滨河路小学

通往教师之路的另一扇窗

高 静

顶岗支教实习工作既能检验我们大学三年在课堂上学习的效果，加强理论与实践的结合，又能使我们更加了解和熟悉教师工作，加强我们的综合能力，是学生理论联系实际、提高综合素质的重要指向。也为进一步提高自身能力积累了相当宝贵的经验，培养了独立分析和解决问题的能力，为我们今后走上讲台从容不迫地"传道、授业、解惑"奠定了基础。在这么重要的经历中，我的指导教师们给了我莫大的帮助，如果没有他们帮助我指点迷津，我想我可能没有办法成功克服成为教师路上的种种困难。

2022年3月14日早上，我们到达大通县良教乡中心学校，校领导先让我们处理一下住宿的事情。在下午的见面会上，校长主要介绍了学校的一些基本情况。大通县良教乡中心学校位于青海省西宁市大通回族土族自治县良教乡下治泉村，是一所九年一贯制学校，拥有一个初中部、一个小学部、两个完全小学和四个幼儿园、两个走教点，而我此次被分到了其中的小学部。大通县良教乡中心学校一贯秉承着"学有良教，教有良师"的德育理念，这个德育理念，有四层含义，分别是：学校要有良好的教育、学生要有良好的教养、教师要有良好的师德、教学要有良好的教法。校长十分耐心地向我们解释着德育理念的具体含义。除了学校的建校历史、学校的地理位置，校长还向我们介绍了学校的学生总体情况、学生学习的时间安排等，同时对我们以后实习的主要内容作了简要说明。会议结束之后，各指导老师到达会议室，我们分别由各自的指导老师带到所在年级办公室，并在很短时间内将我们分配到了各个指导老师及其所在班级，在这里我们与指导老师进行了第一次交流。指导老师要求我们在做好知识准备的同时也要做好心理准备，特别要注意角色转换，一言一行都要以教师的标准来要求自己，在他们的指引下，我们很快就进入了实习教师的角色。

内化于心，外化于行

　　学校安排的实践活动非常丰富多彩，考虑到我不熟悉低年级学生特点，所以指导老师让我以听课为主。在这期间，我听了不同老师的课，我感受到每个老师都或多或少有自己的一套教学风格，有一套属于自己的教学特色。例如，车老师上课的时候重难点分明，教学逻辑性很强，尤其板书写得很好，绝大多数学生都能很积极地去听课、做笔记、思考等。而马老师上课富有幽默感，是更偏向于让学生思考的那一类老师。他提出一个问题一般并不急于说出答案，而是慢慢引导学生一步步寻找出正确答案。他能把探究式教学无形地呈现在课堂上。陈老师教学经验丰富，虽然没有过多地运用多媒体等教学软件，但是陈老师的课堂逻辑思路清晰，教学环节环环相扣，能把一节课内容讲得清晰明了，非常厉害。

　　老师们教学的睿智展示了他们的风采，让坐在后面听课的我感叹，听这样的课真是一种享受，在他们身上我学到了不同的教学方式。听不同老师的课，及时进行分析总结，我也从中探寻出一套能够为自己将来教学所用的教学方法。听课是一个铺垫，是一个向他人学习、模仿的过程，关键还是如何把从别人身上学到的经验内化并应用于自己的课堂教学当中去。

　　我第一次授课的内容是"认识面积"，当自己站在讲台上的时候，还是会有局促不安的感觉，但当得到学生与老师的鼓励后，我也逐渐熟悉我的"教师"角色并顺其自然去讲课。当我们组实习老师上课的时候，同组的成员会进行听课。在课后，我们组内的其他学员各抒己见，毫无保留地指出了我的不足之处，切中要害地点评，从讲课声音与语速、讲课方法、教学思路、课堂纪律管理等各个方面对我提出了中肯的建议。在教态方面的细节问题，也被一一指出，这让我们这些学员体会到教师工作的确是一件非常细致的工作，经验丰富的老师的悉心指导成了我们教学实习工作信心的来源。

　　一般每次上完课后，我都会仔细分析取得较好教学效果和反响的部分，总结出一定的教学方法。首先，创设情景，激发兴趣。情景再现、传媒环境的图片资料，让大家直观形象地感受。其次，突出悬念，加强互动。悬念感对于学生学习兴趣的调动具有非常重要的作用，通过在课堂当中设置具有悬念感的问题，逐步提升学生的课堂参与度以及学生对课堂教学的认同感。再次，对比之中见真知。对比的教学方法往往会使比较双方的特征更为突出，进而得出更令

170

人信服的结论。最后，多媒体辅助教学。图文并茂，声画交融，为教学提供大量多媒体实景资料，直观生动。

记得有一次与车老师交谈时，车老师这样说："我们老师往往担心学生会不懂，所以在课堂上不断地说。但是我们说的学生又能记住多少呢？所以我们还是应该放手让学生自己多学、多做。"车老师的这些话既委婉地指出了实习老师存在的普遍不足，又是那样的精辟而又实用，使我们深受启发。接下来我认真进行课后反思，并根据这些意见修改诊断课的教学设计，为下次课做好准备。通过"诊断—提高"这样的过程，我的教学水平得到了一定的提升。

通过备课、上课、评课、改作业和试卷等一系列工作，等到下次再上课的时候，我将之前学到的许多东西运用进来。在教学上，能否取得较好的教学效果，其关键在于是否认真以及是否对学生具有爱心和耐心。有了认真的教学态度，才能严谨仔细地准备教学内容，多方寻求资料和理论依据予以佐证。有了对教学的兴趣和对学生的爱心，才能根据自己的特长寻求最为合适的教学切入点，收集资料，钻研教材，力图使课堂异彩纷呈。

以身作则，为人师表

我的班主任工作比较简单，主要是配合胡老师来开展工作，包括监督早自习、晚自习和值日情况，并进行一些主题班会教育。实习时，我每天都是七点钟左右起床，七点五十准时出现在教学楼，学生早读时间是八点二十分，我和课代表一起，带动学生早读。在我班主任工作中，最烦琐的是检查班内的值日状况。开始一段日子里，我们班的地面总是让人感觉脏兮兮的，班主任胡老师说过很多次，但学生对此无动于衷，许多学生值日也不认真，所以卫生工作总是做不好，为此经常被扣分。我有时候会自己动手拾起一些垃圾，后来胡老师说其实对于不认真值日，如不经常倒垃圾、讲台经常没有及时清理干净的情况，教师可以以身作则来带动学生好习惯的养成，也可以对学生进行思想引导，要求他们自己动手做好，而不是帮助他们，这样才能有助于培养他们的主动性。

在班主任实习工作中，我学会了制定班级的班规纪律，学会了调动班干部，学会了维持班级纪律，学会了对学生进行个别教育，学会了写班主任工作计划，学会了怎样开好主题班会，学会了……这一切都是我班主任工作实习进步的真实写照，这其中最重要的是我学会了如何跟学生相处。苏联教育家苏霍姆林斯基说过："教育技巧的全部奥秘也就是如何爱护儿童。"作为一名实习教师，我学会了用爱的心灵、爱的行为去感动学生，去帮助启迪学生。车老师告诉我，其实调节和学生的关系并不困难，老师一次关切的目光，一句温暖的话语，一次耐心的辅导，都会将师爱的滋养汇入学生的心田。经过班级内全体成员共同的不懈努力，班级整体情况有了改善，我与学生建立了良好的师生关系，得到他们的信任，成为他们诉说心事的对象，我也虔诚地倾听他们的倾诉并开导他们。

　　在这四个月的时间里，我体会到了要做好一名教师，并不像想象中那么容易，也明白了要做好一名人类灵魂的工程师的责任感和重要性。实习，让我意识到了自己的不足，也让我深切地感受到：只要你用心做了，就会有进步，就会有提高。这是我在教师舞台的第一次，我知道以后还会遇到很多可爱的学生，但是，他们——我所有教过的学生，见证了我的成长轨迹，他们也是我人生中的老师，教我怎么学着做一个好老师，他们带给我的不仅仅是教学能力的提高，更教会了我珍惜！

　　这次实习，对我来讲是上了一堂重要的社会课，使我受益匪浅。在这个过程中，也要特别感谢我的指导教师们，是车老师在我上课的时候用温柔而坚定的眼神鼓励我支持我，是胡老师帮我调解学生之间的矛盾。如果说大学三年是踏入教师路的基石，那么这段支教实习经历则是我通往教师之路的另一扇窗。也感谢我可爱的四（2）班学生，是你们让我更加明白要成为一名优秀的老师需要怎样的努力。这次分别不仅是我人生中一段珍贵的记忆，更是我另一段人生的起点，在成为真正教师的道路上我需要学习的东西还有很多，我相信在未来的路上我会做得更好。

顶岗支教实习学校：大通县良教乡中心学校

卓越训练到实践教学的反思

古生霞

时光如白驹过隙，看似漫长的四个月转眼间就过去了。通过这次顶岗支教实习，我对教师这一职业有了新的认识，收获了很多在学校学不到的知识。

桥头镇中心学校位于大通回族土族自治县，是一所九年一贯制学校。在顶岗支教实习期间，我主要承担三年级三个班的英语和二（1）班的体育兼三（3）班的副班主任。教学工作的重点是授课，授课除了传授新知识外，还应激发学生对学习的热情，因此在课堂上，老师必须带着教学的激情和自信才能感染学生。第一次踏上讲台讲课，我由于紧张导致课堂上发生了很多意外，如忘记书写板书、讲课节奏慢等。这让我深刻地意识到教学工作不能马虎，要善于学习，乐于学习。

教学是个性化的过程，每个老师都有属于自己的教学方法和教学风格，在教学实践中，要善于与其他老师交流，听其他老师的课，从优秀老师的课堂中学习并虚心求教，这些都比自己独自摸索见效更快。但要谨记结合自身的实际情况进行变通，不能一味地进行模仿。在实习过程中，我参加了校内的精品课展示，通过听优秀教师的公开课，之后进行评课，我学到了很多。印象最深的是一位年轻的英语教师，她将课堂游戏运用得恰到好处，整个过程中穿插着"狼人杀"的游戏，采用小组积分的方式，调动课堂的积极性，这让我明白课堂上学生的表现与教师的教学方法和风格有很大关系。学习完优秀教师的教学方法后，就要开始进行实践操作。首先是进行备课，需要广泛收集材料和了解教材，再根据实际教学需要设计教学环节。这个过程中最主要的任务是确定教学内容、教学重难点，只有厘清这两点教学过程才能做到清晰明了。除此之外，每次课前，我还会提前去了解学生的已有知识基础，然后设计恰当的教学环节，让学生能清楚地明白知识点。

在小学阶段，教学内容并不多，也相对比较容易，大部分学生能很快地掌握。但也不乏学生出现一知半解或者遗忘的现象，这时，就需要通过练习与作业及时巩固，查漏补缺。因此，在顶岗支教实习过程中，我会通过每一次的作业、每一次的课堂小练习来查漏补缺，把没学会知识点的学生集中起来，进行个别辅导，同时将情况反馈给家长，尽量做到让每一个学生都掌握好所学的内容。教学是一个复杂又漫长的过程，教师要有足够的耐心帮助学生成长、进步。

顶岗支教实习期间，由于疫情形势逐渐严峻，为配合防疫部门的相关规定，学校要求班主任监督学生每日上报双码和共同居住人信息，每日进行体温测量和教室消毒。除此之外，班主任每日还要清点到班人数、跟操、监督学生打扫卫生，做好学生德育动态评价、日常安全教育、爱国教育等各类教育活动。每周五或临放假前，学校都会组织开展安全教育，校长等学校领导班子也会不定期去巡查校园周边安全隐患，并请专业人员为学生分享案例，提供相关方法，并让家长签署相关回执单。据办公室其他教师所言，该校长任期以来抓得最紧的就是教学工作和安全教育，因此学校学风浓厚，对于各种安全隐患也会定期做好排查。

在我刚接手管理三（3）班时，发现班干部的个人号召力很不错，但是班干部的责任不明确，没有形成班级凝聚力。因此我制定了一套公正严明的班规，赏罚分明，班干部管理班级时有规可依，同学们也共同维护，形成了一个好的班干部团体，整个班的班风得到了提升。想要更好管理班级，平时就要多关心学生，及时了解他们遇到的问题，引导他们学会去处理挫折，解决问题，将错误止于萌芽之中。学生的潜力是无限的，作为班主任，每时每刻都应该给予他们信心与支持，并且学会放手，让学生学会独立地处理问题。

教师基本功主要是指学识和技能，学识通过理论学习获得，而技能则要通过实践训练才能掌握。在校内卓越教师计划训练当中，涉及教师的六大基本功训练：课堂书写、课堂语言、分析学生、解读教材、引导启发、利用多媒体技术。在顶岗支教实习过程中我发现，课堂书写和多媒体技术的有效训练，会大大提升课堂教学效率。而其余的四项基本功，虽然在校内练习打下了基础，但只有根据真实的学生情况去分析学生、了解学生，才能掌握他们的特点，以此来设计合适的教学活动与引导语。虽然校内卓越教师训练给我们打好了基础，但要上好一堂课更需要在真实的情境中去分析学生、解读教材，做到具体问题具体分析。

俄国教育家乌申斯基[1]说："不论教育者是怎样地研究教育理论，如果他没

---

[1] 康士坦丁·德米特利耶维奇·乌申斯基（1823—1870），俄国卓越的教育家。主要著作有《论公共教育的民族性》《人是教育的对象》等。

有教育机智，他不可能成为一个优秀的教育实践者。"① 在课堂教学过程中，情境瞬息万变，情况错综复杂，随时都有可能发生意想不到的事件，这就需要教师正确而迅速地做出判断并妥善处理。而在这方面，我有所欠缺。在顶岗支教实习期间，我遇到了特殊事件，学生误食洗手液，面对这种情况，我一时不知道如何处理，就在我手足无措的时候，指导老师的一系列操作完美解决了此事。他第一时间通知家长，然后把学生送到医院洗胃，在路上跟同行的学生了解了事情的具体经过，最后与家长一起等待医院的消息。经过这件事情后，我意识到教师的教育机智是非常重要的，明白了班主任考虑问题要全面，要将一切危险尽可能扼杀于摇篮之中。此后，我时常向指导老师请教经验，该校也会定期开展班主任相关会议，用案例时刻警醒教师，让教师能够在第一时间分析出各类突发事件会牵扯到的相关人和事，及时做好通知。在各类事件中，不要对学生给予偏见，要时刻关注，及时加以引导，将教师的教育机智，在最短的时间内做到尽善尽美。慢慢地，我也能独立处理一些突发事件，这令我感到很自豪。

此次顶岗支教实习，给我的思想也带来了一定的冲击。作为一名师范生，一直以为自己是处于学生和教师的模糊区，应该对两边都有一些了解。但在真正走向实习岗位后，我发现，作为教师，并不能以这样的思想来面对班级和教育。从学生到教师，是师范生未来职业生涯的一个重要过渡期，因此要尽快做好角色转变。在顶岗支教实习初期，可以通过精品课展示、评课等教学研究方式，来丰富教学设计思路，精进自己在备课阶段的能力，让自己尽快转变为教师角色。在这个过程中，要牢记每个学生都是独一无二的个体，我们要做到因材施教，根据不同情况，制定适宜的教学设计。在上完课之后，要定期总结反思，优化教学方式。教育工作是一个长期的，甚至贯彻一生的事业，这就需要我们不断地进行总结反思，根据教育环境的变化发展、学生们的身心发展来优化我们的教学方式，更好地引导学生进行学习。

顶岗支教实习学校：大通县桥头镇中心学校

---

① 张洪军，万连保，徐龙. 好班是怎样炼成的：小学班主任班级建设之道 [M]. 长春：吉林人民出版社，2020：318.

遇见塔尔——心与心的交融

马慧玲

2023年3月14日,我拖着沉重的行李,怀着激动的心情,踏上了期待已久的顶岗实习之路,坐着去往支教点的大巴,从那一刻,我就知道我将经历一段不平凡且充满收获的人生之旅,这段旅程必定会在我的生命中留下浓墨重彩的一笔,必定会在我的生命中留下绚烂多彩的回忆,也定会给我带来生命中无与伦比的财富。

我所实习的学校是大通县塔尔镇中心学校,中心学校有几个下属学校,我被分在大通县回族女子完全中学。大通县回族女子完全中学,建校于1982年5月,是全省五所回族、撒拉族女子中学之一及县属完全中学,面向全县招收初、高中女生。学校占地32亩,建筑面积5706平方米。现有27个教学班,其中初中20个班级,高中7个班级。学生1434名,教职工108人,其中女教师46名。学校环境非常不错,食堂的饭菜也很好,学校秉持学生和老师"吃同锅饭"的制度,也就是说教师吃什么,学生也就吃什么,每天中午和晚上都会有鸡腿、牛肉、水果供全校师生食用。

顶岗实习的生活是充满艰辛和挑战的,当我们来到实习学校时,面对一个除了床空空如也的八人间宿舍,一时也有点手足无措,但我知道我的实习之路才刚刚开始,我要经历的还有很多。

跨学科教学:转变教学观念

刚到实习点的第一天就有了工作任务,我负责八年级两个班的数学。刚开始觉得还好,我每天认认真真备课,然后授课,但是这边学生的基础比较薄弱,好多前面学过的知识他们含糊不清,我只能在讲课途中顺带给他们讲讲。即便是这样,教学也收效甚微,因为他们的基础知识不扎实。课下我随机问了他们平时的考试成绩，学生们的回答让我大跌眼镜，教学成果和学习成果大相径庭。往后我只能尽我所能，把我知道的教给他们，代班两周后他们的班主任老师休完产假回来后，我便服从实习学校的新安排，转向了其他学科的教学工作。

接着是历史学科以及道德与法治的教学任务，这对我来说是一个挑战，理科出身的我，有很长一段时间没有接触过文科知识了，但在我认真准备之后，发现也没有自己想象中的那么难，这时我又向其他文科老师咨询了一下，并且学习了他们的讲课方法，我也学着加入一些自己的理解，可我终究是理科生，在备课这个环节还是会遇到许多的问题，但是我一次次地迎难而上，遇到不理解的问题立马虚心求教前辈或者自己查找资料，立志解决每一个问题。在教学中，我发现学生对于两个科目的态度截然不同。对于历史学科，在学生心中，他们认为历史只是副科，没必要听，所以课堂纪律有点乱，维持起来也有点费时费力，课后我不断思考改进自己的教学方法，所幸后面我引入各种各样的历史故事，将学生的注意力拉回课堂，他们也开始慢慢认真听我讲，课堂纪律逐渐有了好转。

亦师亦友的班主任工作

由于学校人事变动，我又承担起班主任工作，每天要忙的事情变得比以前更多，不仅要备课，每天还要管理学生事务，比如，早晨早点到班级检查卫生打扫情况、实际到校人数，核实未到校人员名单及原因，确保每位学生安全。每天要时不时到班里看看班级情况，防止他们课间休息出现安全问题，并且做好学生请假工作，避免出现逃课逃学的现象。除此之外，每周还要准备相应的主题班会，争取让学生多了解一些实际生活中经常运用到的知识，避免遇到问题时自乱阵脚。作为班主任，每天也要跟着学生出操，规范他们做操的动作，以达到强身健体的目的。但是班上总有个别同学，在做操的时候心不在焉，也不认真看领操员的动作，只是自己随意地动一动。我注意到之后，就会上前轻拍提醒他。此外，在学生考试的时候也会进行布置考场、分发卷子、监考、批改卷子、条形码录入及打印、登录成绩等相应的工作。在这四个月的实习生活中，我也学到了很多在课堂上学习不到的东西，受益匪浅。

在当班主任期间，我遇到了一件让我措手不及的事情。学校要求住校生上晚自习，但是每个班的住校人数都比较少，所以学校安排所有的住校生一块上晚自习。但这样又产生了一些问题，在学生上晚自习的时候，我们班一个女生和另一个班的男生发生了冲突。事情发生后女生回到宿舍情绪崩溃，精神状态不好，学校领导叫了双方家长来处理事情，这样的事情对于作为实习教师的我，实在是有些手足无措，同时这也警醒了我，在教师生涯中，不仅有课堂教学的任务，还会面对许多的突发事件。突发事件的应对和解决能力，也是教师职业素质和能力的重要部分，我以后要努力提升自己在这一方面的能力，这样才能在面对突发事件的时候做到不慌不乱、有条不紊。

作为任课教师开展教学工作是我实习的主旋律。在这里我学会了如何做一个受学生接受和欢迎的老师，学会了如何去关心学生，最重要的是学会了作为一名教师应该具备的教学方法，养成了良好的教学习惯。我个人认为这里面主要包括学习基础、学习方法和学习习惯。要提高学生的基础，就要求教师在教学中重视双基的教学，做好教学工作计划，把夯实基础放在至关重要的位置上，向学生强调基础知识的重要性。学习方法无疑在学习中起着举足轻重的作用，一个掌握了适合自己的学习方法的人就等于掌握了开启知识与智慧之门的钥匙。然而，教师在教学中除了传授知识外，还应当注重学生德智体美劳全面发展，重视学生身体素质和心理素质的培养，重视思想政治教育和世界观、人生观、价值观以及爱国主义教育等，唯有如此，才能培养出祖国需要的人才。

浓浓乡情显真情

顶岗支教实习的生活是温馨和幸福的。这里充满着浓浓的乡情，这里的老师对我们关心有加，我们经常得到他们的帮助。令人喜忧参半的是那些和我朝夕相处的学生，他们不仅年轻、天真、淳朴、可爱、坚韧、进取，而且幼小的心灵还会温暖地体贴人和关心人，每天跑过来塞糖让我吃，这比什么都珍贵。我们并不在乎物质的东西，有这颗心就足够了，作为老师，没有什么比这更让人幸福的了。他们会以心灵上的沟通让你感到幸福和欢喜，但是每到考试的时候总会有些同学让你忧心忡忡，这种跌宕起伏的心情是每一位老师都感同身受的。

德国教育学家第斯多惠说过："教学的艺术不在于传授本领，而在于激励、唤醒和鼓舞。"[①] 所以我们在教学过程中不断地去激励学生、鼓舞学生，以此来唤醒他们对学习的热爱和对学习的积极性，从而达到教育教学的目的。

[①] 徐晓林，蔡学武. 中外教育名人名言［M］. 北京：企业管理出版社，2019：143.

作为老师，我们在教知识的同时也要教会学生做人的道理，做到言传身教。平时也要对自己严格要求，给学生树立一个好榜样。在大通县塔尔镇的顶岗支教实习生活，是一段充满艰辛和收获的经历，是一段充满幸福和快乐的旅程，也是一段充满挫折与反思的人生。这是一件我要用一生用心珍藏的礼物，这是一个不老的故事，是教师和学生用情感书写的传奇，这一切必将是我生命中不朽的记忆，必将为我今后的人生打下坚实的基础，也必将是我生命中丰硕而宝贵的精神财富。

顶岗支教实习学校：大通县回族女子完全中学

用爱浸润塔尔中心学校

马泽民

2023 年 3 月 14 日，我们怀着激动的心情早早地起床拖行李，开完动员大会后便踏上了为期一学期的支教之旅，心想：近三年以来，我们在学校学习的书本理论以及多次练习的课堂实践终于可以实践了，去为基层教育贡献我们的微薄之力。

我所分配到的学校是位于大通县的塔尔镇中心学校，在塔尔镇中心学校实习期间我所执教的科目主要是三、四、六年级的体育以及一些道德与法治课程，并且在这期间参与了多个教学活动。首先，我观摩了各个年级的课程，包括语文、数学、英语等。通过观摩，我了解到不同年级学生的学习特点和教学方法。同时，课后我还辅导了一些学生，帮助他们解决学习中遇到的问题。此外，我还与指导老师一起编写了教案，为实际教学提供了支持。在教研方面，我积极参与学校教研讨论活动。我学到了如何评估学生的学习情况、如何根据学情制订差异化教学计划等知识。通过参与教研活动，我逐渐掌握了教研的方法和技巧，并能够独立思考和提出自己的教学方案。此外，我还参与了学生管理和班级管理工作。负责协助班主任管理班级事务，包括安排学生活动、维护班级秩序等。这些管理工作培养了我的责任感和组织能力，并让我与学生建立了良好的师生关系。

在实习期间，我深刻地体会到理论与实践的结合对于教学工作的重要性。通过观摩课程和亲身参与教学，我理解到教师需要把所学知识与实际情况结合，因材施教。在实际教学中，我尝试运用所学的教学方法和策略，发现了理论知识在实践中的价值和作用。通过实习，我不仅提高了自己的专业能力，更增长了个人的见识和经验。在和学生的沟通过程中，我学会了更好地倾听和理解他们的需求，并给予相应的指导和支持。同时，通过与指导老师和其他教师的交流合作，我学会了如何在团队中发挥自己的优势，共同完成教学任务。

在实习中，我发现塔尔镇中心学校在教育教学方面有很多特色亮点及存在一些不足。特色在于：首先，学校注重学生的全面发展，丰富的课外活动为学生提供了更多的发展机会。其次，学校注重教师间的合作交流，多次举办教研活动为教师们提供了学习和成长的平台。然而，我也意识到塔尔镇中心学校在一些方面仍存在不足之处。第一，学校对新教师的培养和引导还需要加强，以帮助他们更好地适应教育实践工作；第二，学校的资源投入仍然有限，希望能够增加教育设施和教学器材，以提升教学效果，例如，体育课上学生能够使用的器材是有限的，课堂不能多样化地进行。鉴于以上情况，希望塔尔镇中心学校在教师培养方面加大投入，为新教师提供更多的培训和引导；同时，学校应该充分利用网络和现代技术，丰富教学手段和提高教学效果。

　　实习期间，我对教育行业有了更深刻的认识。教育工作不仅仅是传授知识，更重要的是培养学生的综合素质和创新能力。秉持德智体美劳"五育并举"，助力学生身心全面健康发展是每位教师都应当具备的教育理念。未来，我将坚守初心，不断努力提升自己的教育能力，为学生的成长和未来贡献力量。

　　通过这次实习，我收获良多。首先，我熟悉了小学教育的教学内容和方法，提高了自己的教学能力。其次，我加深了对教育行业的理解和认识，明确了自己未来职业发展的方向。最后，我与学生和各位教师建立了深厚的师生关系和伙伴关系，共同经历了成长和进步的过程。在此，我向塔尔镇中心学校和实习期间的导师表示衷心的感谢。感谢学校和导师对我的关心和支持，让我有机会在实践中学习和成长。同时，我也要感谢导师在教学、指导和评估方面给予我的指导和帮助，使我能够更好地适应和融入教育实践。通过实习，我不仅对大学学习内容进行了巩固和反思，也对教师职业有了更加清晰的展望。我明白，作为一名教师，我们不仅要具备丰富的知识储备和教学能力，还要具备坚强的意志和无私的奉献精神。只有通过不断学习和积累，我们才能成为真正优秀的教师，影响更多学生的成长和发展。总而言之，通过这段实习经历，我对大学学习的内容有了更加深刻的认识，对教师职业的展望也变得更加明确。我深深地感受到了教育的重要性和美好，我坚信自己选择了一条正确的道路。未来，我将继续努力学习，不断提高自己的教育水平，为培养更多优秀的人才做出自己的贡献。

　　2016年12月7日，习近平总书记在全国高校思想政治工作会议中强调："教师做的是传播知识、传播思想、传播真理的工作，是塑造灵魂、塑造生命、塑造人的工作。教师不能只做传授书本知识的教书匠，而要成为塑造学生品格、品行、品味的'大先生'。"① 展望未来,我将继续努力提高自己的教学能力,不断学习和钻研教育理论和教学方法。我将坚守初心,秉持教育为本的理念,为学生的成长和未来贡献力量。通过实习,我不仅提高了自己的专业能力,更加坚定了自己从事教师职业的决心。未来,我将不断努力提升自己的教育能力,为学生的成长和未来保驾护航。

顶岗支教实习学校:大通县塔尔镇中心学校

---

① 田丽,赵婀娜,黄超,等. 大思政课,总书记心中的一件大事[EB/OL]. 人民网,2022-05-22.

不负韶华支教行　笃行致远担使命

柯浩燕

2023年3月14日，我们从青海师范大学来到了大通县回族女子完全中学，这是一所校风严明的学校，学校一共有两千五百多名学生，一百二十多位在编教师。总体来说，相对于其他顶岗支教实习点，该校算是颇具规模。转眼间我们的实习生活已经结束了，时光飞逝。记得刚到学校时，我们满怀着好奇又激动的心情，如今即将返校，心里五味杂陈，我希望我的学生们能够认真学习，争取进入好的高中，让自己变得更好。

初心如磐，笃行致远

顶岗支教实习是一名师范生成为一名合格教师的必经之路，也是检验每一名师范生教学技能的前奏。四个月的顶岗支教实习让我真正体会到做一名老师的苦与乐，同时使我的教学理论变为教学实践，使虚拟教学变为真正的面对面教学。我最大的感受就是这段经历将会一直影响我的生活。实习时间虽然短暂，但是在学校老师的悉心教导和帮助下，我逐渐完成了由学生向老师的转变，也真正体会到了教师工作的不易，这段经历让我不断地进步与成长，使我受益匪浅。

刚到学校，我被分配到了七年级（4）班教语文和地理，由于我是汉语言文学专业，教语文属于专业对口，但是对于地理还是比较陌生，这就意味着我要花很多心思在地理上面，毕竟作为一名老师，要给学生一杯水，你自己就要有一桶水。为此我也做了很多努力，在闲暇时间，认真详细地备课，了解相关理论，尽我所能教给学生更多知识。

观摩听课：吸收新颖的教学理念

作为一名新教师，听课是尤为重要的，我经常去听学科组其他老师的课，走进他们的课堂，我每次都有新的收获，我聆听着老师们的课，领略着他们对教材的深刻解读，感受着他们对课堂的准确把握，体会着他们对学生的密切关注，他们在开启学生智慧大门的同时，也使我学到了很多新的教学方法和教学理念。

我听了马老师的语文课，学生们都很认真地听讲，课堂秩序井然。还记得我刚教初一（4）班时，学生上课不认真听讲，嬉戏打闹，就这个问题我在听完课后积极咨询马老师，老师毫不吝啬地传授我教学经验，我总结了以下几点：第一，上课时一定要有板书，而且板书要清晰明了、书写规范，以便让学生的思路更清晰，更好地学习；第二，上课时对于教学环节的设置要详略得当，要抓住重点和难点，不能"满堂灌"式教学；第三，注重讲课时的台风，在上课时站在讲台中间，不要晃来晃去，这样容易分散学生的注意力，影响学生的专注度。

沟通交流：师生互动的桥梁

通过听课讲课，我感悟到以自己的思维来揣度学生的思维是非常关键的。因为也许自己认为很简单的问题，对于刚刚涉及这一知识的学生来说很可能就会是一个无法理解的地方，这时候，我们以何种方式将此知识点向他们表达清楚就显得尤为重要了。并且，让学生参与，使课堂成为他们自己的舞台，也是至关重要的。于是，在以后的备课过程中，我非常侧重于如何将知识的来龙去脉向学生表达清楚，想好学生的反应和学生有兴趣的方面。另一方面，提问也是一种学问，要紧扣课文，有一定的深度，能使学生抓住要害，想一想能说出一二。毕竟学生是有好胜心的，是愿意思考问题的，关键在于老师要善于调动学生思维的积极性，要吃透教材，要了解学生。法国教育学家第惠多斯说过："教学的艺术不在于传授本领，而在于激励、唤醒、鼓舞。"[1] 那么，怎样去激

---

[1] 汪燕宏. 小学阅读教学设计与测评［M］. 福州：福建教育出版社，2021：188.

励、唤醒、鼓舞听课者呢？让他们参与课堂，给予他们更多的机会，唯有这样，学生才会更加融入课堂。唯有这样，学生的语文水平才会有所提高。之后，这一举措果然收获了良好的效果，学生们听完课后，了解情况时一般都说比较理解了，这让我倍感欣慰和满足。

作为实习语文老师，我在课堂教学之余还批改了学生的作文和试卷，尤其在批改学生作文时，我将每一篇作文当作学生心灵的窗户，透过作文我看到大多数孩子在思想上已经逐渐成熟起来了。他们已经能够明辨是非，已经懂得去热爱生活，珍爱身边的每一位亲人和朋友。但是个别同学还是有几分年少的冲动，没有把握好友情和学习。在改作文的时候，我除了对他们在作文内容上进行点评指导之外，还通过自己的评语对他们进行思想上的引导，纠正他们在思想上的偏激之处，鼓励他们树立积极的生活信念，鼓励他们端正学习态度，并对他们报以最大的信任。对于个别同学我还在课下做了单独交流，我们不仅仅是师生关系，更是纯洁的朋友关系。作为老师不仅要有渊博的知识，满足学生的需求，还要有博大的胸襟，宽容、关爱、理解学生，走进学生的心灵。

组织学生参与课余生活

3月30日下午，学校邀请专业人士组织全校师生开展防范电信诈骗宣传活动，本次活动旨在提高对诈骗集团诈骗手段认识的同时，增强自我保护意识，提高对诈骗技术的处理能力，防止上当受骗，让学生学会利用法律手段维护自己的利益，树立自身防范意识，理性应对诈骗，保护自己。

防震防火演练也是学校的常规工作之一。全校师生齐动员，教师准时到位，学生动作迅速，秩序良好，各班迅速完成了部署，各班按原来的位置站好，总体来说学生做得很不错。通过演练，全校师生掌握了应急避险的正确方法，熟悉了学校紧急疏散的程序和路线，确保在地震来临时我校地震应急工作能快速高效有序地进行，从而最大限度地保护全校师生的生命安全，特别是减少不必要的伤害，同时通过演练活动，培养学生听从指挥、团结互助的品质，提高突发公共事件下应急反应能力和自救能力。

最让我印象深刻的活动还是6月1日儿童节的文艺会演，为丰富学生的课余生活，给学生充分展示自己的机会，学校举办了庆"六一"节目会演，一支欢快的舞蹈拉开了活动序幕，台下的学生在老师的带领下围坐观看，整场演出气氛热烈，掌声和欢呼声不断，学生们表演的节目都很精彩，尤其是小学部的舞蹈。会演不仅丰富了学生的课余生活，而且让学生有了一个充分展示自己的机会，这是一次欢乐而有意义的活动。

心若繁花，自有芳华

2016年9月9日，习近平总书记在北京市八一学校考察时发表重要讲话："广大教师要做学生锤炼品格的引路人，做学生学习知识的引路人，做学生创新思维的引路人，做学生奉献祖国的引路人。"[1] 社会的不断进步使学校对教师的要求越来越高，尤其是师范生将面临更大的挑战，"学高为师，身正为范"的内涵也在不断地加深，这就要求我们不断地完善自己，准备全身心投入将来的高原教育事业。顶岗支教实习虽然是短暂的，但实实在在地催生了我的专业成长。顶岗支教实习不仅增强了我的教育基础知识与学科知识、教学技能与班级管理能力等专业知识与能力，还涵养了我投身高原基础教育事业、用心教好高原每一位孩子的教育情怀，同时也增进了我学会规划、学会反思、学会交流、共同学习的自主发展能力。虽然在顶岗支教实习中出现了种种问题，证明我与一名合格的教师还有很长的一段距离，但是我相信"有心人天不负，三千越甲可吞吴"，经过自己不断的总结探索和努力，终能成为一名合格的教师。

顶岗支教实习学校：大通县回族女子完全中学

---

[1] 当好引路人[N]. 中国教育报，2017-10-16（6）.

美术老师的"双跨"实习

严曦雯

3月14日,我跟随着支教大部队的脚步来到大通县塔尔镇中心学校,在学校的统一安排下,我和三位分别来自物电学院、生科学院和外国语学院的同伴一起被分到了塔尔镇中心学校下属的教学点——塔尔镇药草学校。塔尔镇药草学校位于大通县东部,距县城18千米,处于河谷地带,为九年一贯制学校。随着布局调整的完成,学校命名为"塔尔镇药草学校",生源主要由回、藏、汉等民族学生组成,其中回族占97.8%。近年来,随着义务教育均衡工作的推进,学校软硬件设施配套不断完善。学校以创"规范+特色的学校"、建"敬业+专业"的教师、育"合格+特长"的学生为办学理念,形成了"和谐"的学校文化、"求真"的学校精神、"多元"的学校特色。

来到这里的第一刻,学生们非常热情地从我手中"夺"过行李,帮我把行李搬到了宿舍,主任和各位老师的关心与问候也使我的不安稍稍有了缓解。顶岗支教期间,由于药草学校师资匮乏以及各方面原因,一至九年级的各个课程都由我以及同行的伙伴短暂且断断续续地负责过,一年级语文,二年级音乐、美术,三年级数学,四年级体育,五年级科学,六年级语文、道法、美术,九年级化学。在顶岗支教实习的这段时间里,我主要负责的是二年级美术。

从考生过渡到监考员

在顶岗支教实习期间,我正巧赶上了中考,并且非常荣幸被选为了中考监考员,参加了大通县初中毕业考试的监考工作。这一经历不仅让我对自己大学学习内容的继承和反思有了更深刻的理解,同时也让我的心态有了改变,对教师职业有了更加全面的展望。当我担任初中毕业考试的监考工作时,我深刻地体会到了我角色的转变:我已经不再是原来考场上的考生,已经变为考场上的监考员了。面对着考场上青涩的考生们，我不禁想起了自己的中考时光，但是他们奋笔疾书的模样，又把我的思绪拉回到现实，我开始思考怎么样的教学才能对得起这些努力的孩子们。

首先，通过参与初中毕业考试的监考工作，我深刻感受到大学所学知识的应用性。作为监考老师，我需要确保考试的公平公正，但我是第一次参与监考的工作，在此之前也没有相关的经验。好在监考之前会有相关的培训，在培训会议上会告知我们监考的流程和注意事项。在培训时我就已经意识到这是一项十分严谨的工作，必须做到事无巨细，在学生踏进考场的那一刻起就要肩负起自己的职责。帮助他们正确找到自己考场的位置，帮助他们排除场外场内的任何干扰，最重要的是，我要保证考试的公平性，做到对每一位考生负责。这次实践过程让我意识到，在学校中培养起来的良好习惯以及学习能力是有现实价值的，这些在潜移默化中培养出来的能力为我以后的教育工作提供了坚实的基础。

其次，参与监考工作让我更深刻地认识到教师职业的重要性和挑战性。作为一名监考老师，我不仅仅是一个知识传授者，更是学生学习道路上的引导者和榜样。在监考过程中，我在保证考试的公平性和严肃性的同时，也要具备处理各种突发事件的能力，这要求我具备高度的责任心、沟通能力和教育智慧。看着学生在考场上一脸严肃而认真答题时的场景，我深刻意识到，教师对每一个学生来说都十分重要，教师极有可能成为改变学生命运的关键人物。教师不仅要通过传递知识改变其命运，更要对学生进行引导，激发他们的学习兴趣和培养他们良好的品格，让他们成为有贡献、正直又善良的人。

最重要的是，这次监考经历让我对自己未来的教师职业有了更加深入的展望。我深刻意识到教师肩膀上沉甸甸的责任，这不仅仅是通过备课、上课、反思来传授知识，更是肩负着培养未来一代的重任。教师需要关心和理解学生的需求，为学生提供全面的教育，培养他们的创造力、批判思维和解决问题的能力。作为一名大学生，我深深地感受到了这份使命感，这加深了我对未来成为一名教师的憧憬和期待。

通过参与初中毕业考试的监考工作，我对大学学习的内容有了更深刻的认识，同时我也意识到了教师职业的艰辛和使命，以及我对教师这份职业的热爱。我将继续努力学习，不断提升自己的专业素养和教育能力，为将来成为一名"四有"好教师而奋斗，为学生的成长和未来贡献自己的力量。

绘画启迪灵感的火花

  顶岗支教实习是一次宝贵的经历，我有幸与学生们一起度过了难忘的时光。由于在实习期间我担任二年级美术老师的时间最长，所以我对自己的绘画教学记忆最为深刻。在教学时我选择以绘画为媒介，激发学生们的创造力，让学生意识到更加广阔的未来，为他们打开更辽阔的想象之门。

  我深刻认识到细节在教学中的重要性，每个学生都有独特的想法和表达方式，而绘画作为一种直观的表达方式，能够激发学生们的创造力和想象力，帮助他们发现并表达自己的内心世界。在教学中，我注重培养学生的细节观察能力，向他们展示如何从观察周围事物中获取灵感，并将其融入画作中。例如，在一次动漫人物海绵宝宝绘画活动中，我带领学生们走进动画的世界，仔细观察海绵宝宝的形状、纹理和颜色。通过细致观察，他们学会了捕捉各个形象的细节并将其绘制到纸上。这种观察和表达的练习不仅提升了学生们的绘画技巧，也增强了他们对周围世界的敏感度。

  在教学中我鼓励他们大胆想象自己的未来生活，未来会去哪所城市上大学，会从事什么样的职业，会成为一个什么样的人。通过这样的想象来锻炼他们的创造和创新能力，并且帮他们找到内心深处的目标，并为之努力奋斗。这些想象的创作也是建立在绘画知识和技巧的基础上，所以在上课的前半段我会帮助他们建立良好的构图意识，掌握色彩运用的基本规律，培养创意思维，在学生掌握了基本的技巧之后我会鼓励他们进行自我表达。

  从开始到结束的四个月时间，说长不长，说短不短，我们一路坚持下来，在欢笑和忙碌中品味这一份特殊的收获。走出校园，来到农村，再回到校园，角色由教师转变回学生，但这份时间不算长的顶岗支教实习经历让我更加深入地认识到教师职业的重要性和价值。作为一名支教志愿者，我有幸与学生们分享知识、培养兴趣，引导他们探索未来的可能性。通过绘画，我帮助学生们展现自己的独特个性和创造力，激发他们对艺术的热爱，并为他们打开更广阔的未来之门。我希望我能引导学生们发展自己的潜力，我渴望通过教育让更多的学生享受到艺术的魅力，发现自己的兴趣和热情，并在未来的道路上追求自己的梦想。我相信教师不仅仅是知识的传递者，更是引路人，引领学生们走向成功。

  正如陶行知所说："捧着一颗心来，不带半根草去。"我们在尽自己最大的努力让学生看到外面的世界，给这些处于相对闭塞环境中的孩子一些想要走出去的动力和憧憬。顶岗支教实习活动已经落下帷幕，但对我而言，支教不止于此，孩子们的未来也永远不止于此。我将始终怀揣这份热情和愿望，努力成为一名有影响力的教育者，用自己的力量帮助学生走出大山，帮助学生们实现他们的梦想。

顶岗支教实习学校：大通县塔尔镇药草学校

记忆的泉沟留下爱的脚印

冶 斌

按照学校师范生教师岗位顶岗实习要求,我前往大通县塔尔镇泉沟小学进行为期4个月的顶岗支教实习活动。大通县塔尔镇泉沟小学位于青海省西宁市大通回族土族自治县塔尔镇,大通回族土族自治县是西宁市所辖的少数民族自治县,总面积3090平方千米,县域内青山叠翠,绿水环绕,名胜众多,风景秀美,素有"山水大通"之美誉。在这片美丽的高原地区上,生活着汉、回、土、藏、蒙等28个民族,其中少数民族人口约占总人口的50%。在泉沟小学顶岗实习期间,我得到了泉沟小学学校领导和老师的帮助和指导,圆满完成顶岗支教实习任务。

纷杂又颇具挑战的教学工作

实习期间,我承担的是五年级(1)班的语文课,还有一年级(1)、(2)班和五年级(1)、(2)班的体育课。一年级的学生更安静,课堂纪律也比较好,但课堂气氛自然也更沉闷。相比之下,五年级的学生则更加活泼好动,也更调皮,课堂气氛很活跃,但课堂纪律不是很好,我总是要在课堂上花大量的时间来整顿课堂纪律。第一次上讲台是给一年级的学生上课,那种感觉至今记忆犹新。看着讲台前一双双陌生又渴望知识的眼睛,我特别紧张,我尽全力地讲课,可一年级的同学们好像听不懂我在说什么,看着他们茫然飘忽不定的眼神,我更没自信也更加紧张。课后,指导老师给了我一些课堂教学的建议,告诉我说一年级的学生领悟能力还不够,要用一些简单的表述来跟他们沟通交流,还教给我一些缓解紧张情绪的方法以及与学生相处的技巧。我的指导老师教我的这些知识让身为"菜鸟"的我受益匪浅。但我深知自己作为一名实习老师,要学习的东西还有很多,要集百家之长才能使自己的实力快速得到提升。所以我虚心求教，多和老教师进行交流，学习他们在教学中独特有优势的地方，上完每一堂课都要进行自我反思：这堂课哪里上得不好，哪里上得好。将自己的优缺点进行归纳总结。这样就能在下一次课堂上扬长避短，从而提高自己的教学能力。

对于五年级的学生，课堂纪律是一个巨大的挑战。因为他们正处于升学阶段，叛逆心理很严重，总喜欢和家长老师们唱反调。刚开始我在维持课堂纪律上要花费很多时间，我甚至都无法在自己规定的时间内完成教学任务。那些不愿学习的同学总是在下面干着与学习无关的事：发呆、讲话、吃零食……我站在讲台上看着他们干这些事情觉得十分无奈，那种想要挽救他们可是却事与愿违的感觉。也许在最初的时候和学生的关系太近了，没有树立起教师的威严感，和学生之间划分出一定的边界，学生觉得我太亲切，导致有些调皮学生在课堂上不服从管理。但在后来，我和他们的班主任进行了一次深入沟通，并在班主任的协助下，开展了一次有关班级学风纪律整顿的班会课，取得了较好的效果。

其次，我认为听课是一种很好的学习机会，通过听课我们可以学到很多东西。记得在前两周的见习阶段就是听课，两周下来，我听了各科老师的课，尤其是语文课。尽管这里的教学质量比不上城里的，但也不缺乏一些教学经验丰富且具有独特教学方法的老师。无论是从教学设计、组织教学、教学方法上都能学到很多东西。当然，听得最多的课还是我指导老师的课，他是一名教学经验很丰富的老师，很多方面都需要我去认真学习借鉴，比如，他对重难点把握得很准，教学逻辑很严谨，教学目标很明确，教学内容也很科学系统。我还听了一位年轻语文老师的课，她讲课讲得很细致，也很有激情，能够充分调动学生的学习积极性。还有一位语文老师，他的课讲得生动有趣，上课时很幽默，能够很好地将课本知识同实际生活紧密联系起来。学生们都很喜欢上他的课。当然，学校的每位老师都有值得我学习的地方。这四个月的支教实习让我受益匪浅，我感觉也积累了一定的经验，这必然对我今后的学习和教学有很大的帮助。

实习生活有喜悦有悲伤，可这段时光最值得让我回忆和珍藏的是对基层教育的艰辛与神圣的体会，这更坚定了我要做一名优秀教师的信心与决心。2014年9月9日，习近平总书记在同北京师范大学师生代表座谈时强调："全国广大教师要做有理想信念、有道德情操、有扎实学识、有仁爱之心的好老师，为发展具有中国特色、世界水平的现代教育，培养社会主义事业建设者和接班人作出更大贡献。"① 在此期间我深刻体会到了总书记的指示精神，更加明白了作为一名老师的职责是严守纪律、恪尽职守、爱岗敬业、勤奋学习、关爱学生、对学生负责并勇于承担责任，要用心浇灌祖国的每一朵花。同时，顶岗支教也让我认识了社会的现实，一个人必须独自承担起生活的重任，在工作上遇到种种困难与挑战的时候，都要勇于面对。

丰富多彩的班主任工作

教学实习的同时我还进行了班主任工作实习，我的指导班主任是五（1）班的班主任。从进入泉沟小学开始，我便深入五（1）班了解情况，帮助班主任开展各项工作。一个学期下来，我们开展了各类的主题班会，班会的内容包括"学习安全常识"活动、"法制教育"、"尊师重教"、"传统文化"……每一期的班会我们都会以活动的主题出黑板报，为了更好地了解学生情况，学校还组织全校老师进行家访，切实做到学校和家长相联系，了解学生的生活状况。作为实习班主任，我每天要查看学生的出勤情况、班级卫生情况、班级纪律情况、学生请假情况以及各种突发情况。

五年级的孩子，人小鬼大，已经懂得许多事情，但又了解不深，似懂非懂。为了更好地开展班主任工作，我时常会从生活上关心他们，和他们聊聊天，听听他们内心的声音，有时候还会聊一些他们感兴趣的话题。我们的默契就这样一点点培养起来，慢慢地，他们也越来越喜欢我。

经过四个月的顶岗支教学习，我在教学的各方面都有所提高，也积累了一定的教学经验。我深刻认识到作为一名教师在教学上要有永无止境的追求精神。上课前要备好每一堂课，课下要及时总结自己的得失并进行反思，备课要备学生、备教法。同时，针对课堂上的一些变化要有随机应变的能力，注重提高自己的课堂应变能力。在教学的同时，我也很注重课堂效益和教学效果。起初觉得自己的专业知识足以任教，当自己真正实践教学后才发现自己的知识还是很匮乏的，所以我还要继续充实自己的知识储备。

转眼间，支教生活已经变成了记忆沙滩里的脚印。学校的领导以及各位老师在生活和教学上给了我许多的关心和指导，我由衷地感谢他们。我认为高校

---

① 重温习近平教师节寄语：全社会要大力弘扬尊师重教的良好风尚 [EB/OL]. 央广网，2019-09-10.

在职前教育培养的过程中要加强实习生的模拟课堂教学演练，还要注重实习生的课堂管理能力和教学能力的培养。反思整个实习生活，有苦有乐，有欢笑有泪水，有酸甜苦辣。实习让我丰富了知识，增长了经验，让我成长了许多。实习坚定了我学习的信心，给予了我勇气。实习不仅仅是我人生中一段宝贵的记忆，更是我人生的另一个起点，我坚信在未来的人生道路上我会做得更好。我将会努力提高自身的素质，时刻为成为一名好老师而努力着。

顶岗支教实习学校：大通县塔尔镇泉沟小学

承教师素养启航

杨文蕊

教师承担着传播知识、传播思想、传播真理的历史使命，肩负着塑造灵魂、塑造生命、塑造人的时代重任，是教育发展的第一资源，是国家富强、民族振兴、人民幸福的重要基石。① 教师队伍建设工作关系着社会主义现代化强国的实现，关系着社会主义教育事业改革发展的成败，关系着社会主义建设者和接班人的培养质量。经过几个月短暂又漫长的实习生活，我经历了由学生向教师角色的转变，深刻地体会到了"台上一分钟，台下十年功"的具体含义，并且在各位老师的悉心指导和帮助下，不断地进步与成长，同时，我也真正感受到了教师工作的不易。

极乐乡中心学校办学至今，始终秉持着"成就每个学生的幸福人生"的办学理念。在顶岗支教实习期间，我主要承担七年级英语，三年级及一年级的美术教学工作。我在脑海中回忆着在青海师范大学每周进行的实训展示，还有安排的简笔画课程，认真构思教学环节、设计教学活动、预设教学情境，提前准备好PPT。我按照同样的流程，准备好自己顶岗支教实习生活中的每一堂课。我将从以下四个方面来总结我的实习经历，希望自己能在总结中进步。

注重教师基本素养

首先，在师德体验方面。在实习的过程中，我深深地感受到，一个具有良好师德师风的教师会对受教育者产生多么大的影响，甚至影响学生终生的发展。教育家陶行知先生曾经说过，"学高为师，身正为范"，作为一名光荣的人民教

---

① 坚持把教师队伍建设作为基础工作：九论学习贯彻习近平总书记全国教育大会重要讲话精神［EB/OL］. 中华人民共和国教育部，2018-09-21.

师，不仅要有广博的文化知识，还要有高尚的道德。教师是立校之本，而师德师风则是教育之魂。从古至今，在人们的心目中，很难找出比教师更受敬重的职业。教师也是学生的一面镜子，言谈举止、为人处世、衣着穿戴等都是学生私下议论的话题。为人师表不能说一套做一套，应该严于律己，言行一致，表里如一，成为学生的表率。教学工作需要多方人员的配合才能良好运作，这就需要教师具备良好的"团队精神"。团队精神，虽然只有四个字，简单说来就是沟通、信任、团结、协作、配合、互相帮助。学校是一个大家庭，个人只有融入这个大家庭才能得到提高，体会到工作的愉快，学校才能得到良好的发展。因此，师德——不是简单的说教，而是一种精神的体现，一种深厚的知识内涵和文化品位的体现；师德需要培养，需要教育，更需要的是每位教师的自我修养。在我的人生中，不需要轰轰烈烈，只要将作为教师的美德继续下去，让自己在不断自我剖析、自我发展、自我完善、自我超越中实现人生价值。

其次，在教学实习方面。在这次实习过程中，我认真执行学校教育教学工作计划，解放思想，改革教学。在教学工作之中，我坚持做到认真教学。我认真备课，研究教材，准确把握重点、难点，并且注重参阅各种资料，制定符合学生认知规律的教学方法，认真编写教案。我也精心设计课堂教学，上课时注意学生主动性的发挥，尽量兼顾到各层面的学生，使每位学生有所得，深入细致地备好每一节课。在课后精心布置作业，尽量做到适度、适量。每一次的作业都认真批改，发现问题并及时纠正。作业批改的目的是更好地了解学生对于知识点的掌握情况，并且及时对学生的学习态度进行了解，以便开展教学工作。在英语学习方面，英语是一门外语，对学生而言，既生疏又困难，在这样一种大环境之下，要教好英语，就要让学生喜爱英语，对英语产生兴趣。否则学生对这门学科产生畏难情绪，厌学，也无法学下去。为此，我采取了一些方法，比如，给班上的同学起英文名，平时多讲一些关于英美国家的文化和生活故事，让他们更了解英语，更喜欢学习英语。另一方面，多夸学生，抓住机会表扬学生，成绩一般的同学，缺乏自信，更需要鼓励。单词的学习对英语的学习是至关重要的，单词一直是学生英语学习的难点、薄弱点，直接影响学生英语综合能力的提高。因此在教学中我比较重视词汇教学，加强对学生的听写，狠抓学生对单词的记忆与巩固，以及对词汇的意义与用法的掌握，使学生掌握科学的单词记忆方法和养成勤查词典的习惯。

再次，班主任工作是一项复杂的工作要做好并不简单。班主任要贴近学生，并努力提高班主任工作效率，参与班级的各项日常管理工作，竭尽全力处理好班级内的各项事务，建设良好的班风。在实习过程中，我不断地向老师请教班主任工作方法，踏实工作，努力提高自己作为班主任的业务素养。做好同学们的思想工作，培养学生们良好的道德品质，同时重视家校共育的作用和影响。开学时的升旗仪式，在班主任工作管理的时候，要事先教育学生，如果在排队升旗之类的活动中，身体不舒服的要举手，而作为班主任的我们除了听领导讲话之外，还要密切关注班里学生的一举一动，若是发现有学生不舒服，要让学生或老师亲自带去医务室。

最后，是教研实习方面。在实习期间，我积极参与学校组织的教育研习活动，听取老教师的指导意见。教育研习活动能在理论与实践的互动中提高反思能力和研究能力，进而提升自己的职业技能水平，以便能更好地适应将来的教育教学工作。教育研习是以实践为基础，以研习为主要特点的学习活动，其主要目的是提高教师的专业素质，增强教师的课程实践能力。正所谓仁者见仁，智者见智，在进行教育研习时，每位教师都会各抒己见，教学中的不足也会得到许多不同的提升，教研活动也是教师进行反思的一个环境，反思、提升是教师的必经之路。在研习时也要发挥教师共同体的作用，学会分析和解决教育教学问题，最终为日后的科研做铺垫。

英语绘本阅读活动

绘本的阅读目的不单单是为了语言学习。它具有教育意义和价值，丰富的色彩和精美的图片，是小学生感知世界的有效方式，可以培养思考力和美感。

在我的一堂英语课——"How do you get to school?"中，因为当时含有乘坐交通工具，我就将这一"Wheels on the Bus"设计在自己的教学活动中，之后还组织了阅读绘本活动。在实习的四个多月时间里，我带领学生们完成了"Wheels on the Bus"和"Pat the Bunny"两个系列的绘本阅读。读的过程中重视习惯，绘声绘色，注重表演及有效的提问互动。读后回顾内容和主题，总结和提问。

虽然只有短短的四个月实习时间，但我逐渐从一个大学生成长为一位老师。虽然经验不足，但相比最初的时候还是有了很大的进步，从最开始站上讲台上磕磕巴巴到最后可以独自一人完成授课，我真的成长了许多。但我也知道，现在的一点小小成就并不能说明什么，我需要学习的东西还有很多，我最感谢的就是我的专业老师和我的班主任老师，他们在我的工作和学习上给了我很多支持，他们不会盲目鼓励，也不会肆意贬低，他们的建议都很中肯，都是真正对我有用的东西。我想这段经历定会成为我一辈子很宝贵的财富。在今后的教学过程中，我会积极参加教育研习活动，树立终身学习的理念，严格遵守教师职业道德规范，在不断的反思中进步，同时热爱自己的教育教学工作，在日常生活之中以严格的要求来规范自己，并且热爱自己的职业，热爱自己的学生，为成为一名优秀的人民教师而努力奋斗。

顶岗支教实习学校：大通县极乐乡中心学校

点燃希望，静等花开

张 灵

北宋苏子爱那午盏上的雪沫乳花，爱那细雨斜风，爱那春盘上的蓼茸蒿笋，这是他清新淡雅的时刻，是洋溢着幸福的清欢之时。放眼当下，从晨起学生们的琅琅读书声到桌上堆积如山的作业本，孩子们脸上洋溢着的灿烂笑容，我想这便是属于我的，作为顶岗支教实习教师的清欢之时吧。

顶岗支教实习生活的四个多月里，可谓是心酸与感动并存。这次人生的奇幻旅程——顶岗支教实习，让我体验了自己未曾体验过的生活，思考了一些自己未曾思考过的问题，同时也感悟了一些自己未曾感悟出的道理。对我来说，顶岗支教实习的结束并不是一个终点，而是我人生当中的另一个新的起点。

还记得参与顶岗支教实习的学生队伍在大学生活动中心集合等待出发的时候。那时，顶岗支教实习的学生们将准备好的行李都堆在一起，它们五颜六色的，如同架起一座座"彩虹桥"，参与顶岗支教实习的学生们站在"彩虹桥"旁，内心满是对顶岗支教实习生活的憧憬和期待。当顶岗支教实习学校的老师们在校门口迎接我们的时候，他们脸上的笑容瞬间治愈了我焦躁的心，紧接着那粉色的校园围墙映入我眼帘，让我感到这里的一切都散发着无限的生机和希望。由此，我们对这里充满好奇，满心欢喜地期待着这一场不一样的"旅行"。然而，现实的顶岗支教实习生活却让我屡屡受挫。

首先是饮食住宿问题。在顶岗支教实习学校的第一周，我不适应学校里的饭菜，通常没有胃口，导致我一周之内瘦了很多。这里的吃住条件略微艰苦，因为海拔较高饮用的热水达不到沸点，而且热水供应是有时间限制的。地面是水泥地，卫生也不好打理。最令我头疼的是，宿舍紧挨着大街，晚上车鸣声吵得我实在睡不好觉。

其次是教学问题。不久之后，学校给实习生召开了第一次会议，安排了我们各自的职位，我被分配到二年级和三年级。第一次以一位教师的身份批改作业，学生们的作业堆成小山，有的字行云流水，力透字背，而有的字状如鸡爪，形如鬼爬，实在令我伤透脑筋。但逐渐地我从作业批改中发现了学生存在的问题，并将其反馈给顶岗支教实习指导教师，学生们慢慢地获得了进步，这又给予了我满满的成就感。在半期学业测评中，顶岗支教实习同学所教的美术班的同学在审美观念和绘画技能等方面有很大提升，尽管他们不是我教授的学生，但因为是我们一起来参与顶岗支教的同学所教授的学生，因此我也跟着感到很自豪。就在那一刻，我好像突然明白了什么是"随风潜入夜，润物细无声"①；什么是"曾经荒芜难寻路，而今桃李一片香"②；什么又是"采得百花成蜜后，为谁辛苦为谁甜"③。

不久，迎来了我的第一次课堂。初登讲台，没有在大学里试讲的那种紧张，也没有在学生们面前露怯。我的第一次课堂是在二年级（2）班进行的，第一次走进教室，孩子们的头脑中总是有"十万个为什么"。比如，"你是教什么课程的老师？原来教我们的老师去哪儿了？原来教我们的老师多久回来？原来教我们的老师为什么请假？"等一连串的问题，问得我头脑一片模糊，不知道该先回答哪个同学的问题。渐渐地我与学生们熟悉了，可这种熟悉亲密的关系使他们开始有些叛逆，整个课堂简直乱作一团，满是嘈杂的声音。当时我感到极其痛苦，紧接着那种教学失败的自卑感、挫败感让我茶饭不思。之后，我不停地反思和总结，并积极地搜寻各种有效的方法以求改变现状。其间，我最为感谢的就是我的顶岗支教实习指导老师——张老师，他经常给我的课堂教学进行一些点评，有时是委婉的批评，有时是直白的赞扬。这些评价令我持续不断地反思课堂，观摩优秀教师课堂教学并向优秀教师请教课堂教学的重点难点及有效的教学方法，对某一教学问题与优秀教师进行深刻讨论……逐渐地，我对自己的教学又重拾起了信心。我开始在课堂上，用小贴纸或是制作小奖状来奖励回答问题的小朋友，同时结合激励性语言鼓励小朋友，运用有趣的视频、音频吸引小朋友的注意力，由此，我的课堂氛围逐渐得到了改善。

我始终相信"长风破浪会有时，直挂云帆济沧海"④，随着授课任务不断增加，我的课堂经验也随之不断累积。当我第一次处理班级学生突发的冲突事件，我终于深刻明白了教育学中所谓的"教育机智"，若是没有人与人之间心灵的碰撞，没有思想的融会，那么课堂将是"死气沉沉的"；若没有创新和挑战，便没有了进步，授课也就失去了应有的价值。基于此，我在课堂上全力为学生创造

---

① 王若英. 古诗文逐句译解：第三册 [M]. 南京：南京出版社，1993：97.
② 黄小秋. 桃李一片香 [N]. 教育导报，2023-02-07（4）.
③ 游光中. 历代诗词名句 [M]. 成都：四川辞书出版社，2023：333.
④ 游光中. 历代诗词名句 [M]. 成都：四川辞书出版社，2023：136.

轻松舒适的环境，通过有趣的小游戏及小组合作等形式激发学生的想象力与创造力，并及时地给予学生评价。

一学期的顶岗支教实习生活结束了，回顾本学期以来我的工作和表现，赢得了学生的喜爱，受到了同事的好评，得到了学校的肯定，这些对我来说真是莫大的安慰。顶岗支教实习对我来说，无论在个人思想上，还是在教师专业素养的发展上，都是一段受益匪浅的宝贵经历。我敬佩顶岗支教实习学校的教师们对于教育事业忘我的奉献精神以及认真负责的工作态度，他们是我真正要学习的榜样。在顶岗支教实习学校领导的大力支持下以及各位参与顶岗支教实习同学的照料下，我顺利完成了本学期的顶岗支教实习工作，并且有以下感悟。

首先，要听从领导的工作安排，工作踏实认真。开学伊始，按照顶岗支教实习学校老师的安排，我承担五年级（4）班的英语课程教学工作，并且在工作上尽职尽责。自从我踏进了顶岗支教实习学校的那一刻起，我就没有把自己当成一个"流水的兵"，而是以高度负责的主人翁精神，在每一个平凡的顶岗支教实习的日子里挥汗如雨，辛勤付出。每周我有十八节语文课的课时任务，此外还担任班主任相关职务。这对刚接触真实教学情境的我来说无疑是个不小的挑战，但我时刻牢记我的职责，努力克服困难，积极主动承担起顶岗支教实习学校领导安排的工作任务，并严格遵守顶岗支教实习学校的各项规章制度和纪律要求，不搞特殊化，不迟到、不早退，按时完成各项工作任务，并且认真去听其他优秀教师讲课，虚心请教，认真学习他们的授课方法，与他们一起研讨新的课改模式，一起进行新课改方案的实验与实施。同时，在完成好本职工作的基础上，还发挥其他特长，带领全体一年级同学，排练"六一"儿童节的节目，并取得校级二等奖。此外，我也积极参与学校组织的各项活动。

其次，要关心学生，奉献爱心，做学生的良师益友。农村小学的学生从小受周围特定环境与家庭教育的影响，与城市小孩相比，往往在行为上会显得更加胆小拘谨、不善言谈，他们缺少自信心，害怕答错问题而被老师批评，遭人耻笑。于是，在关注一段时间后，在教学中我鼓励学生大胆发言，并多用亲和力的语言给予肯定。教学活动采取师生的双边活动，使之有效进行，在此期间建立起学生对我的信任感。尤其是对农村学生来说，要改变传统的"师道尊严"的旧思想，建立平等的师生关系，就要尊重、热爱学生，对学生予以肯定的态度，这样不仅能缓解学生内心的紧张，还能激发学生学习的自信心和热情。只有建立起师生之间沟通的"绿色通道"，营造教与学之间的宽松、民主、和谐的氛围，才能为师生互动创造更好的条件。所以在上课前我认真备课，了解学生的各种情况以期因材施教。课堂上我尽量清晰地讲述，对他们采用循循善诱的方式。课后，我认真批改作业，并对学习困难的学生实施课外辅导服务。这种吃苦耐劳的工作作风及兢兢业业的教学精神，使我很快与学生、家长、教师建立了和谐的关系。我还十分注意学生的养成教育、个人卫生教育，帮助他们养成良好的生活习惯。同时我还十分关心学生的生活状况，在空闲时间和学生谈心，了解每个学生的生活，嘘寒问暖，帮助有困难的学生。针对学生课外知识面狭窄这一实际问题，我也在不断拓宽自己的知识面，丰富自己的课外知识，以期帮助学生拓宽视野，接受更多新知识。

最后，要与同事搞好关系，树立主人翁意识。我常利用工作之余与教师们聊聊天、叙叙家常，从而对农村小学教育及教师的现状有了深入的了解，真正感受到了城乡教育的差距。凡是涉及顶岗支教实习学校利益的事，我总是从学校的角度去看待问题，争取为顶岗支教实习学校做出更多有价值的事情，与此同时我也交到了可信赖的朋友。

一学期的顶岗支教实习工作是短暂的，是忙碌的，同时也是充实的。尽管在此期间我经历了种种的困难，但我依然保持初心，坚守着自己对顶岗支教实习工作的那份执着。

我经常在想：人为什么会感到幸福与快乐？原因很简单，因为自己获得了心理上的满足，并且做了有意义的事情。我通过这一次的顶岗支教实习活动感受到自己是社会中一个有价值的存在，尤其是看着孩子们天真的笑脸，听着他们银铃般的声音，感受着他们对自己的喜爱，我内心充满了无限动力！顶岗支教实习，让我看到了自己的价值，也让我学会了奉献，更使我学会了吃苦耐劳，让我拥有了作为一名教师应该具备的素养。

这段经历未曾结束，而是成为我人生旅程中新的起点。

顶岗支教实习学校：大通县极乐乡中心学校

理论耕于心，支教践于行

马 丽

东流逝水，叶落纷纷，待我回首，四个月的顶岗支教实习生活早已悄然溜走。我整理着凌乱的思绪，那时的我背着沉甸甸的行李，心中满怀期待地来到了大通县极乐乡中心学校。一踏入学校，"幸福教育·快乐成长"八个字便映入我的眼帘。据了解，这是一所致力于打造教师幸福教育、学生快乐成长的"乐园"，培养"品行端正、健康活泼、成绩突出、习惯良好"乐园好少年的学校。

在顶岗支教实习期间，我主要担任的是一年级（4）班的语文老师兼代理班主任，顶岗支教实习的基本内容包括班级管理和课堂教学。经过短短两天的适应期，我便要踏上那三尺讲台，试讲我的第一堂语文课——一年级上册的《秋天》。回想在大学课堂上所学过的知识：如何设计教学活动，如何连接教学环节，如何预设教学情景以及PPT的制作，等等，不断地整理思绪。我明白第一堂课是我与学生建立师生纽带的关键一课，这决定着我在今后的教学过程中能否被学生们所接受。我在准备教案的时候设想了很多情况，但在正式上课时还是感觉到了理想与现实的差距。由于教学经验不足，第一堂课有很多方面的欠缺，包括教学语言的表达上、教学问题的设置上、课文内容的讲述等。还有最主要的一点就是对学生的反馈，课堂上学生的突发问题有很多，这非常考验老师的临场应变能力。这时我才理解课堂教学真正的含义："课堂教学是指在课堂这一特定情境中教师'教'与学生'学'构成的双边活动。"教师和学生是教学过程的双主体，在教学过程中，双主体应该在各自的领域中进行观点交流和思想碰撞，彼此相互理解、共同提高。教师要巧设疑、巧引导，对教学内容做合适的处理，激发学生思维的兴趣。

课堂教学需要"生生互动"

课堂教学中，学生应敢于发表自己在课堂学习活动中的理解和看法，并敢于对别人的见解发表自己的理解和主张。在教师指导下，学生与学生之间发生的各种形式、各种性质、各种程度的相互作用和影响，借助同学的交往而不断进行自我建构、自我发展、自我完善，从而形成课堂讨论的氛围，达到生生思想交流碰撞的目的。课堂教学中，教师不会先把分析的过程和结果告诉学生，所以同学们会按照自己的想法和思维方式与其他同学进行问题分析与辩论，这样课堂上就会产生不同的观点和言论。这种"生生互动"能够培养学生在多元想法中树立自己的观念，并与同学们多种多样的思维谋求共识，减少思想冲突，增进社会认同。

而要进行"生生互动"，教师首先要打造一个师生和谐且相互信任的课堂氛围，让学生能够在这种环境下勇于表达自己的见解和主张。不怕说错，这是进行"生生互动"的前提。而后，教师要教会学生搭建语言框架，让学生知道应该如何厘清自己的思路，用正确的语言和逻辑去表达自己的想法。再者，学生表达自己想法的时候，教师要进行合理的追问，用问题驱动学生思考探究的热情，让学生在独立思考的基础上与同伴交流，不断完善自己的认知。教师适时的追问能让学生的表达欲望更加强烈，在与同学交流疑问的过程中能让学生走向思维探究的更深处。

教学中尊重学生差异

教师在教学过程中一定要尊重学生个体的差异性，要面向全体学生，做到因材施教，让每个学生都积极参与到课堂教学中来，让"以人为本"的素质教育理念在教学活动中得到具体的反映。蔡元培曾说："知教育者，与其守成法，毋宁尚自然；与其求划一，毋宁展个性。"[①] 作为教师要辩证地看待学生的优缺点，对其不做绝对化评价。学生的性格、爱好、行为、优点和缺点等随着年龄

---

① 徐晓林，蔡学武. 中外教育名人名言 [M]. 北京：企业教育出版社，2019：62.

的增长、生活环境的优劣、学习的进度等而发生变化，不能因为学生一时的反应，就给学生打上"好学生"或者"坏学生"等类似的绝对化标签，这种绝对化的评价方式违背了学生的成长规律，作为教师应当尽量避免此类情况的发生。在设计教案时要考虑到学生接受程度的不同，既要考虑到学习困难的同学，也要让学习好的学生得到知识的充分"灌溉"，作为教师要建立"只有差异，没有差生"的学生观。提问的问题不宜太多太碎，要给学生充分思考的时间，难度一般的可以由学习困难的学生回答，难度较大的由基础较好的学生回答，使不同层次的学生都能得到最大程度的心理满足，体会到成功的喜悦。因为学生认知发展水平存在不同，所以在作业辅导时，教师就要照顾到学生的差异性，如对于学习困难的学生，教师就要多花功夫，认真辅导，找出学生的问题所在，及时给予指导。

注重师生交流

古人云："亲其师，方能信其道。"[1] 热爱学生是教师全部工作的出发点，一个教师只有对学生有"满腔热情的爱"，才能在师生之间架起一座理解、信任的桥梁，消除学生对学习的畏难情绪；只有创设融洽的情感氛围，创设一种使学生感到亲近亲切，感到"如沐春风"一般愉悦的情境，才能充分地调动学生的学习积极性和主动性。师生双方只有在真心交流中才能分享彼此的思考、经验，了解彼此的情感、体验与观念，实现教学相长和共同发展。课堂教学是教师教和学生学的共同活动，在组成教学的各个因素中，学习情绪的培养和教学气氛的营造是十分重要的。教师授课要有饱满的情绪，以自己的爱心和激情唤起学生高昂的学习情绪，激发学生强烈的求知欲望，增强其学习信心，营造积极活跃的学习氛围。教师自身应严格要求，认真钻研教材，努力学习新知识，提高自身的业务能力，胜任语文教学，用自己的实际行为感染学生。只有在这样和谐、愉快的气氛中，才能不断促进学生参与课堂，提高教学效果。教学有法，但教无定法。只有选择恰当的教学方法，才能充分发挥教师的主导作用，使学生在教师的引导下，主动地在原有知识的基础上探索思考、动手实践，从而达到掌握知识、发展智力、提高能力的目的。

---

[1] 陈文斌. 点亮可能：从薄弱走向优质 [M]. 厦门：厦门大学出版社，2023：173.

教学工作中必须与学生建立新型师生关系，这是教师职业道德所要求的重要内容。教师有了爱学生的思想，就会以满腔热情去了解学生、亲近学生、尊重学生并与学生沟通，才能真正成为学生的良师益友，缩小师生之间的距离。教师可以利用课间到教室操场走走，与学生们交谈，一起做游戏，征求学生对自己授课方式和方法的意见，了解学生在想些什么、关心些什么以及真正需要些什么。总之，利用一切场合，关心学生的思想、学习和生活，急学生之所急，想学生之所想，这种感情投资定会带来回报，使学生爱学、乐学，从而使教学工作取得良好的成效。

"最是书香能致远"经典阅读

为了进一步培养全体师生"读好书、好读书、善读书"的良好学习习惯，在全校范围内掀起了"书香陪伴成长，文明共同传承"的良好读书风尚。

全体教师开展经典阅读演讲，全校多名教师依据个人特长和喜好，充分利用课余时间积极学习，感受经典魅力。全体学生开展"尽享读书之乐，传承文明之美"主题朗诵活动，其中六年级经典诵读获得良好成果，参加了城关片区展示。此外，开展师生"读书月"活动，努力营造书香校园，让好书伴随学生健康快乐地成长。而我也尽力为学生做导读工作，引导学生阅读，教给学生基本的阅读方法，做好目标引领，让他们充分利用课余时间开展阅读活动。在课后服务课上，我会让学生讲述自己所读到的故事或朗诵一些古诗，让他们体会到阅读的乐趣，更加懂得"书香中国"活动的意义。

"路漫漫其修远兮，吾将上下而求索。"在顶岗支教实习过程中有得有失、有悲有喜、有苦有甜，这也使得我更加明白教师这一职业应有的责任和担当。教育者必须先受教育，尤其是在科学技术迅速发展的今天，教师更应该有较高的文化素养，不能仅仅满足于胜任所教的学科，而要具有广博的科学文化知识。教师是学生心目中最完美的形象，而要成为名副其实的楷模，没有广博的专业知识做支撑是不行的。无论担任哪一门课程的教学任务，教师都必须认真学习教育理论，掌握教育规律，了解教学动态和教育信息，善于总结教学活动，真心希望学生成才，为了一切学生、为了学生的一切、为了学生未来的一切而不断提升自我专业素养，更要积极参加继续教育培训学习，勤奋求实、开拓创新，不断钻研业务，精益求精，更好地、全面地推进素质教育，与时俱进，努力培养新世纪勇于挑战的优秀人才。

寒来暑往，夏始春余，这四个月的顶岗支教实习生活使我更深刻明白《礼记·文王世子》中的"师者，教之以事而喻诸德也"的含义。作为一名教师，要注重德才兼备，不仅要授学生"谋事之才"，更要传学生"立世之德"，而传德尤为重要。教师在任何时候都不能忘记：教师不仅是"教书匠"，还应是通过教育活动在学生心灵上精心施工的"工程师"。

顶岗支教实习学校：大通县极乐乡中心学校

爱在极乐，成长留自己

犹 波

3月16日，我拖着沉重的行李踏上顶岗支教实习旅程，俗话说"十年磨一剑，霜刃未曾试"，三年来在大学校园里学习到的理论知识，即将付诸实践。经过两个小时左右的车程，我怀着忐忑的心情和对教师这份神圣职业的向往，顺利到达大通县极乐乡中心学校。我们来到顶岗支教实习学校后受到了校领导和教师们的热烈欢迎。首先，召开了座谈会，了解到极乐乡中心学校是一所九年一贯制的学校，办学至今，学校一直致力于打造教师幸福教育、学生快乐成长的"乐园"，培养"品行端正、健康活泼、成绩突出、习惯良好"的乐园好少年，积极打造以"乐"为核心的校园文化。这里的一切就如同校徽的寓意：一本书衬托着"乐"字，寓意"乐于学习、乐于读书"，忽略"乐"字两点，是由"极乐"拼音中的字母"J""L"构成的火炬图案，蕴意着校园学习氛围以传递正能量的形式不断得到延续。从整体看校徽又是一张欢乐活泼、积极向上的"笑脸"，展现师生在"乐园"里幸福教育、快乐成长的精神风貌。

在顶岗支教实习期间，我主要承担一年级的数学教学工作。但初为人师且对低年级教学毫无经验的我，在实际教学中存在着许多不足之处，我的第一堂课进展得并不顺利。曾经在青海师范大学所进行的教学实训课多是以初高中的内容为主，然而在进行一年级教学时，我忽略了学生年龄阶段这一特殊性：一年级的学生处在一个爱玩好动的年龄阶段，注意力很难集中，虽然课堂互动我都围绕着"自主、合作、探究"的理念展开，但在学习活动过程中，学生并不能很好地与我互动。教与学同时发生，我和学生也在相互作用的过程中共同成长。第一堂课结束之后，我迫切想弄清楚到底课堂教学中哪里出了问题，应该怎样教好一年级的学生……于是我向顶岗支教实习学校的指导教师寻求帮助，他给我的建议是："要以学生为主体，一年级的学生应重在强调纪律，让他们时刻都处于认真听课的状态，并且在平时可以多学习一些鼓励性话语来与学生交流，激发学生学习的激情与乐趣。"这是我第一次深刻地体会到"教育是高度情境化的活动"的含义，教育实践虽然可以预先进行理性思考和详细计划，但实际上并非只要按部就班地展开教学预设的计划或模式就能充分实现其教育价值。整个教学过程都需要我们时刻关注课堂状态，以学生为主体，及时依据实际状况不断调整自己的教学设计，从而达到良好的教学效果。

刚刚进入一年级的学生，就如同一张白纸一样，这个时候对他们的引导和教育是十分重要的。俗话说，"良好的开端是成功的一半"。一年级阶段，打好学生的学习基础对于他们在今后学习数学道路上的进一步发展是非常重要的。陶行知先生说过"生活即教育"，同理，数学学习与生活也是息息相关的。那么作为一年级的数学老师就应该有意识地指导孩子观察和体会生活中的数学现象，挖掘和运用生活中蕴藏的数学知识。比如，在一年级上册教材内容中涉及数学语言"几个和第几个"，学生虽然会说，但不很清楚它们的区别和实际含义，作为教师，就要在教学环节中设计贴近学生生活的相关数学实例，如在超市排队付款，让孩子说说排队的有几个人？自己是排在第几位？孩子有了这样的实际经历，当然就能理解基数和序数的含义和区别。再比如上街买东西时，让孩子认识不同面值的人民币、商品的价格并简单地计算，有意识地向孩子提出数学问题，让他们利用已有经验和知识来解决，如"一本书8元，给售货员10元，那么应收回多少钱？"这些问题其实就是生活中的问题，孩子在生活中接触多，自然就会解决。然后通过生活中的数学问题，告知学生学习数学的重要性，从而让学生爱上数学，养成运用所学数学知识来解决生活实际问题的好习惯。

此外，我在教学过程中注重培养学生良好的书写习惯。一份书写工整的作业可以给人赏心悦目的感觉，从一开始就要严格培养孩子的书写习惯，要求书写工整、格式规范。例如，每个字、每个数都要严格掌握其笔顺和结构，要求写得正确、匀称、规范、迅速，不能乱画或倒笔。每个运算符号必须规范、清楚。数字间的间隔要适宜，草稿上竖式排列时相同数位要对齐，连线时要用直尺和铅笔，涂色应该先涂边线再涂中间，等等。结合孩子出现的一些书写不规范的现象，及时要求学生纠正错误，长期坚持下去，孩子就能逐步养成良好的书写习惯。对于孩子不能解决的问题，采取诱导的方式引导孩子找到解决问题的方法，鼓励孩子摆一摆、剪一剪、画一画、摸一摸，通过动手尝试来解决问题。

例如，对于"至少要用几个相同的小正方体可以搭成一个较大正方体"的问题，很多孩子认为是"4个"。这时教师可以指导学生拿出正方体动手摆一摆，看到面前的图形，学生们就明白"4个"不能搭成一个（正正方方）的正方体的原因，继而让学生们用可利用的小正方体进行拼搭，当他们在拼搭过程中发现"搭成一个较大正方体至少需要8个小正方体"时，他们喜形于色，仿佛发现了新大陆一样。动手操作看似浪费时间，实则收益很大，学生们在摆弄实物的过程中感知正方体的特征，头脑中形成正确的表象，并最终体会独立解决问题的喜悦，可以极大激发他们学习数学与探索未知事物的积极性。

学习的主人永远是学生，所以我的教学与管理都是本着"以学生为本"来展开。说到管理班级，这是我收获最大的地方。我懂得了如何与学生相处以及如何管理学生。在学校指导教师的悉心教导下，我懂得了要当好一名班主任并管理好班级，就必须奖惩分明，树立班主任的威信。为了更好地约束每个人，我们制定了班级公约，明确规定了每个人能做什么，不能做什么，并给予相应的加分、扣分及奖励和惩罚，这样能够使学生更好地遵守纪律。对于教育个别调皮学生的方式，不能一味地训斥，要尽量接近他的思想进行恰当的引导。教师对于学生的肯定、表扬和奖励一定要远远多于批评、指责与惩罚。在这半年时间内也验证了这一点："只有教不好的老师，没有教不好的学生"，教学方法至关重要。教育的艺术不在于传播，而在于激励、唤醒、鼓舞。在管理学生上，我本着更多地贴近学生、接触学生的理念，尽力帮助学生解决问题，这让我得到锻炼的机会变得更多，教学经验也会积累得更多。在课余时间，我也会经常跟学生交流，在交流的过程中学生往往会跟我袒露心声。工作上，我积极主动，能吃苦耐劳，勇于承受压力，在工作中能及时完成学校安排的任务，能主动配合学校的一切工作。

在教学工作方面，我认真钻研教材，虚心向指导教师及经验丰富的教师请教，经常参加听课评课和教研活动，协助教师批改作业，制定教学评价方案。我还利用空余时间对学生进行辅导。每一天我都会认真备课，用心上课，课后及时反思总结。经过一个学期的顶岗支教实习后，我认为自己的教学能力有了极大的提高。在班主任工作方面，指导我的是一年级（3）班的黄老师。我平常与她积极沟通，探讨师生交往方式和班级管理方式，全面了解每一位学生的学习情况及特点。同时我还参与主题班会和家长会活动，协助黄老师的班级管理工作，每天自习课和课后辅导我都会到班上管理班级。在生活上，我待人真诚，作风严谨，严格遵守顶岗支教实习学校的各项规章制度。在工作中，我与同事相处融洽、守望相助。顶岗支教实习期间未曾出现过无故缺勤现象，并与顶岗支教实习学校的教师们和睦相处、取长补短，在此过程中与顶岗支教实习学校的教师和学生们建立了深厚的情感。

习近平总书记于2014年9月9日在同北京师范大学师生代表座谈时的讲话中强调："做好老师，要有理想信念。陶行知先生说，教师是'千教万教，教人求真',学生是'千学万学,学做真人'。老师肩负着培养下一代的重要责任。正确理想信念是教书育人、播种未来的指路明灯。不能想象一个没有正确理想信念的人能够成为好老师。""好老师心中要有国家和民族,要明确意识到肩负的国家使命和社会责任。"[1]

　　苏霍姆林斯基也说过:"一个好的教师首先要爱学生,爱能把人带向喜悦和愉快。"[2] 在顶岗支教实习中,我深深地感受到了这一点,给予学生关心和爱护,才能更好呵护他们成长,也能赢得学生的尊重。在以后的教育生涯中,我希望自己可以一直保持着教育初心与教育热情,无论是为这四个月的顶岗支教实习生活,还是为了未来成为一名优秀的人民教师,我都会时刻调整好自己的心态,安心、静心、耐心地对待我的职业。我会认真地备好每一节课,多参加听课、评课,不断地积累经验提升自己。我会将我的耐心和爱心融到我所热爱的教育事业中,认真工作,不断地提高自己的专业素养和思想品德。我会虚心学习,不断反思,努力让自己快速地成长起来,努力使自己成为一个让学生爱戴、人民满意的数学教师,努力引导学生全面发展。非常感谢学校给我这次顶岗支教实习的机会,让我与这群小可爱们一起度过这充实的四个月,让我在这里不断完善自己,把爱留给了极乐,把成长留给了自己。

顶岗支教实习学校:大通县极乐乡中心学校

---

[1] 习近平:做党和人民满意的好老师:同北京师范大学师生代表座谈时的讲话 [EB/OL]. 中国政府网,2014-09-10.
[2] 张慧萍. 特别的爱给特别的你:浅谈班主任转化特殊生的策略与方法 [J]. 中国校外教育,2016(20):65-66.

跨学科教学实习

赵永范

白驹过隙，匆匆间一个学期已经悄然过去，回到大学，再次回顾这段经历，支教的场景历历在目，感动依旧停留在心间。怀着对教育的梦想，我捧着一颗火热的心于3月16日来到了位于大通县的极乐乡中心学校，这所学校是一所乡镇中学，距离县城约20千米。这里的孩子大多来自乡镇周边，有将近三分之一的学生是留守儿童，学校的教学设施和住宿环境跟我预想的差不多，因为我自己也是从乡村中学走出来的学生，所以对此心里并没有多大落差，只不过这次换了全新的身份再次进入学校，心里有诸多感慨。

首先是我的任教情况，我所执教的是小学四年级的体育课以及八、九年级的数学课。当我得知自己被安排上体育课的时候，内心充满了困惑和不知所措。作为一个非体育专业的师范生，我对如何设计和组织体育课一无所知。我开始担心自己是否能够胜任这个任务，是否能够满足学生的期望。面对困惑和不安，我决定主动寻求帮助。我向支教团队中的体育专业同学请教，他们给了我很多宝贵的建议和指导。我还阅读了一些与体育课教学相关的书籍和资料，以便更好地为学生设计教学内容和活动。

体育：自主参与练就团队合作

在准备过程中，我不断调整自己的心态，告诉自己要积极面对挑战。我设定了一个目标，那就是通过体育课培养学生的团队合作精神和积极向上的态度，让他们在运动中体验到快乐和成就感。在实施教学计划时，我尽量采取简单易行的教学方法和组织活动。注重学生的互动和参与，想要通过游戏和小组活动来培养他们的团队合作精神和沟通能力，所以我设计了很多类型的体育教学活动，以游戏的方式呈现出来。比如说一节课上我会设计萝卜蹲、接力比赛等各种不同类型的游戏,尽量给予学生自主选择的空间,在体育课上调动学生的主动性和能动性。同时也会通过比赛的形式让学生参与其中,培养学生上体育课的兴趣。

我清晰地记得四年级(2)班组织的一次接力赛,男生为一组,女生为一组,男女之间进行比赛,男生组和女生组各选出三名跑得最快的同学来参加比赛。"砰——",随着发令枪声响起,两名参赛选手冲出了起跑线,女孩子的冲刺明显没有男生快,眼看着男生都领先了半圈,但是在接力的时候男生队过于兴奋出现了失误,把接力棒摔到了地上,这给了女生队逆风翻盘的机会。在第二棒接力时女生队成功反超男生队,在反超的那一瞬间,全班的女生都沸腾起来了,有些感性的女生甚至流下了泪水。在比赛的最后,女生队赢得了男生队,赢得了这场小小的比赛,全班同学都围在我身边叽叽喳喳说个不停,女生在表达着胜利的喜悦感,男生们在抱怨着这次的大意输掉了比赛。但他们毫不掩饰地表达着这场比赛带给他们快乐的体验感,说"之前从来没有体育老师这样教过我们""我们之前就是不停地跑步训练""赵老师我们真喜欢上你的体育课"。

那次体育课之后,我逐渐适应并喜欢上体育课的教学工作。通过与学生的互动和交流,我发现他们对体育课非常感兴趣,愿意积极参与,这让我倍感欣慰,也激发了我的教学动力。通过这段时间的体育课教学,我从一开始的困惑和不安到逐渐适应和成长,收获了许多宝贵的经验和感悟。首先,教学不是一蹴而就的,需要不断地学习和调整自己的方法。其次,与学生的沟通和互动非常重要,只有了解他们的需求和兴趣,才能更好地设计和组织教学内容。最后,自信和积极的心态是成功的关键,只有相信自己能够胜任,才能真正发挥出自己的潜力。

数学:研磨教案与时间分配

对于数学教学,它完全不同于体育课堂,数学课堂更注重内在的思维,在上讲台前,每天我都会去听指导教师的课,从他的课上学习讲课技巧。每节课前,认真学习教学大纲,根据大纲要求,钻研教材,备好每一节课,编写好教案,并在交予科任老师审阅后进行试讲。试讲后科任老师会指出我的缺点和不足,我把各位老师提出的意见用心记下,再次对教案进行修改后才上台讲课,下课后接着反思自己的优点,怎么样能跟别人的长处结合在一起,再次打磨自己的教案。最终得到了科任老师和指导老师的认可,慢慢走上了讲台。

老师们在我真正站上讲台后指出了我讲课存在的最大问题，那就是时间分配。前几节讲课过程中，我的脑袋里根本没有"时间"这个概念，更谈不上"时间分配"了。但几个月实习下来，我在这方面也有了明显提高，没有了第一堂课的怯弱和紧张，而是在讲台上自然大方，知道课堂上什么时间该进行哪一步，什么样的问题可以多讲，什么样的问题可以简短来讲。可以说，现在的我初步具备了一定的"时间分配教学"能力。在支教的最后一周我接受了极乐乡中心学校数学教研组的听课与考核，考核的结果令我满意，让我知道付出的努力不会白费。

我对于实习的理解是：实习就是一个不断修正自己的过程，实习学校就是给自己犯错误并改正错误的平台。在顶岗支教实习过程中，刨除体育和数学的教学，我对班级管理的感受颇多，感觉自己在这方面还有很多需要学习和改进的地方。

从我们刚到校开始，学校的伊书记就讲过，极乐中学是一个充满人情味的地方，不得不说我体会到了，可爱的学生们，热心的老师们，还有时时刻刻关注我身体状况的带队老师，我很庆幸我遇到的每一个人，都在这个陌生的地方温暖着我的心。对学生们来说，我们的关爱可能会在他们心里泛起涟漪，最起码让他们感觉到生活的美好，让他们更好地向前，能让他们带着被爱的心继续生活，这就是支教最大的意义。另外，收获最大的还是作为支教者的我。对自己的历练，对教学知识的学习，克服艰苦环境的意志，在支教实习的每一天都在培养自己的适应能力、心态和抗压能力，这些都是独一无二的收获。

短短的四个月，却让我真切地体会到了每一位教育工作者的伟大，尤其是愿意留守在乡村和偏远地区的乡村教师们，他们那种为教学坚守的精神值得我去学习去赞扬。有了这样的特殊经历后，我想我更加明确了自己未来的人生奋斗目标：为培养中国特色社会主义建设者和接班人而奋斗。

顶岗支教实习学校：大通县极乐乡中心学校

用心支教　以爱琢玉

孙睿阳

3月14日，参加完青海师范大学举行的顶岗支教实习出征仪式，我坐上了开往大通县极乐乡的大巴车，奔赴基础教育一线。极乐乡中心学校位于大通回族土族自治县，是一所从1946年开办至今的学校，这么多年来一直致力于打造教师幸福教育、学生快乐成长的"乐园"，学校以建设"幸福教育，快乐成长"的幸福乐园为办学理念；以"质量立校，以德育人"为办学宗旨；以"以乐育德，以智兴校"为校训。

在顶岗支教实习期间，我主要承担九年级的道德与法治课程教学任务。开始顶岗支教实习后，我深刻意识到在大学校园里学习到的专业知识，如果没有进行实践，那便是纸上谈兵，而我们所学到的专业知识，也必须通过实践才能掌握得更加牢固。在上第一堂课时，我无法把握跟学生建立师生关系的度，不知道如何在与学生良好相处的同时还要管理好课堂纪律，导致课堂有些混乱。之后，在没课的时候我会去听有经验的老师上课，重点观察其授课过程中如何巧妙管理课堂纪律，把握课堂节奏，渐渐地，我有所体会，知道了如何才能既关注教学技能又关注课堂。每一位学生都具有独一无二的表现力与创造力，教师可以为他们创设一个轻松愉快的学习情境，学生在获得知识、得到全面发展的同时，老师自己也学到了更多实际操作的经验。

印象深刻的一堂课是我讲解公民的基本权利，备课时我在脑海中疯狂搜索着卓越教师课程中所讲到的内容，包括教学的流程、PPT的选材方法、教案的编写模板等，我对于这堂课的构思从课堂导入开始，准备引导学生从生活中获得经验，从实际出发。通过案例让学生生动形象地理解公民权利，这样的设计不只是因为导课的需要，也不只是因为从已有经验出发，而是引导学生回忆、整理已有的生活经验，提取有道德价值的内容，学会将"回望"作为向生活学习的一种重要方法，使其在不知如何、不知对错时，能想一想自己过去的经验、同学的经验，从中找到当下的出路。同时，我注重引导学生在反思中进步，通过课堂练习检验学生的知识掌握情况，结合本班学生的实际情况，展示给他们一些容易混淆的例子，引导学生进行批判反思。就这样，一堂课顺利地完成了，我和学生之间也建立起初步的默契，对于学情我也大致有了把握。但课后反思时我发现课堂上讲的理论、知识性的内容过多，不利于学生的理解，因此学生配合度不高；再加上学生们的年龄、基础不同的问题，有些教学环节设计也存在不合理的情况。指导老师在课后的评课中，将我存在的问题指了出来并给予了相应的意见和建议。

指导老师告诉我，作为教师不仅专业知识储备要丰富，同时还要有一颗一视同仁的心，对待学生要认真负责，心存爱心。虽然说我是一名实习老师，但仍要以一颗充满爱的心，充满爱的行为去感化学生，去帮助和启迪学生，坚守在自己的工作岗位，才能实现自我价值和社会价值。

主题班会：交通安全记心间

在顶岗支教实习期间，除了承担教学工作，我还是班主任，负责管理班级。安全无小事，抓好安全工作是保障正常教学秩序的前提，由于班级走读学生较多，通过调查，我发现班里许多学生缺少基本的安全常识，所以我对学生上下学路上的交通安全高度重视，充分发动学生，采取多种措施强化学生的安全意识。为此，我特意召开交通安全教育主题班会以达到普及安全知识、规范安全行为、强化安全意识的目的。在班会上，我首先对学生开展交通安全知识宣传活动，组织学生观看交通、行路安全等系列教育短片，教育学生做一个遵守交通规则的好少年。还开展了以"增强交通安全意识、提高自我保护能力"为主题的手抄报活动，加强学生对交通安全的重视。除此之外，我还围绕《中华人民共和国道路交通安全法》的内容，以加强中小学生道德建设，促进儿童的健康成长，倡导青少年开展《中华人民共和国道路交通安全法》的宣传教育活动为主题，教育学生不乘坐无牌、无驾驶证、拆装等违章的车辆。通过活动的开展，学生了解了交通安全常识，提高了遵守交规意识。安全走路，安全乘车，已成为学生们的自觉行动。通过这次主题班会集中教育，全体学生的安全知识丰富了，在班内也形成了"讲安全议安全"的浓厚氛围，这让我这个班主任欣慰了不少。

德育教育:"家""孝"文化润心田

对九年级的学生开展道德教育活动,除了课堂教学,还可以在特殊的节日当天开展。顶岗支教实习期间,我在父亲节这天给学生们上了关于"家"的一堂课——家的意味。在这节课上,我通过对家庭功能的分析和对亲情的情感体验,帮助学生理解"家"的内涵和"家"的意义。然后通过体悟"春运"这一中国独有的社会现象,让学生理解在中华家庭文化中,家的深厚意味和丰富内涵。通过对我国传统文化中家风、家规、家训的探究引出中国家庭文化中"孝"的精神内涵,引导学生对家庭美德深入思考,进而引导学生学会孝亲敬长。课堂上我组织同学们在便签上写下对父亲的感恩寄语,可以是一件微不足道的事,但你此时回忆起来仍能感受到父亲满满的爱;可以是一句很简单的话语,但在你陷入困境时会让你充满动力;可以是父亲无意中的行为,但温暖了你年少的时光;更可以是你看到父亲为家庭做出的贡献,抑或是父亲日渐佝偻的腰、手上粗糙的老茧和日益增多的白发。无论你想到了什么,那都是记忆中最伟岸的父亲。在父亲节这一特殊的日子里我对同学们提出要求,希望写下的寄语不只停留在纸上,还要亲口对父亲说出,爱需要表达,亲情更需要常表达,说出口的爱并不难为情,相反,这是你对父亲的感恩和爱的证明。在这个特殊的日子里开展道德教育活动取得的成效比平时更好。

转眼间,为期一学期的顶岗支教实习生活结束了。通过这次经历,我深刻体会到"教书育人"这四个字的分量,这是教师神圣的职责。教书者,必先学为人师,育人者,必先行为示范。要想作为一名光荣的人民教师,不仅要具有广博的知识,更要有高尚的道德。踏上三尺讲台的那一刻,我就深感"人类灵魂工程师"这一光荣称号的沉重。热爱教师的职业、爱岗敬业、关爱学生是做好教学工作的前提。我既然选择了师范专业,便是要走上教师这一职业道路,必然要尽心尽力,每一种职业都是社会的必要组成部分,每一个人都是平凡的,能在平凡的岗位上做好平凡的事,恰恰就是不平凡。"三寸粉笔,三尺讲台系国运;一颗丹心,一生秉烛铸民魂。"教师承载着传播知识、传播思想、传播真理、塑造灵魂、塑造生命、塑造新人的时代重任。作为一种职业教育,能够吸引我们的,莫过于在伴随孩子们共同经历从幼稚到逐渐成熟的生命历程中,我们同样也体验到成长的艰辛与欢乐,真正能体会到教师是光荣的,教书是严肃的，讲台是神圣的。百年大计，教育为本。我将以"忠心献给教育，爱心献给学生"为教育理念，不断朝着成为一名优秀的人民教师的目标迈进。

顶岗支教实习学校：大通县极乐乡中心学校

青春在三尺讲台上闪光

白 珍

"时光如白驹过隙，一时半霎，从指尖划过，我还未曾来得及感受，便是已经将所有的一切化为绕指柔。"我想借这句话来感叹时间过得太快，一转眼四个月的顶岗支教实习生活接近尾声。

顶岗支教实习期间，我主要承担一年级（1）班的数学、五年级（1）班的音乐和科学课以及六年级（1）班的科学课程教学工作。与此同时，我自己还会去听九年级的化学课程并找机会和老师沟通给学生试讲。实习期间，在各位老师的指导和同学们的陪伴下我收获了很多，从一开始的慌张无措到语言表达、纪律管理、时间把握上都有了飞跃般的进步，我逐步完成了由学生向教师的角色转变，也深刻理解并实践了"师者，所以传道、授业、解惑也"这句话。

身体力行传播正能量

"传道"，要求老师言传身教，传授知识的同时培养学生的人格品质。对学生来说，教师的一言一行潜移默化地塑造着学生的精神世界与行为举止，其高尚品质和人格魅力与教书育人成效呈正相关关系，正如《论语》中所讲"其身正，不令而行；其身不正，虽令不行"[1]。因此，教师要正己身正己心，身体力行去影响学生。

教学方面，我觉得应该做到正心、热心、虚心。老师对待自己工作的态度会直接影响到学生对待学习的态度。对于每一堂课，我始终坚持认真备教材、备学生、备教法，提前到达教室，做好授课准备，给学生提前进入状态做好榜样；课中，我时刻注意调控自己的授课状态，以饱满激情的状态去感染学生，

---

[1] 徐晓林，蔡学武. 中外教育名人名言［M］. 北京：企业管理出版社，2019：11.

带动学生，提升学生上课的兴趣和积极性；课后，我不断补充自身的知识结构，学习观摩课，不断提高自己的专业水平。有一次我试讲九年级化学课时，有一个男生突然向我提出一个问题，这个问题可以说有一些刁钻，让我一时半会想不到如何做出一个准确无误的解答。作为一名老师，不能立刻回应学生的疑惑不是一件多么光彩的事情，出于维护教师面子的心态，我可以选择敷衍了事，依据经验解答，但我选择如实地告诉学生："这个问题提问得非常好，但老师目前没有得出一个确切无误的答案，为了确保知识的科学性与准确性，需要查阅一些资料进行佐证，下节课老师带着准确无误的答案来回答你，好吗？"我想通过此事，告诉学生学习知识来不得半点马虎，坦然面对自己的不足，虚心求教是一件很重要的事情，以此培养学生刻苦钻研、一丝不苟的精神。为人处事方面，我认为应该给学生传递更多正能量，对学生宽容、有耐心，并接受学生之间的差异，给学生自信，让学生享受成长的快乐。这种环境下长大的孩子也会常怀感恩之心，待人接物真诚、谦虚、大度等。最后还应该做到讲原则。己所不欲勿施于人。如果教师自己都不能讲原则，也很难要求自己的学生遵守班规校纪。在实习期间我还代理了一年级（2）班副班主任一职，这期间我时刻强调要以身作则，遵守各项纪律，不迟到，不早退，处理学生问题公平公正，以此让学生认识到规则和原则需要人人遵守。

创设情境点燃学习热情

"教育不是灌输，而是点燃火焰。"正如苏格拉底所说，教育不是教条式地给学生们硬灌输知识，死记硬背，而是要技巧性地点燃学生们学习的热情，只有这样，才会有学习的兴趣，才会学到更多的知识。所以，教师的责任不在于教，而在于教学，教学生学，教授的不应该局限于知识本身，更重要的是教会学生用什么方法去获得知识的能力和解决实际问题的能力，这样学生面对世界一切真理便有了取之不尽，用之不竭的能力，这样学生在面对困难时就可以更加坦然与从容。

在讲一年级数学"找规律"这一节的时候，我先通过气球、花环等有规律地装饰房子来提起学生的兴趣，让整个课堂氛围活跃起来后，引出找规律，接下来通过一些例子让同学们理解规律的含义并能表述规律。这样既能培养学生探索数学问题的兴趣，而且还能让学生感受到数学的规律美，感受到生活中处处有数学。

走近学生产生情感共鸣

解惑就是指教师能够就学生的成长、学习、生活中产生的一些问题进行答疑，帮助他找到解决方法。这就要求教师的学科教学工作与班主任工作都要能够深入他们的学习与生活、情感与心灵，了解他们的所思所想，做他们情感的倾诉对象、心灵的沟通者和精神的慰藉者。

如何做到解惑呢？首先我们应该了解学生在学习中存在的问题，帮助学生"解惑"。我主要通过两种途径了解学生的"惑"，一是"主动出击"，利用课余时间以及课后服务时间，询问学生学习中存在哪些困惑后，给予学生具体解答，带领学生再次回顾该知识点，以期达到温故而知新的效果；二是"被动等待"，上课时我会和学生强调"老师非常期待和欢迎你们来办公室向老师问问题，勇敢面对自己的不足、寻求老师的帮助、追求知识的精进，我觉得这是一项很酷的行为"。面对学生生活与情感中的困惑，我扮演着"大姐姐"的角色，因为如果一直端着教师的架子，学生会产生巨大的疏离感，进而拒绝进行近距离的心理沟通，所以下课后、吃饭时我会和学生们坐在一起聊聊，最近有没有发生什么好玩的事情或者不开心的事情，共享他们的喜悦，排解他们的忧愁。

"纸上得来终觉浅，绝知此事要躬行"是我在顶岗支教实习中最大的感悟，从书本上得到的知识终归是浅显的，如果要想认识事物的根本或道理的本质，就得自己亲身实践。顶岗支教实习生活虽然已经告一段落，但是我们的青春还会继续在讲台上闪闪发光，我们带走了收获和欢乐，留下了对孩子们真挚的祝福和爱。

顶岗支教实习学校：大通县极乐乡中心学校

实习上课三步骤

马生梅

习近平总书记于2014年9月9日在同北京师范大学师生代表座谈时的讲话中指出："有爱才有责任。好老师应该懂得，选择当老师就选择了责任，就要尽到教书育人、立德树人的责任，并把这种责任体现到平凡、普通、细微的教学管理之中。正是因为爱教育、爱学生，我们很多老师才有了用一辈子备一堂课、用一辈子在三尺讲台默默奉献的力量，才有了在学生遇到危难时挺身而出的勇气，才有了敢于攻克新知新学的锐气。老师责任心有多大，人生舞台就有多大。"[1]

我牢记习近平总书记的重要指示精神，脑海里复盘着学校学过的知识，带着学校的嘱托和期望，实习期间在老师的支持和指导下，我不断地向前辈们学习教学经验和班主任工作管理技巧，学到了很多之前未接触到的东西，从中体会到了作为教师的喜悦和烦恼，真正尝到了作为一名教师的苦与乐，也体会到了教师肩上的重大责任，从而也有了新的追求。

顶岗支教期间，我实习内容主要包括两个方面：一是作为英语教师的教育实习工作，二是鼓号队的训练及其他工作。实习期间，我被分配给一名非常有教学经验的英语教师，她主要负责五年级（1）班、（2）班的英语教学和德育工作。在教学上，马老师给了我很大帮助，我也从中汲取了许多宝贵的经验，她帮我分析上课的每一个环节，教会我如何激发学生的学习兴趣，如何让他们理解老师的意图，如何更好地接受新知识等。通过她的教导，我能够把在高校课堂上学到的理论运用在实践中，在实践中筛选、磨砺出适合自己的理论指导，给我以后的教学工作指明了方向。

实习的第一步首先是听课。实习的过程不仅是自己要上好每一堂课，还要善于倾听优秀教师的课。作为一名新老师，听课是十分重要的，是为了学习授

---

[1] 习近平：做党和人民满意的好老师：同北京师范大学师生代表座谈时的讲话 [EB/OL]. 中国政府网，2014-09-10.

课，为今后的授课打下基础。在听课前，我会先认真了解本堂课的教材主要内容，简单地勾勒出一份教学设计。听课时，认真记好课堂的大致流程，注意老师上课采取了何种教学方式，关注学生在课堂上的反应，对比别的班级学生和自己班级学生有何不同。课后总结老师的课堂，思考我对教材、对课堂以及对学生认识的欠缺之处，如教学情境创设是否恰当、是否突出重点、板书设计与多媒体是否结合得当等，并写下本堂课的意见和建议，与指导老师进行交流。通过这样不断的学习和反思，然后内化成自己的教学方法。通过听课，我感受到每个老师都有自己的特点及鲜明的教学风格。每一个老师上课都独具风格，用最简洁的语言讲述知识，通俗易懂，并且注重课堂练习，力求利用课堂时间让学生最大程度地掌握知识。

第二步是上课。经过为期一周的听课，我也走上了讲台，学习如何驾驭课堂，如何控制讲课时间。首先，是备课和讲课。备课是教师工作的重要内容，也是教师对整个教学活动的一种预设，因为教师面对的学生是发展的，因此备课是一个永远值得我们研究的问题。我是通过以下几个方面着手的：一是教学目标的设计。在制定教学目标时，我正确把握好不同层次目标之间的关联，重视目标的整合。二是备学生心智水平。我根据学生的认知水平和兴趣爱好来设计教学，因材施教。三是对教材的合理利用。作为一名教师，我深入钻研教材，立足于教材，敢于超越教材，最后确立教学目标和教学重难点，同时也要对教学内容进行合理的教学情境创设。备好课才能上好课，虽然在大学微格训练中已经多次站上过讲台，但是面对的都是自己的同学而非真正的学生，上课状态、反馈都大相径庭，所以这也是深入一线实习的意义所在。"怎样讲才能让学生听懂，怎样才能上好一节课"，是我面临的一个重要而又迫切的问题。第一次站上讲台我是从习题课入手，最初我只是按卷面顺序讲题，经过杨老师的指导：按同类型题归纳串通讲，并且讲题不能只讲题，还要点明教学思想、方法，在平时课堂中培养学生的英语核心素养。在整个过程中，指导老师让我放心去研究，给我充分发挥的自由空间，坚持以授课为中心，增强管理，进一步规范授课行为，并力争实际与课堂知识相结合，认真仔细地备好每一节课，尽最大努力上好每一节课。

课堂教学中，我深刻体悟了教师是主导，学生是主体的思想。教学过程中要注重调动学生学习的积极性与主动性，多采用分组讨论、课堂提问、动手探究等方法让学生真正成为课堂的主人。在授课时，我更认识到自身存在着许多不足，比如，语言不够精练，在转折过渡时单薄无力，并且在新课引入时例子缺乏典型性，这些都说明我的教学基本功不到位。所以我必须汲取各位同学和老师的评价，反思不足，积累经验，不断地去实践，从而努力提高自身素质，将教学工作做到最好。

　　第三步是课后，关于班级中成绩较好的学生，就尽量出一些思考题，以便激发他们积极思考，开拓解题思路，提升解题能力。关于后进生，要及时发现他们身上的闪光点，利用课余时间，耐心地指导他们，树立学生们的自信心，鼓励学生不懂就问，努力提升学生学习成绩。在这个过程中，有一个学困生令我印象深刻。实习伊始，有一次我叫一个学困生来办公室谈心。他一脸沮丧，胆怯地来到我的面前，低头垂手，面红耳赤。我轻声问道："你怎么了？"他嗫嚅道："我错了。""你怎么错了？""不知道。"我有些哭笑不得，他已经形成了思维定式，被老师叫到办公室就一定是犯了错误。我意识到问题的严重性，正色道："那你把身体站直，眼睛看着老师，无论对错，你都要勇敢面对，老师叫你来不是批评你的，而是表扬你的。"他微微抬起头疑惑不解地看着我。我微笑着说："你这一周作业交了四次，尽管有些没完成，但比起上一周才交了一次，是不是进步了？老师相信下一周你不仅能按时交上来，而且能认真完成。"他脸上渐渐有了笑容。我又说道："这两天课堂上老师发现你没有私下说话，也没有玩玩具，比起以前是不是进步了很多啊？"他的笑容更加灿烂，腰直起来了，头也抬高了："老师，下周我一定认真完成作业！""好，老师看你的行动。"他轻快地走出办公室。后来他交作业积极很多，成绩也提高了不少。

　　从中我也学习到自信是进步的阶梯，是创新的源泉，是成功的前提。对学生的学习，老师既要关注学生知识与技术的理解与掌握，又要关注他们情感与态度的形成和发展；既要关注学生学习的结果，又要关注他们在学习过程中的变化和发展，让孩子在发现与收获中树立自信心。

　　三个多月的实习工作已经画上了句号，很感谢学校给我这次实习机会来提升自我，回首实习生活，虽然没有轰轰烈烈的战果，但也算经历了一段不平凡的考验，"纸上得来终觉浅，绝知此事要躬行"。在实习过程中，我深深地感受到自己所学知识的浅显和在实际运用中专业知识的匮乏。今后我将继续积极学习，不断提升自己的能力，充实专业知识，不断更新先进教育理念，坚持正确的教师观。在此后的日子里，我也将细心观察小事，认真对待生活，努力学会自我调节，及时脱离情绪低谷，培养积极乐观的心态。对待任何工作任务，都做到脚踏实地，一步一个脚印。凌空蹈虚，难成千秋伟业；求真务实，方能善作善成！

顶岗支教实习学校：大通县新庄镇中心学校

教学新感悟

满海萍

伴随着顶岗支教实习出征仪式的召开，我的实习生涯正式拉开序幕。对于未知的一切，我充满了好奇，好奇学校的环境如何，好奇自己会教几年级的学生。但也有些许的担心，担心自己不能适应当地的环境，担心自己不能胜任所分配的工作。怀揣着这样的好奇和担忧，经过一个多小时的路程后，我顺利到达了新庄镇中心学校。

新庄镇中心学校位于西宁市大通回族土族自治县新庄镇新庄村，学校覆盖12个自然村，其中回族占95%，是新庄镇唯一一所初中，也是当地的唯一一所民族学校。由于学校所处地理位置偏僻，贫困人口和留守儿童较多。在这样极端的环境下，学校也秉承着"关爱每一个学生，对每一个学生负责到底"的办学理念。

到校的第二天，学校领导基于我们实习生和新庄镇中心学校学生的情况，给我们安排了相应的工作岗位。作为物理专业出身的我，被安排在了小学部，这让我的内心有些失落。在未实习之前，我就开始着手研究中学物理的教材，熟悉相关知识，也参加了学院所安排的关于师范类的课程，做了充足的准备。但给我分配的工作是小学四年级的数学、信息、综合和劳动课，这就意味着接下来的四个月时间，我将无缘于我的专业课教学。但转念一想，作为教育工作者的我们，不能仅仅局限于自己的所学专业，"物理"和"数学"只是学科名称，它们也有着千丝万缕的联系，我们作为未来教育的实施者，要锻造自己融会贯通的教育教学能力。

收获颇多的第一堂课

第一周，学校安排我去听课。每次走进优秀教师的课堂，我都会有全新的感悟和收获，听课中不断领略他们对教材的深刻解读，感受他们对课堂的精准把控以及与学生之间的密切互动。他们在开启学生智慧大门的同时，也让我学习到了很多新的教学方法和教学理念。在听了一些课后，我开始准备我的第一堂课。虽然在青海师范大学每周的卓越教师课程上，已经多次站上讲台，训练过课程的讲授，也进行过微格课程的学习，但在实习期间面对的都是自己的学生，上课状态、反馈都大相径庭。

实习中的第一堂课是四年级下册数学"加法交换律和结合律"。教师的第一堂课不仅是对老师业务能力的考察，还是老师和学生建立关系的桥梁。第一堂课的成功与否，会影响我在学生心中的第一印象。在这些设想下，我开始着手准备，依据教案和自己对教材以及课程标准的理解制作PPT课件，然后让指导老师过目，针对错误和不妥之处提出宝贵的意见，而后进行修改，最后一遍遍梳理、熟悉课本和教案。正式授课时，我顺利完成了四十分钟的教学，并在课堂中围绕着"自主、合作、探究"的理念开展课堂互动。课后，指导老师对我的课堂进行了评价，其优点是语言流畅、语气饱满、课程紧凑等，缺点是在课堂时间的把控上不是很到位、讲授知识点过快等。总体来说，我的第一堂课比较顺利，学生积极的配合和活跃的课堂氛围也给了我许多信心，课后我也进行了积极反思，不断总结经验，提高自己对于知识和课堂技能的掌握，促进了教学能力的发展。这也让我深刻地体会到"教育就是把一切事物教给一切人类的全部艺术"。

课堂教学中语言的运用

教师作为一个特殊的职业，需要具备很强的语言表达能力，才能把自己已有的知识尽可能多地也高效地传授给学生。教师是书本知识与学生之间的联系纽带、运输通道。古代文学家韩愈说过："师者，传道、授业、解惑者也。"无论是"传道""授业"还是"解惑"，都要通过语言尤其是口头语言来完成。在实习过程中，经常听到经验丰富的教师以及在文理课程上有偏科的学生说，语文如果学不好，理解能力差，会对数学等理科学习造成影响。对学生是这样，对教师，其实也是这样，表达能力和方式有欠缺的话，会直接影响课堂教学效果，降低课堂教学效率。同样一个教学内容，同样的教学方法，不同的教师讲出来的效果可能完全不同，学生的学习效果也可能完全不同。这种情况下教师口语表达能力的强弱直接决定了课堂教学效果及整个教育质量的好坏。教育学家苏霍姆林斯基①说:"教师的语言素质在极大程度上决定着学生在课堂上的脑力劳动效率。"② 所以在"小数的意义"这个课题上,对理科生的我而言,有些困难,困难的点在于如何更好地运用语言知识,便于学生对其更好地理解。对此我一遍又一遍地研究教材,解读新课标的要求,做到将教材"读透""读薄"。课前充分组织自己的语言,备好每一堂课,使课堂做到目标明确、方法得当、内容正确、结构合理、语言得当、气氛热烈、态度从容、板书有序。

  课堂除了要有教师的教授,还要有学生的思考和互动。师生之间也要有语言的交流,并不只是一味地讲授。正所谓"课堂不是教师表演的舞台,而是师生对话、交流的舞台"。秉承着这样的理念,我在课堂上也注重与学生建立起平等、舒适的对话关系,同时运用积极的语言评价学生的表现,激励学生在课堂上大胆发言,效果比较明显。尤其令我印象深刻的是一个女孩子的成长让我意识到语言激励的重要性。起初,这个女孩子坐在教室的中间位置,上课总是认真在听讲,而且总能看见她在课堂上奋笔疾书,这引起了我的注意。在讲到课堂重点内容总结的时候,我想"她这么认真,那这节课的内容一定掌握得很好,这几个知识点她一定能说出来"。因此,我请她起来向同学们总结一下这节课的重点知识,我以为她会对答如流,然而令我意外的是她站起来一直沉默地低着头,不说话。最后,我不得不让她坐下来。但我很好奇为什么她上课这么认真,但问题会回答不上来,因此课后我和她进行了交流,并看了她的课堂笔记本,我发现她的笔记记得很清晰,且重点内容都有,但她就是没法回答。对此,我与她进行了交流,发现她性格内向,害怕在人多的时候说话,而且害怕老师对她的评价是不好的言语,因此选择在回答问题的时候沉默。在了解这一点后,我告诉她她很优秀,笔记也做得很好,鼓励她大胆发言,并在以后的课堂上多次让她回答问题,且每次都会用积极的评价语对她进行鼓励。渐渐地,经过一个多月的锻炼,我发现她在上课回答问题的时候自信了很多,回答得也越来越好。从原先的一言不发到后来的积极发言,这让我充分认识到教学过程中语言应用的重要性。

  顶岗实习的生活充满了艰辛和挑战,但所遇到的一切仿佛都似曾相识一般,也许这些问题都是以往所预料到会发生的,也是我期望发生的,人只有在艰苦的环境中才能磨炼出坚强的意志,我也明白吃得苦中苦,方为人上人的道理。

---

① 瓦·阿·苏霍姆林斯基,出生于乌克兰,是苏联教育实践家和教育理论家,著作有《给教师的一百条建议》《把整个心灵献给孩子》等。
② 欧阳芬,艾安丽,赵凌. 高效教学技能的理论与应用方法 [M]. 天津:天津教育出版社,2014:87.

每一个人都渴望成功，都渴望自我的生命能创造出无限的价值，都渴望能为更多的人付出，都渴望在后世人的眼中自己的生命是无可比拟的。我不能坚定地说我是人上人，但我会朝着那个方向努力的，成就更好的自己，也为今后的教育事业贡献自己的一份力量。

顶岗支教实习学校：大通县新庄镇中心学校

扣好人生的第一粒扣子

郭 燕

习近平总书记于2014年9月9日在同北京师范大学师生代表座谈时的讲话中指出："做好老师，要有道德情操。老师的人格力量和人格魅力是成功教育的重要条件。'师也者，教之以事而喻诸德者也。'老师对学生的影响，离不开老师的学识和能力，更离不开老师为人处世、于国于民、于公于私所持的价值观。一个老师如果在是非、曲直、善恶、义利、得失等方面老出问题，怎么能担起立德树人的责任？广大教师必须率先垂范、以身作则，引导和帮助学生把握好人生方向，特别是引导和帮助青少年学生扣好人生的第一粒扣子。"[①]

为期四个月的顶岗支教实习期间，我牢记习近平总书记对教师的殷切嘱托，始终坚持"以人为本"的教学理念，将习近平总书记的谆谆教诲内化于心、外化于行。四个月的时间稍纵即逝，整个实习过程中经历过很多的困难与挑战，也有过多次的退缩与自我怀疑，但正是这些磨砺让我在实习过程中不断反思、不断成长，让我认识到自己的责任之重，让我明白教师这条路任重道远。

实战授课：精心备课自我反思

在听课的过程中，我对于学生的学习情况以及学习进度有了大致的了解，在学习实习学校老师的教学方法和教学设计的同时，我认真地为自己的课堂教学做好准备。在教学过程中，我逐渐认识到学生语文基础普遍较差这一现状，所以我针对学生的特质逐步改变了我的教学策略。我在课堂中开始逐步重视生字以及拼音等基础内容的教学，并及时了解学生的学习情况。在布置作业时，

---

① 习近平：做党和人民满意的好老师：同北京师范大学师生代表座谈时的讲话［EB/OL］.中国政府网，2014-09-10.

我会着重布置一些基础性的作业，如生字的抄写，同时我也会根据学生的学习情况，针对不同的学生分层布置作业。在课堂上我也会拿出很多时间进行听写，再通过批改作业及时了解学生的掌握情况。

令我印象最深的是在三年级（2）班上的第一节语文课——《守株待兔》。在备课过程中，我注意到本篇课文是文言文，并且对三年级的学生来说，这是他们第一次接触文言文，所以在课堂上我注重让学生通过朗读来划分节奏，体会文言文的特点。文言文比较难懂，学生也对这些知识有些茫然。在课上，我先是示范朗读了一遍，让学生从我朗读时的抑扬顿挫中感受文言文的断句停顿节奏，然后再带着他们一起朗读。等到同学们在读音方面信手拈来后，我便开始带领他们理解课文意思，结合注释为他们一一讲解生字。解释完所有的生僻字词之后，我又请学生自己来讲一下这篇文章讲了一个什么样的故事。班上有个主动举手的小女孩，她站起来之后，在我的引导下，成功地讲述了守株待兔的完整故事情节，全班都为她鼓掌。《守株待兔》不仅是学生第一次接触到的文言文课文，还是一篇具有极强寓言性的故事，所以让学生厘清故事情节之后，我又向他们继续提问：这个宋国的农夫应不应该继续等兔子？同学们纷纷说不应该，我又接着让他们讨论，如果这个农夫继续等兔子，会怎么样？同学们经过自主思考过后总结出了不要抱有不劳而获的侥幸心理的道理，不然有可能像这个一直等却等不到兔子的农夫一样被人嘲笑，最终一无所获。最后，我还设计了《南辕北辙》这一拓展阅读的环节来开拓学生的思维。《南辕北辙》同样也是一个寓言故事，在课堂拓展环节，我没有进行讲述，而是请学生自己和同桌两两分组，来扮演文章中的主人公进行对话，并给他们留下一个问题：文章中的这个人到底能不能去到楚国？经过精心的准备，我的第一堂课收获了良好的效果，也得到了指导教师较好的评价。

勤学修德，为人师表。站在讲台上的我们应成为学生的表率，但同时，我们也不能忘记自己作为学生的本分和实习的初衷——虚心学习。所以，即便在已熟悉上课模式后，我们还是积极走进各个教师的课堂，学习他们丰富的教学经验，认真做好听课记录，仔细分析各个教学环节的优缺点并结合学生的课堂反馈来对整个课堂进行综合评价。最后，我提炼出每位教师优秀的教学方法与教学设计，应用到我自己的课堂之中。除此之外，我还积极邀请学校的优秀教师以及自己的指导教师走进我的课堂，请他们对我的课堂做出客观评价。根据各位老师的评价与建议，我认真进行反思并思考改进措施，争取在实习期结束之前能使自己的课堂达到更加完善与成熟。

课堂管理：树立威信严慈相济

之前在学校师范课程的学习中，我们总是只重视教学设计，很少去关注课堂管理的重要性。从我第一次站上讲台，才意识到课堂管理与教学设计是同等重要的。即使有再好的教学，但是没有良好的课堂纪律，学生不认真听讲，最后的课堂效果还是等于零。

作为实习老师，与学生的年龄差距并不大，学生对于我们并不存在敬畏之心，所以课堂上就会经常出现学生听讲不认真、交头接耳，甚至打闹、作业不按时完成的情况。我在注意到这一情况之后，对部分同学进行了口头教育，但这样的办法对三年级较为顽皮的学生并不能起到实质性的作用，所以我就采取了一系列其他措施：首先，我寻求班主任的帮助，请班主任来到我的课堂对上课不遵守纪律的学生进行了适当惩戒，这对班级一些较为顽皮的学生起到了威慑作用。其次，我要求班干部主动维持语文课堂纪律，并要求他们监督班级里的其他学生按时完成作业。最后，我建立了语文课堂的奖惩制度，对于课上认真听讲、作业按时完成的同学我会及时给予他们小奖励。对于那些平时表现较差的学生，一旦他们取得进步，我会立马在课堂上当众表扬他们，并委任他们担任"班级小助手"职位，使他们在监督别人的同时也起到监督自己的作用，并且树立他们的自信心，激发他们学习进步的兴趣。此外，每天我都会在家长群发布语文作业，请家长监督学生按时完成作业。在我的努力之下，语文课堂上不遵守纪律的现象逐渐减少。

在管理好自己课堂的同时，我也积极参与到班主任的工作之中。在学生的日常生活中，除了学习之外，还有安全、卫生、德育等一系列问题值得重视。作为班主任，需要每天记录学生的健康情况并监督学生打扫班级卫生，并时常对学生进行德育教育，建设好班级班风。

家校共育："家访"活动探学情

为了帮助学校了解学生的生活环境和家庭教育，以及密切学校和家长的联系，建立沟通的桥梁，新庄镇中心学校开展了"大家访"活动，我跟随三年级（2）班的班主任老师对班级里的学生进行家访。在家访过程中，我逐渐了解到，班里的学生绝大部分为回族，而且是留守儿童，学生的父母大都外出务工长年不回家，与孩子的联系较少，对孩子学习情况的关注也非常欠缺。大多数学生是和自己的爷爷奶奶一起生活，爷爷奶奶普遍文化水平不高，不能对学生提供学习上的帮助，而且有些学生的爷爷奶奶身体状况不好，学生回家以后还要承担一些家务劳动。还有部分学生家中兄弟姐妹较多，生活压力较大，无法购买一些学习用品。留守儿童在内心深处其实非常渴望父母的爱与关心，所以我在课堂上鼓励学生主动与自己的父母联系，学会表达自己心中的爱。通过此次家访，我明白了，学习不仅需要自身的努力，还需要家庭的助力。

　　最后，通过本次的顶岗支教实习，我学习到了很多，也成长了很多。对于课堂教学我不仅有了一些自己浅显的经验与见解，也对教师与教育这两个词汇有了更为深刻的认识，我也感受到自己肩上的责任日复一日地沉重。同时，我也认识到，要想成为一名合格的好教师，我要学习和改进的还有太多太多。所以，在以后的学习中我不会停止前进的步伐，会朝着成为一名合格的教师的目标而不断努力。路漫漫其修远兮，吾将上下而求索。

　　　　　　　　　　　　　　　　顶岗支教实习学校：大通县新庄镇中心学校

课堂教学的重要因素

马小瑞

3月中旬，怀着忐忑的心情，我乘上了前往支教的大巴。上车之后我突然感觉紧张，因为从此刻起，我不仅仅是一名学生，更是一名教师，"好老师的道德情操最终要体现到对所从事职业的忠诚和热爱上来。好老师应该执着于教书育人。我们常说干一行爱一行，做老师就要热爱教育工作，不能把教育岗位仅仅作为一个养家糊口的职业。有了为事业奋斗的志向，才能在老师这个岗位上干得有滋有味，干出好成绩"[1]。由此我思绪万千：我该如何平衡自己的不同身份，怎样处理师生关系和同事关系，最重要的是我能不能做一个好老师，一个为人师表、关爱学生的人民教师。怀着这样的心情，我开始了自己为期四个月的支教生活。

课堂需要良好的教学气氛

教育，原本就是温和的浸润。营造一个良好的课堂氛围，学生才能够自由地舒展，自由地成长。在良好的环境中学习会事半功倍，所以我在上课时会有意识地给予学生主动思考时间，通过控制自己面部表情变化、声音语调变化，营造一个轻松、快乐的课堂气氛。在顶岗支教实习期间，我主要承担四年级语文课程的教学工作，这个学段的儿童是活泼的、调皮的，更是富有创造力的。于是上课时，我尽量让他们结合感官学习，如在《飞翔蓝天的恐龙》这一课中，我让他们画出自己想象中的恐龙，再画一只小鸟，然后让学生思考两者异同，思考曾经的地球霸主恐龙为何会变成翱翔天际的小鸟，又是怎么变成这样的。

---

[1] 习近平：做党和人民满意的好老师：同北京师范大学师生代表座谈时的讲话［EB/OL］. 中国政府网，2014-09-10.

在我的不断引导下，学生们积极投入活动中，表现出对这个活动的兴趣十足。同时，在学生积极思考的时候我会以不同的方式加以引导，让学生自己梳理演变过程，同学们受益良多。相比于教师上演的独角戏，显然，这种方式更容易让学生理解，教师也更轻松，实现了共赢。

课堂需要动静结合

在《上一堂朴素的语文课》中提道，语文课堂上我们既需动也需静，静往往比热闹更可贵，它能让每一位个体主动地去想象，自主地去揣摩，在这个过程中思维的火花静静地闪烁，情感的波涛静静地流淌，学生的心智之花悄悄开放。当课堂不是教师的"一言堂"，学生才是课堂的主体，所以我开始研究该如何让学生主动起来，不是一个人，也不是几个人，而是所有人都参与进来。结合我了解到的情况以及对学生的了解，我开始反思自己，改变教学思路，潜心琢磨文本。我发现，每篇课文都是不一样的，同样的，每一个儿童都是独特的。或许我可以采用不同方式进行讲授，课堂活动可以设计得多样一些，保证每一个儿童都可以参与进来，可以小组分工、可以独立学习、可以三五成群，也可以一枝独秀，久而久之学生都会用自己的方式参与语文课程的学习。最让我惊喜的莫过于班里的学生日渐变多的笑脸、日益增大的声音。我不会遏制学生在课堂中的发言，因为有时候我可以从他们的表现中判断自己的课程是否有趣，教学效果如何。如果他们表达与课堂无关的话题只说明了一个问题，我的课堂设计不够有趣；让我哑口无言的问题代表我的准备还不够充分；他们昏昏欲睡的小脸说明我的设计不够灵活。在这样动静结合的教学方式下，四个月后与第一个月相比，学生的进步很大，我的进步也是显而易见的，我不再慌张、不再怯场，我能落落大方地讲授一篇课文，可以对一首古诗侃侃而谈，这无疑是令人惊喜万分的。

汉字书写"大比武"

在批改作业时，我发现，班里的大多数学生字体结构布局不规范，书写存在很大问题。写一手好字会影响教师的第一印象，因为批改作业、试卷时教师首先看见的是书写字体，所以印象分很重要。于是我要求学生有意识地注意自己的字体，从偏旁部首开始，横平竖直，一笔一画地规范书写。学生具有向师性，教师的言行举止会影响到学生。因此，上课讲解生字词时，我也会注意自己的字体，从拼音书写到汉字结构我也有意识地改变自己，学生练字帖我也练，从我的粉笔字到作业评语都在注意自己的书写。在我的影响下，学生们字体的书写进步了很多，我们会每周进行评比和总结。久而久之发现，每个月学生都在变化，字体变得越来越赏心悦目，不仅我开心，学生也很开心，他们时不时会跑来我面前"炫耀"，甚至写字时会来我办公室，他们说怕自己下课松懈或者回家忘了，前功尽弃。

在良教乡中心学校实习的这四个月里，从开始的迷茫不知到后面的游刃有余，指导老师和身边的同事给我的帮助很大。每周重复着同样的工作，偶尔我也会感觉到乏味无趣，可是每次走进班级看到学生扬起的小脸，我又开始满怀信心，至少我不能辜负学生，不能让他们期待落空。这四个月教授了各种各样的课程，有点累但是更多的是收获，从教学语言、教学仪态到教学反思总结，我的变化是明显的，同时，学生的变化也是很明显的。他们的成绩不断提高，脸上笑容也逐渐变多，课堂氛围越来越好，一切都在向积极的方向发展。

从第一堂课到最后一课，从初识到熟悉再到分别，和学生相处的每一天都是快乐的。这次支教给我留下的印象颇深，从中汲取的经验也颇多，为我以后的教学生涯奠定了基础，让我的教学技能得到很大提高。

苏霍姆林斯基说过："一个好的教师首先要爱学生，爱能把人带向喜悦和愉快。"[1] 在顶岗支教实习过程中，我深切地感受到了这一点，只有给予学生关心和爱护，才能更好地呵护他们成长。在以后的教育生涯中，我希望自己可以一直保持着教育初心与教育热忱，守护好每一个孩子的童心，将知识文化传承下去，把爱传递给下一代。

顶岗支教实习学校：大通县良教乡中心学校小学部

---

[1] 张慧萍. 特别的爱给特别的你：浅谈班主任转化特殊生的策略与方法 [J]. 中国校外教育，2016（20）：65-66.

三尺讲坛三尺鞭,笃挥胸墨育英贤

赵佳美

3月14日,我怀着忐忑又激动的心情踏上了顶岗支教实习旅途。一路上我的脑海里充满了对顶岗支教实习生活的向往,"十年磨一剑,霜刃未曾试",在大学里苦学三年,终于有了用武之地。而身份的转变也让我有了些许的惶恐,我即将去往陌生的环境,接触新的人,学习新的知识。经过两个小时的路程我来到了大通县良教乡中心学校,顶岗支教实习校领导进行工作分配后,我便在该学校的小学部开始了我的顶岗支教实习生活。

学正为师,身正为范。作为一名教育专业的顶岗支教实习教师,在顶岗支教实习期间,我始终秉承着"勤学修德,为人师表"的教学理念,并以身作则,时刻以一名优秀教师的标准来严格要求自身,时时刻刻注意自己的言行举止,为学生们树立良好的榜样。

在顶岗支教实习期间,我主要承担三、四年级体育教学工作。在整个顶岗支教实习期间,让我记忆深刻的是我在该校讲授的第一节课。在准备第一堂课时,我心中满是忐忑,因为作为一个在大学里主修化学专业的学生,对体育方面的教学真的算是一个"门外汉",所以在顶岗支教实习学校进行体育课教学让我感到有些手足无措。于是我去请教我在该校的指导老师,在指导老师的悉心帮助下,我结合学校课程展示教学时的流程:认真构思教学环节、设计教学活动、预设教学情境等,准备了自己顶岗支教实习生活中的第一堂课——"体育与健康"。在上课之前,我做了很多的准备,因为我知道这不仅是我在顶岗支教实习学校的第一课,同样还是我教师生涯的第一课,更是我与学生互相认识以及建立良好师生关系的第一课。或许通过这第一节课,我可以给学生留下一个深刻的印象,让他们对我的体育课产生兴趣,使他们明白体育课并不等于普通的活动课;又或许我的教学方式没有吸引到学生,不能让他们主动地参与到我的课堂当中,导致他们仍然存在着对体育课错误的认知。在设想完各种可能后,我开始了教学教案的书写工作。由于课程的特殊性，我并未使用到 PPT 演示课件。可是计划终究赶不上变化，等到正式上课那天，无奈天公不作美，下起了雨，我只好带他们去体育馆内上课，由于场地的限制，我所准备的一些体育活动环节并未予以实施。在这样的情况下，我仍较为顺利地完成了四十分钟的教学，虽然存在着许多不足之处，但是课堂氛围十分好，学生们对我的认可度也很高，整节课我都秉承着"安全第一"的教育思想，在确保学生安全的基础上开展体育教学，使学生们了解到体育课程的重要性，在教学活动过程中，学生也带给我不少启发和惊喜，让我在教学的过程中和学生们一起学习成长。这也让我第一次深刻地体会到"讲解、演示"在教学活动中的实际意义，这也进一步地要求老师要努力提升自身素养，适应各种突变情况下的教学工作，需要我们以高度的精力和敏锐的洞察力灵活应对教育情境并适时采取相应的措施。

让爱的阳光温暖学生的心

在教授体育课程之余，我也肩负起了班主任的工作。记得以前上学的时候我想成为一名班主任，现在终于得偿所愿。可当我正式成为班主任之后，才知道这个职位所承担的工作比我想象的要困难许多，但同样也让我受益匪浅。

班主任是班级的领导者、管理者。一个班级的精神风貌、学习风气、行为习惯如何，都掌握在班主任手中。所以，班主任工作是很艰辛的。但是，当班级这艘"航船"驶入正规的"航道"，并一路收获丰收和美景时，班主任工作又是充满快乐的。关爱学生，一方面，表现在对所有学生一视同仁，不偏袒、不歧视、不放弃任何一个学生；另一方面，表现在能敏锐地洞察学生的心理变化、及时地把握学生的思想动态，让学生感到教师在时时关注着自己，从而让他们提高自我意识。我经常找学生谈话，谈话能真正架起师生之间理解与沟通的桥梁，也是老师关爱学生的具体体现。谈话要找准时机，同时要在适宜的氛围中进行。在学生遭遇挫折而倍感无助时、在学生家庭遭遇变故而惶恐不安时、在学生百无聊赖而不思学业时、在学生面临情感上的困惑而不知所措时，都是教师应该找学生个别交谈、倾注关爱的最佳时机。

俗话说"严是爱，宠是害，不教不导要变坏"。在我任教的班级，班上有几个非常调皮的学生，因为家庭情况特殊以及成长环境的影响，做事我行我素。甚至有几个女同学拉帮结派，她们面对任课教师的指责从来都是冷眼相对。记得有一位学生直接对我说："老师，你别管我，不然我就要退学了。"在教育他们的时候，我有过失败的教训，也有一点成功的经验。刚担任这个班级的班主任时，我急于在班级中树立威信，对他们时常板着脸并对他们严加管教，结果学生表面上对我产生敬畏感和服从感，但是并不是心悦诚服地接受我的教育和管理方式。经过一段时间的观察和请教有经验的老师帮助后，我改变了原有的教育方法，对他们给予了大量的爱心，时常和他们谈心，了解他们的生活情况、学习情况。结果，学生都非常愿意和我交流，有什么事情都愿意对我说。在我完全了解他们个人情况之后并进行因材施教，最终班级管理效果得到了显著提升。我终于明白了：对学生要严中有爱，以爱动其心，以严导其行，既要严格要求，又要给予他们最大的尊重和爱心。

  同样作为班主任最不可缺的就是耐心和细心。培根说："无论何人，失去了耐心就失去了灵魂。"① 古人也云："教也者，长善而救其失才也。"② 由此可见，细心和耐心对教育的重要作用。班主任的细心是洞察学生思想行为的"航灯"，是班级常规工作的"钥匙"。班主任老师要抽出更多的精力，细心地去观察每一个学生，了解他们的特点、思想和需要，从而激发学生对某一方面活动的兴趣，使其个性得以充分发展。更应该有耐心，用耐心去开导学生，做好学生思想教育工作，多给学生改过自新的机会，循循善诱地指导他们，努力让他们明白自己哪儿错了、为什么错，从而让他们从根本上去改正错误。

听课备课在学习中成长

  在整个顶岗支教实习期间，让我受益匪浅的是学校组织的听课备课活动。教学工作最基础的方面是听课，顶岗支教实习第一件工作也是听课。顶岗支教实习期间的听课不再是以前在大学里专门听老师讲课的内容，而是要听指导老师讲课中的教学方法、讲课思路、等等；学习指导老师的教学经验和处理课堂突发事件的方法，与学生互动的技巧，等等。我第一次听的是语文公开课，这节课内容精炼、节奏紧凑、课堂气氛活跃，让我耳目一新。听课过后，顶岗支教实习学校安排了评课环节，各位听课老师先后发言，主题有重点难点的掌握、课堂气氛、与学生交流情况、导学稿的应用和课件制作等，大家提出诸多有建设性的教学建议。评课后，该校指导老师对我说了评课应该注重的几点内容：

---

① 王伟，王法君. 怎样带好一个班[M]. 天津：天津教育出版社，2018：73.
② 陈栋，吕玲. 中国新世纪教育研究[M]. 北京：中国时代经济出版社，2012：349.

首先是学生在课堂上学到什么、解决了什么问题。其次是教师对重难点的区分和处理。最后是师生交流情况等。这次听课、评课让我觉得，教师教学不仅是学科教育知识的传授，还有很多其他需要学习的教育教学技能。自那天起，我根据课程表去听课，做好详细记录，以期在最短时间内提高自身教学水平。

教学工作的第二个方面就是备课。一般在顶岗支教实习前期以听课为主，但听课的同时要准备好自己上课的内容，也就是备课。备课是教学的开始，备课不仅要联系书本上的内容，也要和学生的实际生活相联系，还要考虑学生原有的知识水平、学生的接受能力、学生对课堂的反应、教学实际情景等方面的情况。在备课的时候，我的教案一般是详案，把上课的每一句话都写出来。在备好课后，首先要把教案交给该校指导老师修改，指导老师会告诉我哪些地方需要着重注意，哪些地方应该更多地与学生互动，等等。依据指导老师给出的建议，我会再次修改教案，整理好后再次交给指导老师检查，然后才开始正式上课。每一个教学环节，我都非常认真地对待，以争取在上课的时候发挥出更好的教育效果。教学工作最重要的环节就是上课，这个步骤是把前面所有工作拿到实际环境中去检验的重要一步。在这个过程中，就可以看到每位教师的真正实力，每位教师是否认真对待课程的准备、是否把上课当作一件重要的事、是否对顶岗支教实习学校、对学生负责。以前作为学生听课，目的是学习知识，现在作为教师上课，是为了学生更好的发展。目的不一样，我们的关注点就不一样。刚开始上课的时候，我觉得体育课无非就是自由活动，让他们自己玩，可是经过一系列听课学习之后，我才真正认识到体育课在教育中所占的重要地位。在教育部发布的《义务教育体育与健康课程标准（2022年版）》中，提出一条重要理念是：落实"教会、勤练、常赛"。这条理念指出体育与健康课程应依据学生的学习需求和兴趣爱好，面向全体学生，落实"教会、勤练、常赛"要求，注重"学、练、赛"一体化教学。由此可见，新课标的要求下，体育课不再等同于活动课，而是要真正地让学生做到"学会，勤练，常赛"。因此作为体育老师的我，在第一次公开课中，着重地教授了学生们课前的热身运动，以及运动过后的舒展运动。在最大范围内保证了学生的身体安全，在安全的基础上进行体育课程的开展。此外，我根据学生个人选择将其分为篮球组和乒乓球组，促进他们的个性全面发展，学生们在我的体育课上也表现出极大的兴致。

四个多月的顶岗支教实习工作是短暂忙碌的，也是充实的。想想自己即将离开这里，心中还有些许不舍。顶岗支教实习生活所焕发的光芒将照亮我今后的教学之路。最后感谢在这四个月来顶岗支教实习学校的指导教师和领导以及带队老师，谢谢他们在各个方面给予我们的关心和帮助。转眼间顶岗支教实习生活即将结束，回顾近四个月来的顶岗支教实习生活，能够赢得学生的喜爱，得到顶岗支教实习学校的肯定，对我来说真是莫大的安慰。有辛苦的付出，就有幸福的收获，我感受着顶岗支教实习赋予我生命的精彩，在以后的教育生涯中，这段经历我会一直铭记在心，一直鞭策着我努力前行。

顶岗支教实习学校：大通县良教乡中心学校

用"爱"与学生共成长

李永萍

盛夏已至,作为一名光荣的顶岗支教实习教师,我来到大通县良教乡中心学校从事支教工作已经一学期了。在这个学期的工作中,我一直牢记学校交给我们的使命与任务,并且以"勤学修德,为人师表"的校训来约束、要求自己。3月15日,我踏上了顶岗支教的实习路程,这也意味着三年来在学校学习到的理论知识,即将付诸实践。陌生的环境、艰巨的任务、多重的身份,除此之外,还有哪些挑战在等待着我呢?经过了两个小时的车程,我顺利到达良教乡中心学校,这所学校是一所九年一贯制学校,拥有一个初中部、一个小学部、两个完全小学和四个幼儿园、两个走教点,并且从办学至今始终秉持着"学有良教,教有良师"的办学理念。我期待着在这里一展身手,也同样期待着能有所收获。

严于律己,虚心求教

自从踏进新校园的那一刻起,我就没有把自己当成一个"流水的兵",而是以高度负责的主人翁精神,在每一个平凡的顶岗支教实习日子里挥汗如雨,辛勤付出。每周十六节课,另加四个早读,并兼任班主任工作,这对刚踏上工作岗位的我来说确实是一个不小的挑战。但我时刻牢记我的职责,克服种种困难,勇敢承担起工作任务,并严格遵守学校的各项规章制度和纪律要求,不搞特殊化,不迟到,不早退,按时完成各项工作任务。并且,我还积极认真地去旁听其他老师的课,虚心请教,认真学习他们的授课方法和授课技巧,以提高自己的教学水平,与他们一起研讨新的课改模式,一起进行新课改方案的实验与实施。作为一名支教老师,首先,我根据新课程理念进行教学。其次,时刻端正自己的教育态度,教书育人,为人师表。还经常利用课余时间多跟同事和学生进行交流,使自己成为同事们的知己、学生们的良师益友。顶岗支教实习对我们每一位支教老师来说，都是一次磨炼，毕竟它打破了原有的生活规律，要具备吃苦耐劳的精神。因此，在我加入"支教"队伍之前，自己已经做好了充分的准备，不管遇到多大困难，一定要坚持下来，竭尽所能地做好自己的本职工作。我严格要求自己，服从领导的各项安排。

课堂互动，师生合作共赢

在顶岗支教实习期间，我主要承担的是一年级校本、二年级道德与法治、三年级校本、三年级科学、四年级的道德与法治课程以及一个月的四年级（2）班代理班主任及双班数学教学工作。其中，最令我印象深刻的是三年级的一节科学课。这节课所讲的内容与植物生长有关，我先是在校园里对学生们常见的植物开展了一番搜集并拍下了照片。待到上课时，我先向学生展示了这些植物的照片，请他们试着猜一猜这都是哪里的植物。其中，有些人一下子就认出了这是学校里生长的花草。我继续说道："原来大家平时对身边的事物都观察得这么仔细啊！那我今天就给大家一个任务，请大家试着做一位小科学家，我们一起来研究一下我们身边的这些植物吧。"接着，我把他们分成小组，比赛说出校园内自己认识的植物。相比于那些气候宜人的地方，这里的植物确实不算多。于是，我也试着让他们拓展一些其他地方的植物。在气氛活跃后，我提出了本节课的观察任务，即在校园内观察这些植物的外形特点，并按照由低到高的顺序为这些植物排序。先是从整体上来观察这些植物，然后再仔细对比它们的叶子和花有什么不同，并在纸上将自己觉得不同的地方画出来。三年级的学生对自己身边的事物仍有很强的好奇心，他们也许曾在校园中偶然见到过这些植物，但是他们也依然对这些充满探索欲。在我看来，科学课一定是充满各种体验与感受的，坐在教室里看着图片和课本总少了点趣味。所以，在我的科学课上我总想利用现有的条件带他们看一看、摸一摸。看着他们七嘴八舌地讨论着自己的发现，展示着自己的"大作"，我也仿佛成了他们中的一员，由衷地感到开心。

做一个有德有爱的班主任

除了教学工作，我还兼任四年级（2）班的代理班主任。要当好班主任，最重要的是要有事业心和责任感，要对学生和家长负责。当我接手四年级（2）班后，花了一周左右的时间对班内的学生进行了解，在这期间学生们也显露出了很多问题。这个班的学生学习成绩差，在行为上也表现得有些自由散漫、随心所欲，缺少集体感和团队感，甚至可以说是散沙一团。面对此情况，我立即采取行动。首先，挖掘班级有思想、有上进心的小群体的潜力并重新组建了班委会，每天反复不断地抓住课堂、课后等各种时机对学生进行思想教育，让学生先从认识上转变过来。一味的说教有时并不能解决问题，反而会让学生们的逆反情绪加重，适得其反。因此，我组织了一些团队小游戏，课间我会让大家四五人分成小组进行"两人三足"等游戏，比赛输了的小组要接受小惩罚。

除了严格班级的制度外，我经常利用课余时间找学生谈话聊天，拉近学生与老师之间的距离。通过了解，我感觉农村的学生真的很辛苦，班上有三分之二是留守儿童跟着爷爷奶奶生活，爷爷奶奶也只能是尽力负责好孩子的吃穿，很少也很难给予孩子必要的交流和学习上的帮助。课余生活贫乏，除了看电视、疯跑之外别无其他。为了让孩子受到正常的思想教育，我想到了阅读。我曾动员他们积极阅读课外书，尤其是历史人文、自然科学等方面的书籍，每周开展一次读书分享会，让每个同学分享自己的阅读感受以及书写的阅读笔记，这一项活动的开展让所有同学收获颇丰。我也会试着向他们分享我对于这些书的阅读感受，和他们共同交流其中的内容。

在课余时间，我也会同学生一起参加有意义的体育锻炼活动，组织学生开展各类比赛，提升学生体育锻炼的兴趣。而且，在"六一"儿童节运动会期间，我会跟学生一同到比赛场地加油助威，我们班在运动会的各项比赛项目上取得了优异的成绩，孩子们的脸上也都洋溢着快乐的笑容。

感谢知遇，渐益美好

最后，感谢每个孩子们，谢谢你们给我带来的快乐，让我深深体会到做一名教师的光荣。一学期的支教实习是短暂又忙碌的，也是充实的。重温自己的支教生活，尽管看起来显得有些平淡，却依依不舍。顶岗支教实习，需要一颗真诚、乐于奉献的心，或许我们的出现并未能给这里的学生带来太多改变，但我们仍要坚定信念，努力做好每一次的工作。聚沙成塔，集腋成裘，我们的点滴努力终将有成效。岁月无痕，但我知道自己在这里度过的时光是有痕的。因为它真实地在我生命中，成为我的记忆。

顶岗支教实习学校：大通县良教乡中心学校

灵活多样的教育教学方法

李爱华

3月15日，参加过顶岗支教出征仪式后，我便带着行李踏上了前往实习的旅程。坐在车里的我心情既兴奋又忐忑，兴奋是因为我终于可以在真实的课堂环境里来检验我在大学三年中学习的成果，忐忑是因为这是我第一次以教师的身份进入实习学校进行授课，担心自己不能完成好教学任务。怀着这种复杂的心情，我抵达了实习学校——大通县斜沟乡中心学校，这个学校位置偏僻，条件较差。尽管在来之前内心已经做好了充分的准备，但还是超出了我的心理预期。不过我及时做好了调整，心想作为新时代大学生我要发扬艰苦奋斗的品格，努力用自己的实际行动完成好这次的顶岗支教实习工作。

五育并举的践行

我在学校除了担任历史课教学外还担任小学音乐、美术及二年级的道法课程教学。音乐和美术课程是小学基础教育的重要组成部分，是美育教育的重要实施途径之一，可以有效陶冶学生的情操，激发创新思维，提升实践能力，培养艺术素养以及审美意识，使学生保持积极乐观的心态，增进身心健康，从而促进学生"德、智、体、美、劳"全面发展。但是许多学校对这类课程往往是不重视的，没有发挥出其本来价值。

学生学习音乐的感觉是多方面的，其中最重要的是对音乐形象的感知，对音乐的兴趣。因此在教学设计中要创设有利于学生学习情境的环节。先进的多媒体教学设备已成为老师们的得力助手，它集声音、图像、文字、动画于一体，化虚为实，创设出教学情境，让学生身临其境，从而更真切地感受音乐，开拓思维，展开想象。

一节好的音乐课首先要让学生感兴趣，所以在讲授新课前，我会利用多媒体导入新课，既形象直观，又能增强学生的学习兴趣。这样，不仅有助于学生理解歌曲内容，还能激发学生学习音乐和表现音乐的欲望。而且，利用丰富多彩、生动鲜活的多媒体课件画面和恰如其分的画外音创设新课的情境，能使学生迅速进入最佳学习状态。事实上，小学生在音乐艺术的感受能力方面相对比较弱，加上小孩子好动的年龄特点，如果在小学音乐欣赏课上没有辅助性素材，他们是没有耐性来坚持下去的，而且欣赏课是学生通过听觉来接受知识信息的，但时间一长，就会造成听觉疲劳。尽管安静地听，我想也是很被动。因此，在小学音乐欣赏课上会出现"死气沉沉"的局面。音乐既然是一门艺术，那就说明它是一种抽象性的东西。按照人的认识规律，人们在理解抽象的东西的时候往往借助一些具体的事物来完成。我想，我们不少的音乐教师在上音乐欣赏课的时候可能忽视了这一点，以至于在音乐欣赏课上出现强迫学生听音乐的现象。

因此，我汲取经验，在教小学音乐《小雨沙沙》这课时，我借助多媒体创设情境，用生动的画面，把学生带进一个崭新的境界，使学生兴趣盎然地投入学习。一上课，我首先出示一幅多媒体课件（音乐大楼），然后讲解：在今天的音乐课堂里，有一座奇妙的音乐大楼，里面住着几个好朋友，他们天天在一起唱歌，世界上最美妙动听的歌曲都是由他们组成的，你们知道他们是谁吗？今天，这些作曲家给我们带来了几个小问题，然后出示问题，让学生通过合作的形式解决问题。在上课过程中学生甚至又提出了很多其他的问题。通过多媒体创设出最佳的教学情境，激发学生的学习热情和创造的动机，调动了学生的参与，让我收获意想不到的效果。

经典诵读比赛活动

作为实习教师参加各类娱乐文体活动是必不可少的。在实习期间县上举办"经典诵读"比赛，我与几名同事分工合作确定了参加节目的学生名单和节目内容，并开始对学生进行排练。

排练的过程并不顺利，有几个顽皮的男孩子总是不听指挥，在排练过程中总是调皮捣蛋，搞得整个排练没有一点秩序。有一天，在我排练的时候，有一个刘同学看我是实习生，所以没有顾忌地"上蹿下跳"，整个场子里都是他跳脱的身影，严重打扰到其他同学的排练，让我忍无可忍。因此，我暂停了整个排练，让刘同学站在队伍前面，问他"为什么要这么调皮？"他并不回答，只是沉默地低下头。我静静地看着他，知道他并没有懂，也没有完全认识到自己的错误,而我也没盯着他或者是把他骂一通。反而,我转过身问同学们:"你们认为举办这个活动,或者让同学们参加这个活动的意义在哪里?"有几个女孩子踊跃举手,答案五花八门,"有想得奖的""有想了解中国传统文化的""有觉得好玩的"等等。我并没有觉得他们参加活动必须出于一个目的,所以对他们参加活动的目的并不做评价。等他们回答完,我又说:"大家虽然出于不同的目的参加比赛,但我们是不是有一个共同的目标?"他们斩钉截铁地说:"是,我们要赢。"我笑了,说:"是,赢了更好,但更重要的是我们认认真真地做每一件事,既然决定了,就要用心证明我们做了对不对?而且我们是一个集体活动,每一个人都是最重要的一员,任何一个人的敷衍都是我们团队的不成功对不对?"他们坚定地说:"是。""那接下来我们应该干什么?"他们大声说:"好好练,争取赢。"我点点头并竖起大拇指说道:"棒,加油。"然后我转过身问刘同学:"明白了吗?你很重要,你的努力对我们很重要对不对?"他睁着自己大大的眼睛回答道:"对,老师我不会了,我会好好练的。"我摸了摸他的头,让他入队练习了。后面同学们都认真了不少,都知道不能拖团队的后腿。经过不懈努力,我们取得了不错的名次,感觉带领学生取得名次所带来的荣誉感比自己获奖还让我们开心。

这次的顶岗支教实习活动使我收获颇丰,是我们大学生将理论知识付诸实践的必需环节。通过实习,我接触了与本专业相关的实际工作,增强了感性认识,综合运用所学的理论知识、基本技能和专业技能,把理论与实践结合起来,提高实际操作能力和综合素质,同时体会到了作为一名老师的艰辛与劳累,也明白了作为一名老师的光荣与责任。

习近平总书记在清华大学考察时强调:"教师要成为大先生,做学生为学、为事、为人的示范,促进学生成长为全面发展的人。"[①] 教育是国之大计、党之大计,多年来习近平总书记一直重视我国教育事业的发展,同时也发表了许多重要的讲话,聆听了习近平总书记的重要讲话,我深感振奋,备受鼓舞。在以后的教育生涯中,我将更加努力地完善自己,争取做一名优秀的人民教师。

顶岗支教实习学校:大通县斜沟乡中心学校

[①] 顾明远. 何为大先生 [EB/OL]. 人民网,2021-09-04.

用爱与六中同行

周姝含

3月14日,我踏上了顶岗支教实习的旅程。经过一小时的旅途,我顺利抵达大通县第六中学。大通县第六中学坐落在西宁市大通县老爷山脚下,是一所古老而又美丽的学校,办学至今秉持着"发展永无止境,六中因发展而精彩,教育因发展而辉煌"的办学理念。学校内各项设施规划合理,布局协调,环境幽雅。初入六中我看着眼前的场景心里满是紧张,同样也期待着自己要在这里度过怎样的时光,又会有怎样的收获。

刚来的第一周,在指导老师的安排下,我以观察者的身份走进课堂,去感受课堂教学中教师与学生的互动过程。在这个过程中,我着重观察了学生学习方法的掌握和习惯的养成,通过批改作业、交流谈话等形式进一步去了解学生。经历了一段时间的观察了解,很快我迎来了支教生活中的第一堂课。在整个顶岗支教实习期间,我主要承担七年级地理课程的教学工作。我的第一堂课是七年级下册"亚洲的自然环境",但是犹豫一番过后,我还是决定换一种方式开启我的第一课。作为一位新老师,我对他们而言还比较陌生,这样的氛围不利于教学活动的开展。因而,我决定在课堂中准备一个简短而生动的自我介绍,以此拉进我与学生之间的距离。正式开讲时,我先是向同学们介绍我的兴趣、爱好等,而后向他们介绍起了我的家乡。在讨论的过程中,我适时向他们发问,请他们向我介绍自己的家乡。面对着地图,我们先是在青海寻找在亚洲较为典型的河流、山川等地貌,然后逐步扩大范围从东亚到西亚再到整个亚洲。短短四十分钟的课堂,学生们都争先恐后地想要展示他们的家乡,一座座山脉、一条条河流都如数家珍,直到下课都还意犹未尽。这堂课对我来说,是一次新的尝试,我一改往常的教师讲述为主的课堂,转而给学生更多讲授的机会,让每个人都能有所展示。能够达到这样好的课堂效果,真的超乎了我的预料。

在上完第一堂课后,我开始反思如何在自己的课堂上实现动静结合。让课堂动起来,并且不是几分钟的动,而是全过程的动;不是一个人动,而是全员动、全班动。要做到这一点，首先就要沉下心来解读文本，把教材读"厚"、读"薄"，才能创设富有吸引力的教学活动，才能拥有真实生动的课堂交流。所以，在之后每节课前，我都会一遍又一遍研读教材。每次看教材时，我总会先以学生的视角来阅读并思考本课所需要学习的内容，考虑如何"学"才能更好地掌握目标知识。之后我会再以一名地理教师的身份重新审视教材内容，发现和确立教学的价值点，同时考虑如何"教"才能使学生更加轻松地理解教材内容。此外，我也会去搜集跟文本相关的拓展性知识。完成这些之后再着手开始撰写教学设计、创设教学活动、制作教学课件。教育，原本就是温和的浸润。营造一个良好的课堂氛围，学生才能够自由地舒展，自由地成长。在课堂上，我尤其期盼着学生能发出自己的声音，分享自己最真实的想法。因为课堂教学属于每一个鲜活的、富有个性的生命体。只有将最真实的自我展现给对方，才能与之建构平等、舒适的对话关系。当然，课堂教学除了要动起来，还需要静思默想、静心钻研。"静"是课堂教学必不可少的方面，当教学进行到关键点和思考点时，教师一定要引导学生的内在思维活动，营造安静的氛围让学生静下来思考，静下来沉淀，以达到外在氛围与内在思维的和谐统一。总而言之，课堂教学需要动静结合，让思维抵达更深处。

当我讲到"亚洲的自然环境"这一节课时，正值二十四节气中的春分，我就将这一地理关键节点设计在自己的教学活动中。我先是从字面上向学生们讲述了春分的含义，而后又向他们介绍春分有怎样的特点与现象。借助地球仪，我展示着春分的过程以此来帮助同学们有更加直观的感受，之后在学校中其他老师的帮助下，组织了观察一天的日出日落活动。在实习的四个多月时间里，我带领学生们度过了春分、夏至这两个重要的节气，让他们观察并记录春分日和夏至日的日出日落时间及白昼时间长短的变化。每次记录过后，我都鼓励他们尝试利用地球仪再次感受太阳与地球之间的变化过程，同时也试着引导他们猜想这些变化对亚洲带来的影响以及对他们身边环境的影响。在我的提问与引导下，他们更加关心生活中的自然变化，也更愿意在课堂上展示自己的发现与思考，课堂的氛围也愈加活跃。

除了教学工作，在顶岗支教实习过程中，我还有一周的时间担任了七年级一班代班班主任一职，与学生相处的时间更多，我也更加尽力关注到班级的每一位学生并与他们建立良好的师生关系。在与学生们的朝夕相处中，我真正明白了在实习之前老师所告诫的那句话："无论发生什么事情，我们都要保持着自己的教育真心、教育热情，去善待每一位学生。"不管是在校内还是校外，学生只要一见到我，就会亲切地向我问好，那一刻我切身体会到作为教师的幸福感与满足感，也明白了儿童是敏感的，他们能够感受到教师的用心。平等、舒适的师生关系才是高效课堂互动的前提，只有在课堂上给足学生安全感，将话语权交还给学生，他们才能自主地、能动地、创造性地展开思考。

这段顶岗支教实习生活忙碌且充实，重温过去的这段时光，尽管它看起来有些平淡，却的的确确使我受益匪浅，更让我依依不舍。这是我第一次走上高原学校的讲台，我从未想过这里的孩子竟是如此的活泼可爱，他们对知识的渴望与热爱就像初升的太阳一样闪耀，极大地唤起了老师们的教育热情，同样也鼓舞着我永远保持一颗初心坚定地走在教育的道路上。

顶岗支教实习学校：大通县第六中学

青青苍木　始于关爱

杨雨君

3月14日中午时分，我顺利到达大通县第七中学，大通县第七中学是一所集小学、初中为一体的学校，办学至今，始终秉持着"以勤育人，为孩子的终身发展搭建阶梯"的办学理念，全校教师努力把学校办成一所特色鲜明、质量突出、师生喜欢、家长认可的勤乐家园。

在顶岗支教实习过程中我主要承担七年级的计算机课程以及八年级的音乐课程教学工作。由于所教授的内容与我本科所学专业不相符合，所以我先从听课开始。作为一名新手教师，听课尤为重要。本着听一节课讲一节课的思想，我积极地去听学科组老师的课，走进他们的课堂、分析他们的教学，每次我都有新的收获和体会，"李老师上课比较细致，关注学生知识点的掌握；林老师更关注学生的思维发展，倾向于引导学生自主解决问题；张老师会组织学生进行讨论，学生们表现都比较积极"。我观摩学习了有经验老师们一堂堂精心准备的课，领略了他们对教材的深刻解读，进一步感受了他们对课堂的准确把握，也亲身体会到他们对学生的密切关注。他们在开启学生智慧大门的同时，也让我收获了许多有效的教学方法和科学的教学理念。

慢慢地，我开始尝试授课，从备课开始做起。在听课的过程中，我也逐渐了解到班级学生的基本情况以及教学进度安排。在备课环节，让我感触最深的有以下两点。一方面，对学生实际情况的"备"。初中是学生成长和发展的黄金时期，也是他们音乐素养形成的重要时期，这个时期会对学生今后音乐素养的发展起到重要作用，也会为学生将来的发展奠定基础。在教学过程中我发现他们对音乐有极大的兴趣，有时候情不自禁跟着音乐晃动身体，因此在音乐教育中我把旋律、节奏等音乐要素有机结合起来，选择简单的音乐或歌曲，并鼓励学生自主编创手语舞，学生们都非常投入，就连日常生活中比较内向的学生也都积极参与其中。另一方面，对PPT课件的"备"。新课程要求多媒体与课程相结合，尤其是初中学生，他们思维逐渐抽象化，能够理解和掌握一定的定理、公式，但对抽象概念的掌握还存在一定困难，所以需要教师结合一定的演示或情景。PPT课件可以以图画、动画的形式为学生呈现复杂的概念，因此在备课时，针对较难的知识点，我会采取动画、视频的方式帮助学生理解。

在备课后，我开始尝试上课，但在课后，指导教师指出了我存在的不足，其中最主要的是忽视了学生在课堂中的参与。因为教授计算机有关的知识，所以整堂课以我的讲授为主，学生刚开始还很认真，但渐渐地，学生失去了兴趣。针对存在的问题，指导老师给我提出了改进意见，"课堂教学要从学生角度出发，学生是课堂的主人。比如，对于基础知识，你可以设置问题激发学生的兴趣，让学生积极探索，主动思考，甚至还可以组织小组合作学习，以小组为单位进行讨论"。后来在教学过程中，我努力做到让每一位学生都参与到课堂中，对于班级内较为安静的同学，我会鼓励他们回答问题，让他们分享自己的感受和看法。

除了教学活动之外，我还参与了学校丰富多彩的校园活动。在顶岗支教实习过程中，大通县第七中学举办了趣味运动会。此次趣味运动会设有拔河、篮球等项目，初中部全体师生参赛，作为实习教师，我们也参与其中。仍记得在拔河比赛现场，参赛的同学努力比赛，在赛场上挥洒汗水；啦啦队的同学精心排练，比赛时为本班队员齐声呐喊；后勤保障的同学忙前忙后，保障班级的供水等。此次趣味运动会的举办，极大地丰富了师生的课余文化生活，让老师和学生们在尽情享受运动快乐的同时，也进一步增强了班级凝聚力、向心力，极大地激发了师生工作和学习的热情，我也从中感受到了劳逸结合的"魅力"。

随着顶岗支教实习时间的推移，我也渐渐认识到课外活动对学生成长的重要性。课外活动突破了课堂教学和教材在时间、空间等方面的限制，是课堂教学的延续。课外活动不仅可以培养学生团结友爱的互助精神，增强集体主义观念和责任感，还是培养他们具有良好的道德品质的重要途径，还能使学生的个性、智慧和才能得到充分的发展，有利于因材施教和挖掘一些"潜力股"。学生根据自己的兴趣、爱好和特长参加各种各样的课外活动，能使他们的个性、智慧和才能得到充分的显露和施展。教师也可根据他们的兴趣、爱好和特长因材施教，有的放矢地采取灵活多样的教育措施，从而促进学生德智体美劳全面发展，为学生健康快乐成长保驾护航。

时光易逝，为期四个月的顶岗支教实习就要结束了，但此次经历带给我的感受让我受益终身，它使我真正体会到做老师的幸福和快乐。同时，在顶岗支教实习过程中，我的教学理论也转化为教学实践，虚拟教学也变成了线下授课，在此过程中我的专业知识和教学技能得到了有效提高。顶岗支教实习的时光虽是短暂的，但它给我们留下了很多的回忆。虽然在实习中出现的种种问题证明，我与一名优秀教师还有很长的一段距离，但我相信经过自己不断的总结探索和努力，我终能成为一名合格的优秀教师。

顶岗支教实习学校：大通县第七中学

生动有趣的音乐课

刘晓霞

支教生活如同白驹过隙，短短几个月我体验和感受了学生们的天真可爱，老师的忙碌，顺利讲完课的成就感，学生积极配合的欣慰感，等等。几个月的支教生活，每天都是如此充实，每天都在挑战自己、提高自己，每天都被孩子们包围着，我感受到了师生间的爱。

我的顶岗支教实习地是位于青海省西北部的多民族聚居的县城——大通县的青山乡中心学校。该校是九年一贯制学校，共有教学班31个，在校学生1117名，专任教师80名。初到学校，校园简陋的设施有点让人出乎意料。后来才得知，学校遭遇洪灾，校内的基础设施遭到破坏，学校搬迁到大通七中，转变为寄宿制学校，每天晚上都会有七八个老师待在学校负责学生的衣食住行。

还记得支教之前，我向往支教生活，向往着与学生们的互动，我期待着自己能像那些电影里的英雄一样，完完全全改变学生，但是也很紧张，害怕自己教得不够好，学生不喜欢自己的课堂，课件做得不够好。后来想了想，谁也不可能一下子把工作干好，只要自己肯吃苦，肯努力，就一定可以承受住压力，提升自己，做一个好老师。

教学工作：教学向引导的跨越

我主要负责小学二年级和三年级的音乐课，教学生唱歌、画画、做手工，学生会争先恐后地将自己做的手工作品送给我，用最简单的方式表达对老师的喜欢。看着学生脸上的笑脸，一种莫名的欣慰感和满足感油然而生。记得有一节课《我是小小音乐家》，其实二年级和三年级的音乐课对学生要求并不高，不需要精确地掌握乐谱，而是让学生欣赏乐曲，感受音乐传递的情感变化，从而培养学生的审美。《我是小小音乐家》是一首欢快的儿童歌曲，一听到音乐旋律，同学们便不约而同地跟着音乐节奏摇摆起来。我先让学生多听几遍，在第二遍的时候就有同学能够哼唱。随后，我教他们区分里面用的乐器和歌词的停顿，同学们模仿得有模有样。但我预想的音乐课不仅仅在于教会学生唱歌这一基本教学目标，我深知课程育人的价值和重要性，因此学生学会这首歌后，我又请他们来填填词，随即问：除了音乐家之外，你们还想当什么？有同学举手想当科学家，还有想当画家的，甚至还有学生问我有没有放羊家，他想当放羊家。我微微一笑，没有否定他，同学们都开始绞尽脑汁想自己的歌词。其中，说要当放羊家的同学，把原本《我是小小音乐家》表达手鼓声音的歌词"特隆嘭嘭嘭"换成了"小羊咩咩咩"，看到这我觉得很有创意，更深刻地意识到教师作为引导者的责任。处于身体快速发育期的儿童本身就有着各种奇思妙想和无穷止境的想象力和创造力，作为教师，我的任务是给予他们发挥想象力和创造力的"舞台"。

植根三尺讲台：传道授业解惑

学生学习的主要阵地是课堂，抓好课堂是提高数学教学质量的关键。而要让课堂变得有效、高效，备课是关键。在我以前的学习中，我了解到备课是教学工作中一个极为重要的准备环节，它是教师能否上好课的前提。作为一名老师，在"备教材"过程中要突出重点、抓住关键。在"备学生"过程中还要了解学生，考虑到学生的实际情况。在"备教法"上要努力寻求自己的特色。教学方法种类很多，如讲授法、发现法、问题法、讨论法、观察法、实验法等，这些教学方法各有各的优点和不足。因此，每个教师在选择教法时切忌生搬硬套，而应注重研究所选用的教法是否能更好地体现愉快教育的原则，是否能充分调动学生的积极性和主动性。只有从教学内容出发、从学生实际出发，才能真正设计出灵活适用奏效的优良教法，才能真正体现出每个教师自身的教学特色。课前我认真备课，写教案，让资深老师帮忙指导，反复修改，直到我觉得基本完善。在这个过程里，我脑海中无数次模拟演练了教学过程，设想了好几种学生的反应，尽自己最大的努力让学生对课程感兴趣，进一步爱上我的课。偶尔我还被分配去带其他班的课程，每次接触不同的学生对我来说都是一种全新的体验。

师者，传道授业解惑也。对于学生我需要做的不仅仅是教授他们知识，更重要的是培养学生良好的道德品质和思想修养，开阔他们的眼界，让他们能够通过支教更多地了解外面的世界，在生活上给予他们正确的鼓励和指引，让其身心健康地发展。我知道我能带给他们的，是他们平常了解不到的快乐和新奇，给他们带来一些家长和老师可能忽略给予的鼓励和对未来的期待。而在这个过程中，受教育的也是我自己，对于我自己也是一次心灵的净化，一种自我价值的实现，让我能够有一个充实、难忘的人生经历，使我能够在支教的过程中释放和强化自身的社会责任感，将爱发扬传承。

传道授业如一叶扁舟，渡远航人去潋滟的水岸，遥望东方既白的启明星盏，携微光陪伴，前程似锦不曾孤单，杏子树下的讲坛，桃李成荫的池畔，人生初始总是地冻天寒，凿壁偷光，在蜡烛的燃烧中回暖。与春天相拥，在梦想起飞的地方为孩子们筑梦。

顶岗支教实习学校：大通县青山乡中心学校

走进石山教育，奉献爱心支教

叶生艳

怀着不安和期待的复杂心情，我跟随前往大通县支教的车队出发，车厢里同学们都默不作声，或许是起得太早没有精神，抑或是对于这趟未知旅途的不安。但对我来说，这次实习我期待已久。两个小时之后支教的一行人终于来到大通西站，我们跟随各个支教学校的老师踏上去往学校的路。实习虽是短暂的，但在这三个月里我体会到作为一位老师的乐趣，这段经历给我留下了许多美好的回忆，也让我们明白了很多，学会了很多。在实习期间不仅增强了我的时间观念、纪律观念，还磨炼了我的耐心、爱心和恒心，使我的教学理论转化为教学实践，增强了我成为一名合格教师的信心。尽管在实习中出现的种种问题证明我与一名合格的优秀教师还有很长的一段距离，但我相信"有心人天不负，三千越甲可吞吴"，经过自己不断的总结探索和努力，终能成为一名合格的优秀教师。

初见如故，相伴度实习

时间如涓涓流水缓缓地流过，在石山乡中心学校实习的这三个月里我每天都过得很充实、很快乐，也让我充分感受到了人与人之间的温情与不尽的关怀。与我一同实习的还有其他五名同学，她们分别来自数学系、化学系、英语系、汉语言系，还有美术系，再加上物理系的我。尽管我们六个人来自不同的专业，在实习前我们根本不认识，但在三个多月的实习期间，我们几乎每天都住在一起，且每天能看到彼此。在此期间，我感觉我们对各自的了解逐渐加深。刚到实习学校时，我们一起打扫收拾宿舍，将一个本来只有两张旧床的宿舍整理成一个干净整洁又舒适的宿舍。宿舍虽小但它却充满了温情，也见证了我们的欢笑、我们的忙碌、我们的进步与成熟。我们从一开始的不熟悉到逐渐了解，再到现在建立起深厚的友谊，这一切永远都会保存在我记忆的深处！很感谢五位同伴与我同甘共苦，其中的点点滴滴我都铭记于心。

查缺补漏，提高教学水平

作为刚走出校门的大学生，缺乏教学经验，但我是一个充满激情和耐心的人，我有不断提升自己的决心和能力，所以我并不害怕胆怯。我清楚地知道，作为一名新手教师只有把课备好了，才能上好课。所以我开始向优秀教师学习，希望自己迅速成长，提高自己的教学质量和教学水平。首先，我十分注重知识储备，我会花费大量时间准备课堂内容，并进行反复研究和总结，无论是基础知识还是应用技巧，我都努力确保自己掌握得十分扎实。其次，备课时不仅要考虑到把握教学大纲的要求、教材特点，也要考虑如何抓住基本概念、基本理论、基本技能和每个章节的基本要求，如何确定教学重点和难点，科学、合理地安排教学内容等。我会主动查找相关资料，并与其他老师交流分享经验。最后，还要考虑到学生的学情和自身的教学风格等实际情况来设计每一堂课。根据指导教师宋老师的要求，我细心琢磨教材，详细写教案，每一版教案都是改了又改，直到自己认为能教好一堂课为止，这才交到宋老师那里进行初审。在宋老师的帮助下，再加上我的强烈求知欲和勤奋精神，我的教学水平不断提高。

仅靠自己不能达到完美，正所谓："他山之石，可以攻玉"，所以我会去学习每一位教师的优点，尤其是我的指导老师宋老师。我认真听宋老师的每一堂课，做好每节听课记录，仔细体会老师在课堂上的每个细节，并分析这个细节中所蕴含的意思。在理论和实践都得到充分锻炼之后，实习第二周，我带着充分的准备，同时也夹杂着几丝羞涩和忐忑走上讲台。我知道这是历练我的一个舞台，是对我过去努力的检验，所以我要勇敢地走下去。课堂进行得还算顺利，没有少讲、漏讲知识点，课堂流程十分完整，但也不乏牵着学生走、没有调动学生积极性等问题，这也充分说明我教学经验的不足，需要多多学习。

意识到这些问题之后，我开始着重听优秀教师的课堂，学习这些有经验的老师在课堂是怎么以学生为主体的，结合总结出来的教学优点回顾自己的教学过程并进行自我评估。不断地进行反思，思考哪些环节做得不够好、哪些内容需要进一步强化，并制定相应的改进措施。并且我的指导教师对我十分赏识，我的每一节课宋老师都坚持听，还在课后细心帮我评课，针对我课堂上出现的问题提出宝贵意见，肯定了我的一些可取之处，让我倍受鼓舞。我开始带着别的老师的优点和我自身的长处一遍遍在宿舍磨课，努力改正自己的教学缺点，提高教学水平，以确保在下一次的教学中不出现同样的错误。在这样的努力下，我在教态、语言、板书、提问技巧、与学生互动等各方面都有了显著的提高。

心系学生，做好班主任工作

　　一个班级就像一个大家庭，班主任工作的好坏直接关涉这个班级的优劣，直接影响班级的课堂教学质量，牵涉方方面面，是教育实习的重要组成部分。做班主任是辛苦的，而当一个小学二年级的班主任则是更辛苦的。小学生年龄比较小，心智仍未成熟，需要老师在身边监管，稍不注意就有意想不到的事情发生。这给教育管理带来了巨大的困难，所以一开始我就暗下决心，一定要加倍努力，要投入比别人更多的时间和精力做好。但在这个过程中，我还是遇到了困难。

　　我们班里有一位"暴力王"，他动不动就会对别的同学拳脚相加，因为他，每天都会有小男孩或小女孩来我这里哭哭啼啼，说班里的"暴力王"又欺负他了，我为此头疼不已。为了这位"暴力王"，我也跟主班主任沟通过好多次，但主班主任也没什么好办法，只能在言语上劝诫他。但是过了两周，我实在是忍不了他天天在教室里惹是生非。我就想二年级的学生这样做要么是想受到关注，要么就是受家庭因素的影响了，我试图从这两方面下手。我把他叫到办公室，问他在家里是不是有什么烦恼，他倔强地跟我说没有，我就顺势问他，那今天你爸爸还是妈妈来接你？他一下就蔫了，说自己爸爸妈妈没在家。

　　这下我就知道问题在哪了，我猜想是爸爸妈妈没在家，他跟爷爷奶奶生活，爷爷奶奶的管教方式不太对，再加上孩子从小没有建立起安全感，才会用暴力来解决问题。于是我开始每天关注他的动态，只要有一天或者两天他不惹是生非我就会当着全班同学的面表扬他，说他今天又比昨天进步了，不再用拳头解决问题和交朋友了。我还会特意在课堂上提问他一些简单的问题，让他意识到自己有进步，让他建立起对学习的成就感。慢慢地，他开始转变，知道自己不打人也可以跟同学解决好问题，意识到自己也能学出成绩，有老师一直在背后默默关注他支持他。他的性子开始变得温和，我们班里连叫"暴力王"这个称呼的次数都变少了，我也慢慢变得"清闲"，不再天天有人跟我哭啼了。

　　实习结束的时候，曾经的"暴力王"已经不复存在，抱着我的只是一个敦厚的小男孩了。在他身上我看到了教师的伟大之处，如果没有家长的正确管教，也没有老师的悉心教导,那"暴力王"也只能是"暴力王"了。

不忘初心 砥砺奋进

光阴似箭,实习就这样不知不觉地结束了。回头一看,这段时间我过得充实、有意义、快乐又丰富。我通过自己的亲身体验和观察,深切地感觉到:做一个合格的老师并不像想象中那么简单。不过与此同时,我也深深地觉得孩子们很可爱也很单纯,与他们相处多了,真的可以让自己永葆一颗年轻的心。

通过为期三个月的实践,检验了自己的学习情况,也培养了自己教学技能;锻炼了自己发现问题、解决问题的能力;也发现了自己学习中的诸多不足,以便我能够在以后的学习中得到不断的弥补和提高,还让我真正了解到步入社会后我们还有许多知识要学习,还有许多需要加强的地方,比如,我的计算机实操技能还有许多欠缺的地方,还不能熟练地掌握,动手能力不足等。但我相信有了这次实习的经验,以后就可以更快、更好地融入新的环境,完成学生向职场人士的角色转换。

这次顶岗支教实习经历是我从学校走向社会的一个过渡,它为我顺利走出校园,走向社会,为国家、为人民更好服务做好了准备,也坚定了我的梦想。我依然坚信自己未来会成为一名光荣的人民教师。做教师,不再是单纯地完成一个儿时的梦想,更多的是承担一份社会的使命感。

顶岗支教实习学校:大通县石山乡中心学校

留在石山中学的记忆

周 艳

3月14日,我满心期待地踏上了去石山乡中心学校顶岗支教实习的旅程,三年来在学校学习到的理论知识,将要付诸实践。在顶岗支教实习期间,我主要承担五年级数学课程教学工作和一年级(1)班的班主任工作。

教学工作:能力的成长

虽然在学校已经学习了扎实的理论知识,但是真正进入一线教学实践时,还是会略显紧张。第一堂课我的语言衔接不畅,断断续续的,课后学生们完成作业情况也不乐观。我的指导老师指出:我这些问题是每一位新手老师都会遇到的,建议在备课的时候多花点心思,多熟悉课堂教学,情况就会得到改善。听了指导老师的建议,往后上课之前我会认真地进行备课,写好教案,并与小组成员进行多次试教,小组成员每次都会给我很多中肯可行的建议,我根据这些建议再完善教案,直到自己觉得满意为止,然后再与指导老师交流,以确保上课的时候能让学生听懂,且学生乐意去听。备课时,不但要备学生而且还要备教材备教法,根据教材内容及学生的实际,设计课型拟定教法,对教学过程的时间安排做好记录,并制作有利于吸引学生注意力的教具,如我在讲轴对称图形的时候,自己制作了几个三角形、圆形、正方形和长方形的纸片,并按小组分发给同学们用尺子量一量、数一数题中每个轴对称图形左右两侧相对的点到对称轴的距离。课后我也会及时进行总结和反思,有的时候指导老师也会进入我的课堂,针对课上出现的问题提出改进建议,一段时间后,我上课的节奏、上课的状态都逐渐步入正轨,课堂效果明显改善。

授课一段时间后,我发现班里学生的水平参差不齐,课堂上由于课时安排和课程进度不能照顾到所有学生的情况,所以在课后我会为学习成绩较差的学生开展相应辅导。观察一段时间后，我大概了解到班里学生的学习水平和能力分三个层次。第一层次是基础比较差的，我接手的五年级（2）班有3个学生基础知识薄弱。考试中，对于"乘法口诀"这一部分易卡壳，也是我课后辅导的重点对象。我首先解决的不是他们对于知识的学习，而是先解开他们的数学心结，让他们对数学萌生兴趣，激发他们的求知欲和上进心，之后才针对基础问题进行逐一解决。第二层次是学习中等生，班级里大概有20多个，这部分同学不是学不会，而是自觉性比较差，需要时刻监督，课后经常忘做作业，家校合作监督是重点，因此我经常与这些同学的家长进行沟通，让家长有时间多在家里督促学生学习，形成家校合力。最后一层次是中等偏上的同学，这些同学的自觉性较好，上课也基本认真听讲，但是在做题的时候经常出现粗心大意的情况，导致最终学习结果不理想，因此，针对这一组同学我主要锻炼他们养成认真细心的习惯，并让他们每次做题至少要检查两遍。一学期下来，班级里大多数学生的成绩都有进步，我内心成就感倍增。

班主任工作：立榜样练本领

在接手班主任工作后，我以认真负责的态度实际地落实自己的工作，同时作为一名学习者，用心观察原班主任是怎样管理班级的。认真听取关于班主任工作在学校工作中的地位、作用和重要意义的介绍，尽快熟悉其具体职责，掌握班主任工作的具体内容和特点，学习运用教育理论、职业道德和独立从事班主任工作的方法，运用曾学过的《教育心理学》知识，致力于班主任工作实践。

实习期间，我每天早上7：00起床，7：40上早自习，维持日常秩序，保证课间的秩序，管理学生营养餐，维持放午学和晚学学生下楼秩序，保证同学安全出校门，放学后陪着学生进行卫生打扫。每天都是这样地重复着。有时候学生之间发生冲突，都跑来告状，这也比较考验人，如何处理才会让两个学生都平息下来是很重要的。虽然每天的常规工作很琐碎，但是我都会认真、耐心地完成。

每个班级都会有优等生和学困生，也会有安静内向和活泼好动的学生，对待学生不能有偏爱之心。在处理班上问题时，我要努力做到一视同仁，就事说事，从不歧视后进学生，让他同其他学生在公平、和谐的气氛下解决问题。当好学生和差生犯同样的错误时，不会因为他是差生而严加指责，或因他是好学生而装作没看见，要坚持平等原则，实事求是，公正对待。平时我会多找后进生进行特别辅导，了解其家庭、学习和思想等各方面的情况，并找出原因，耐心劝导，这样后进生会重新燃起他们的自尊心和自信心，积极地自我发展。

老师的外在行为表现，对学生具有榜样和示范的作用，会对学生产生潜移默化的影响。因此，无论是穿着打扮，还是言语举止我都会注意。此外，在尽力协助原班主任开展班级工作的同时，我也单独地开展了一系列的班级活动。如数学知识竞赛、"交通安全日"主题教育和队会等活动，让学生在听和玩的过程中学到知识，增进师生之间的感情。

实习让我直接接触到最真实的小学教育，将课本所学的理论和平常的积累运用到教学中。既解开了小学教育这个专业神秘高深的面纱，不再是雾里看花水中望月，也清醒地认识到小学教育的复杂性和艰巨性。小学教育并非社会上多数人所认为的那样简单，而是一项基础性、理论性和实践性非常强，注重习惯养成的长期细致的浩大工程。本次实习让我体会到做一名老师的乐趣与辛苦，同时，它使我在课堂上学习的理论变为实践，使虚拟教学变为真正的面对面教学。这次实习给予了我很多，今后我将继续保持认真负责的态度，培养高尚的思想道德情操，进一步完善和充实自己，同时不断努力提高自身的综合素质和教学水平，做一名优秀的人民教师。

时光荏苒，实习生活已接近尾声，在学校领导、老师的支持和指导下，我不断向资深教师学习教学经验和班主任工作艺术，从中体会到作为教师的喜悦，体会到未来我将从事这份工作的快乐，也有了新的追求。这段时间是我人生重要的一个转折点，我收获了一笔丰裕的财富，这笔财富是支撑我不断努力奋进的精神食粮。

顶岗支教实习学校：大通县石山乡中心学校

学习筑未来

王昊文

三月中旬，我满怀着激动而又忐忑的心情踏上了顶岗支教的道路，怀揣着在学校内所学的专业知识，如愿奔赴我期望已久的顶岗支教实习岗位。此次的顶岗支教实习，我被分配在大通县回族土族自治县，这里地处青藏高原和黄土高原过渡地带，该县也曾先后两次被文化和旅游部命名为"中国民间文化艺术之乡"。我所实习的多林镇中心学校是一所县直属的农村九年一贯制学校，也就是该校施行小学和初中一体化的教育。除此之外，这所学校也是多林镇唯一的一所中学。学校内各类教学设备相对比较齐全，教师结构也相对较为合理，我相信此次的旅程肯定会收获满满。

到达支教实习学校后，校长对我们的到来表示热烈欢迎，然后向我们详细介绍了学校的现状。校长的言语中，无一不显露着他对学校教学质量问题的特别关注以及对学生成长的关心关爱。接下来，校长给我安排的主要任务是负责七年级数学教学工作。由于乡镇学校教师资源极其匮乏，因此特别需要我们这些新鲜血液的注入。我所学的专业是计算机，可学校安排我去做数学的教学工作，显然，这是乡村学校结构性缺编的结果。对每一个顶岗支教的学生而言，这都是义不容辞的责任和担当。

上课的第一天，同学们都很欢迎我，我也十分喜欢他们。我对同学们说："相信我们大家一定能合作愉快，顺利地完成这一学期的学习！"在教学的过程中，我会虚心地向其他教师学习专业知识，也会去听其他年级的数学课程，还会向资深教师们学习教学方法，从中我发现了许多值得我继续改进的地方。面对我的一个又一个问题，这些有经验的老师悉心指导、耐心解答，使我受益匪浅。在此过程中，我不仅掌握了一些基本的教学技巧，而且还在不断地思考，怎样才能更好地激发学生的兴趣，让他们真正喜欢上这门课。

教育要因材施教

在数学教学过程中，我注意到，班上学生的学习水平参差不齐，这就需要我在教学的过程中采取差异化的策略。当我在讲授二元一次方程的时候，一些同学对方程的解法理解起来比较困难，我将班上的同学分为若干个小组，每组中都有成绩好的同学和需要改进的同学，并指定一名组长，由他来指导同学，这样同学间的沟通是最直接也是最有效的方式。当然，我也会创设一些具体情境，帮助学生理解方程。例如，我跟学生讲了一个小故事：在一望无际的大草原上，一头老牛和一匹小马驮着包裹吃力地行走着。老牛喘着气吃力地说："累死我了。"小马说："你还累？这么大的个，只比我多驮2个。"老牛气不过地说："哼，我从你背上拿来一个，我的包裹就是你的2倍！"小马天真而不信地说："真的？！"故事讲完后，我鼓励学生们按照学习小组来讨论并解决这个问题。在这个过程中，我时不时地参与到小组中查看进度，也会根据学生们的解决情况提出建议。在小组长的带领下，每位同学都迅速地理解并解决了故事中的问题。课程结束时，我为他们布置了两种不同难度的作业，以此来检验学习成果，也便于我后期对课堂教学方式等做出调整。令我意外的是，不少学生都完成了作业，遇到自己不能解决的问题时，大家都会尽力去尝试或者请教其他同学。他们对于学习的热爱，使得我更想努力地为他们上好每一节课，为他们带来些许收获与进步。

经典诵读 传承文化

四月中旬左右，大通县举办了经典文化诵读的活动，此次活动是为了调动学生们参与传统文化学习的积极性，提高学生们对传统文化的认识。在这次的活动中，我主要承担后勤保障工作和背景视频的制作。活动任务很是艰巨，每一位老师都认真地排练节目，努力做到尽善尽美，学生们也十分积极地配合，最终我们荣获二等奖的优异成绩。活动的主要参加者是七年级和八年级的学生，具体的文化诵读内容主要有三个部分——古代篇、近代篇和现代篇，三个不同的时代演绎着不同的经典，把经典文化传承演绎得淋漓尽致。我们选择了岳飞的《满江红》和徐志摩的《再别康桥》，作为古代篇和近代篇的诵读内容。两首诗的风格截然不同，前者满是爱国情怀与豪情壮志，而后者则带有伤感与留恋不舍。两个年级的学生在老师的带领下多次阅读，感受诗歌内所蕴含的情感，让自己体会诗歌的韵味。为了帮助学生理解，我们还在课余时间给同学生们讲述了两位诗人的生平经历。终于，在老师和学生们的共同努力下，我们取得了优异的成绩，所有人的辛苦都得到了回报。

　　时光如流水般匆匆而逝，转眼间一个学期的顶岗支教实习马上就要结束了。从第一次登上讲台时的忐忑不安，到现在的落落大方。可以说，顶岗支教实习让我变得坚强，让我学会成长。在这里，我也见证了一个又一个高原孩子的进步与成长。也正是这些可爱的学生们激起了我的热情，让我的实习生活更加多姿多彩，在他们身上，我感受到了青春与活力。也许，我们能做的也最有意义的就是为他们埋下一颗种子，一颗爱学习、追求梦想的种子，要让他们知道唯有学习才能让他们走出去，走出这片高原，更好地服务和建设高原。

顶岗支教实习学校：大通县多林镇中心学校

用爱播种　用爱灌溉

赵鸿斌

3月14日，我开启了为期四个月的顶岗支教实习生活，带着激动与喜悦的心情前往多林镇中心学校。该校位于大通回族土族自治县，是一所县直属的农村九年一贯制学校，设有初中部和小学部。这次顶岗支教实习是对我大学期间学习成果的一次检验，也是我今后教学生涯的起点。通过这次顶岗支教实习，我能够更好地了解教育行业的现状和挑战，然后有针对性地提高自己的教学能力。

在到达多林镇中心学校后，校长便带领我参观了校园，一路上向我介绍了学校的建校历史和基本情况，让我对这个陌生的地方有了大致了解。在顶岗支教实习期间，我主要负责小学部三、四、五、六年级的信息技术课。校长对教学质量尤为重视，他多次强调在顶岗支教实习期间一定要保证正常的教学活动，不能影响学生们学习。就这样，带着校长的期盼我正式开始了我的顶岗支教实习生活。

信息技术课是一门操作性较强的课，要注重动手能力的培养和训练，并且每个年级学生的动手操作能力都不同。因此，在教学上要分年级具体制订教学计划。在实习的第一周，我主要是听课，通过听课基本了解到目前信息技术课程进度和有经验的老师的教学方法。有经验的老师基本都是先讲解知识，然后让学生一遍遍进行练习，通过这种方法来学习和巩固知识。

到了第二周，我开始正式给学生们上课，刚开始也是模仿有经验的老师的教学方法，但是很快我就发现，这种方式下，课堂氛围比较沉闷，学生们不愿意与老师互动。因此，在课后，我反复思考，最后总结出，由于我刚开始上课，和学生们不熟悉，再加上这种枯燥的教学方式，导致学生们更不愿意与我进行互动。在总结了原因后，我改变了教学方法，针对三年级的学生，我会设置一些有趣的小游戏，通过游戏来吸引学生们的注意力。针对六年级的学生，也不能一味地讲枯燥的知识，要通过一些小方法激发学生们的兴趣。例如，在教字体设置与插入艺术字时，原题目是给出一段文字，让学生进行设置，但这样比较枯燥，因此，我把题目改为一份自我介绍。先让学生看一份我做好的，以此来吸引学生注意力，之后再让他们照着做，把名字、性别等进行设置。而标题"自我介绍"则作为艺术字插入。这样，在学习知识点的同时激发了学生的学习兴趣，活跃了课堂气氛。总的来说，在整个教学过程中，很好地完成了教学任务和教学目标。在之后的顶岗支教实习过程中，我都注重与学生的互动和沟通，鼓励学生亲手实践并且及时给予肯定和鼓励，也增强了学生的学习动力。

顶岗支教实习期间，我除了承担教学工作，还负责五年级的班级管理工作。刚接手班主任工作的时候，我一点经验都没有，除了自我摸索外，还向有经验的老师们请教，例如，如何营造良好的班级氛围，如何培养一支高效率的班干部队伍等一系列让我困惑的问题。老师们也特别耐心细致，对我倾囊相授。慢慢地，我管理班级能力越来越出色。有时间就和学生沟通，摸清每个学生的个性，把学生都当成"大人"，在保全他们自尊的情况下，对他们讲道理。在班级管理上，虽然我没有足够多的经验，但我对学生们有足够的热情，时间久了，学生们也能感受到。在实习过程中，我也会遇到很多困难，其中我认为遇到最大的困难就是如何教育沾染了社会不良风气、不把老师当回事的学生。刚开始我对他们无计可施，十分头疼，后来我开始特别留意这些学生，经常找他们谈心，了解他们的基本情况。当他们有一点点进步的时候，我就会在班上表扬他们，激发他们的自信心。经过一个多月的努力后，他们的行为开始有些改变，在课上也不捣乱了，这令我非常欣慰。在管理班级过程中，我收获了很多，我懂得了如何与学生相处，如何管理学生，懂得了要当好班主任管好班级就必须奖惩分明，建立班主任的威信。这些经验增强了我的责任感、荣誉感和自信心。

在顶岗支教实习期间，我带领班级参加了大通县教育局举办的经典诵读活动，学生们以诵读经典比赛、手抄报、演讲比赛、书写诗词、亲子阅读、品读经典黑板报等新颖有趣的形式，把中华经典文化的内涵和精髓生动地表现出来。4月20日，我校经典诵读表演队的同学们到逊让中心学校参加了城关片区的诵读比赛活动，获得了二等奖。同学们声情并茂的朗诵，一张张激动兴奋的小脸，共同组成了诵读比赛的热烈场面，《三字经》《弟子规》《明月几时有》等经典篇目深切地表达了全体学生对中华民族的爱恋、敬仰和誓做祖国栋梁的决心。一张张主题鲜明、书写整洁的黑板报和手抄报，一段段深情投入的亲子阅读视频，无不展示着同学们对中华经典文化的热爱和传颂。

一眨眼，为期一学期的顶岗支教实习生活就结束了，其中的酸甜苦辣我会在今后的工作中不断咀嚼、回味。在顶岗支教实习期间，我经历了很多第一次：

第一次真正站在讲台上、第一次面对学生说了很多话、第一次有人甜甜地叫我老师……这些经历都是我人生中难忘的经历。在今后的教学生活中，我也将以这些优秀的老师为榜样，去追随他们的脚步，学习他们的优良品质，将"勤学修德，为人师表"牢记心中，不断激励自己去进步。总之，通过这次顶岗支教实习，我不仅获得了宝贵的实践经验，也提高了自己的教学能力和社会责任感。我将把这次实习的经验和教训牢记于心，继续努力学习和提升自己的专业能力，为教育事业贡献自己的力量。

顶岗支教实习学校：大通县多林镇中心学校

跨专业挑战小学音乐课

肉藏措

时间飞逝，转眼之间已经进入顶岗支教实习的尾声。在这短短的几个月中，我实现了角色的转变，由学生转变成了教师，从轻松的大学学习环境进入了忙碌的工作环境。在这期间，我学到了很多东西，无论是在教学工作还是在日常生活上都获益良多。

我一直觉得顶岗支教实习是个美好的事情，虽然，学长们都说顶岗支教实习很苦很累，但我心里总还是充满着期待，期待着实习的到来。2019年9月4日我们从西宁出发，经过两天的车程到达囊谦县。到达囊谦县后，包括我在内的16名同学被分配到囊谦县第二完全小学，从此我们便开始了在囊谦县第二完全小学的工作。囊谦县第二完全小学位于青海南部的玉树藏族自治州，这里北与海西蒙古族藏族自治州为邻，东与果洛藏族自治州相通，东南与四川省甘孜藏族自治州毗连，南同西藏自治区的昌都市交界，其海拔接近3700米且气候寒冷。刚来到这所学校的时候，对于周围的环境我们是有些不适应的，但是一想到我们将在这里迈上讲台，开启一段新的征程时，心中不免有些许激动和憧憬。满怀着这样的心情，一切的困难在我们眼中都不再难以克服。很快，我们就调整好状态，迅速地适应了环境并开始接下来的各项工作。

刚开学的第一、二周，学校并没有给我安排具体的课程教学工作，在这段时间里我主要的任务是熟悉学校的工作要求、工作环境等。终于，在第三周的时候我开始了正常的教学工作，学校给我安排的是一年级和三年级的音乐课。虽然这门课和我大学所学的专业相差较大，但我还是接受了学校的安排，并开始仔细地钻研课本以及准备教学设计等各项工作。可是，对一个几乎没怎么学习过专业音乐知识的"门外汉"而言，面对各种复杂的音乐符号，一时之间，还真是不知所措。好在一年级和三年级的音乐课涉及的乐理知识不算多，现学也还来得及。同时，我的音乐课在小学课程的安排中课时较少，一周只有八节课，因此和其他顶岗支教实习生相比教学工作量并不繁重，这样我就有了足够的课余时间看书和学习。并且，我也有了足够的时间在课余时间去观摩学习其他有经验教师的课堂教学活动。在课余时间，我也会通过书籍或是教学视频学习简单的乐理知识，遇到不理解的内容也试着主动请教专业教师。正是有了这些学习与观摩，我学习到许多课堂教学的方式，也领略了不同类型教师的教学风格。在这些学习过程中，我也开始逐步反思，完善我自己的教学活动，并希望能够从中得到长足的进步。不过，在后来的课堂中还是闹出了一点小笑话。一次音乐课上，我在板书时不小心写错了歌曲中的几个音符，然后在带领大家一起跟唱节拍的时候便出了大乱子。整首曲子合唱下来总和我脑海中曾听到的不太一样，但一时之间我也找不到是哪里出了问题。直到后来，一个乐感很好的学生发现了这个问题，我们一点一点地对照乐谱找出了这些错误。由于这次错误的出现，我一下子就提起了精神，一点不敢轻视那些看起来"简单"的课。

其实很多人对小学音乐课都有个误解，觉得小学生都爱唱歌，教音乐应该非常简单，但实际上教学的过程中也需要处理很多问题。尤其是一年级的学生，他们没有课堂纪律的观念，若让他们自由唱的话，课堂就会变得异常混乱，这让我有点手足无措。因此我很少让他们自由唱歌，而是由我统一教和唱，并要求每个同学都要会唱，而且要唱得准确。教一年级的学生比较吃力，首先是因为他们识字不多，第二就是好多学生都听不懂普通话，所以我在选择教学歌曲时，尽量选一些歌词少、学生容易接受的歌曲，这样他们学得就会很快。另外，在教学方法上，上课时主要采用我先唱、学生跟唱的方式，之后我发现这样的教学方式所带来的效果并不明显。但是我并没有气馁，而是在课后积极反思出现这种问题的原因，并虚心请教经验丰富的教师。因此在后来的课上我试着将音响带入课堂，使用音响配合教学，我发现这样的教学方式学生更容易接受，而且还能带动全体学生参与其中，并集中学生们的注意力，这样讲课的效果就比以前好很多了。

虽然我任课时间不长，但在教学方面我也有所领悟。首先，在教学组织方面，经过几个月的顶岗支教实习，我能够较好地组织学生进行活动，在活动中让学生充分发挥自身的特长，各显其能。其次，在课堂教学方面我也有所进步，每节课都会精心组织课堂教学活动，目的就是让学生能够在快乐中学习，调动学生的学习兴趣和积极性，活跃课堂氛围，以达到理想的教学效果。春风化雨是教师，春泥护花是教师。教师，是撒播知识种子、传递文明火炬的使者，也是每一个学生心灵的塑造者和守护人。最后，在课堂上，我会对所有学生一视同仁，争取给每位同学均等的机会，不会用学习成绩的好坏等作为评价他们的标准。每个学生都各有所长，我们只需做到因材施教、长善救失，让每个人都得以成长与发展。正如《学记》中所言："教也者，长善而救其失者也。"① 要知道，成绩并不能决定一切。

总之，顶岗支教实习是我人生中一笔重要的财富，通过顶岗支教实习，我受益匪浅。在这段短暂的实习日子里，我认识到要当一名好教师是一件多么困难的事情，认识到了教师的责任与重要性。同时，顶岗支教实习也让我意识到了自己的不足，也让我深切地感受到：只有用心去做，才能有所进步，才能有所提升。写到这里，我再次想起了学生们一张张可爱的笑脸，这些笑容也是我此次顶岗支教实习最宝贵的收获，也希望我们都能够在以后的日子中得到成长和进步。步履不停，未来可期。

顶岗支教实习学校：囊谦县第二完全小学

---

① 戴圣. 礼记［M］. 刘小沙，译. 北京：北京联合出版公司，2015：77.

增强语言魅力，激活小学英语课堂教学

鲁茸旺吉

金秋九月，秉承着青海师范大学"勤学修德，为人师表"的校训，我来到囊谦县第三完全小学顶岗支教实习。从踏入囊谦县第三完全小学校门的那一刻起，我就深刻地意识到自己再也不是稚嫩的学生了，而是一名肩负着教育责任的人民教师。与我一同来到囊谦县第三完全小学的还有另外三位同学，在这里我们彼此相互照应，见证了共同的成长。

通过短短几个月的顶岗支教实习，我明白了能够站在讲台上不是一件容易的事情，能够谈吐自如地上课是在走上讲台后逐步形成的一种技能。从教师职业发展的角度来讲，这是在一次又一次实践与反思中实现的一种成长蜕变。在这里我经历了这个蜕变的过程，这个过程使我受益终身。在我看来，只要在讲台上做到问心无愧，有付出就会有收获。在这些日子里，我曾面临过维持教师威信、课堂管理、学生基础较差等方面的问题。那么作为初登讲台缺乏经验的"新手"教师，我又是如何解决这些问题的呢？让我们一起来看看吧！

初入囊谦县第三完全小学，我了解到这是一所公办半走读半寄宿学校，学校有包括汉族、藏族、回族、苗族等多个民族的1800名学生。学生人数较多，但是该校师资较为紧缺，从一年级到六年级只有一名英语教师。在知道这个情况后，我想如果我补上这个空缺，对学生来说可能有更多的机会学习英语。我接受了四、五年级的英语课教学工作，一个年级四个班，每个班一个星期两节课，总共16节课。

刚走进四、五年级的教室，学生们一听说换了一个实习教师来讲课，就觉得张老师没什么可怕的。在他们的眼里，我可能就是一个与他们年龄相差不多的大哥哥，而不是一位具有威信的教师，因此课堂纪律在刚开始便成为困扰我讲课的主要问题。俗话说"三人行必有我师焉"，更何况学校里面还有那么多富有经验的老师，他们都是我学习的榜样，于是我积极地向他们请教课堂管理的方法。因为，好的课堂管理是课堂可以顺利进行下去的保证。通过自己的摸索和向前辈请教，我也掌握了一些课堂管理的技巧和方法。其中最重要的是一个教师要有自己的授课风格，而我对自己的要求就是"柔中带严"。另外，我学会了怎样合理地使用"冷处理"和"热处理"，这两种方式只有相互结合，才会得到更好的教学效果。对于一些学生的故意捣乱，我选择视而不见而不是生气地制止，因为我的气恼有时正是他们期待看到的。而对于学生们的进步，我选择特别关注并给予鼓励，如此一来才能让学生们明白什么是最重要的。教学能力是一位教师最大的资本，这其中也包括怎样管理学生与课堂，所以我努力提高自己的教学水平和管理水平。

在顶岗支教实习的过程中，我发现四、五年级虽然年级不一样，但是存在的问题都是相似的。一是对英语的重视程度不够，二是学习英语的方法太陈旧。这里的学生从三年级开始学习英语，按常理来说学了一两年的英语，也应该具备一定的英语学习能力，包括书写简单的句子、与人对话等。但是当我踏入教室时却意外地发现，他们中的有些人连最简单的英语字母都认不全，拼读时甚至还用汉语拼音拼读。从学生的能力来看，多数学生仍没有形成良好的英语学习习惯。课前不预习，课后不复习，上课不专心，不重视教师的指导。学生能力发展不均，优秀生缺乏，不能带动集体学习；中层学生学习缺乏灵活性，自主学习能力较差；下游同学人数相对较多，导致不能较好地完成教学任务，这让我倍感压力。但是在和学生们进行了一段时间的相互了解以后，各方面的工作也慢慢地变得不那么困难。我利用课余的时间观察他们的学习情况，发现很多学生英语学习速度较慢或是不懂得应如何学习英语，甚至有时想要复习课上的学习内容也不知从何开始。

在充分了解他们的英语学习现状后，我决定从英语字母开始教起。在备课时，我注意到囊谦县使用的英语教材是《PEP小学英语》，教材以动画和歌谣为主。为了提高学习效率，有时候在课堂上我会根据课本的故事，通过玩英语字母游戏的方式进行教学，或是和他们分享一些有趣的英国文化。因为语言学习过程是一种文化习得的过程，没有合适的语言和文化环境是不可能真正学会一种语言的。让儿童习得母语之外的另一种语言，其中最重要的条件是创造真实有效的语言环境。此外，儿童在学习母语时"语言习得机制"的发展往往正处于高峰期，这一阶段的儿童只要将所学语言当成生活环境的一部分就能学会这种语言，而四、五年级学生的"语言习得机制"正逐渐失去作用。所以，英语的学习对这些处于高原地区，既缺少语言文化环境，又缺乏经过专业训练的高质量教师指导的孩子们来说格外困难。因此，打下良好的英语基础在这种情况下就显得十分重要。在帮助他们掌握了这些基础内容后，我才开始教他们本学期课程的学习内容，并且我积极地提高自己的能力，参与各种培训，认真观摩学习其他教师的公开课，查缺补漏，力求在短时间内能够取得最大的进步。虽然自己是一名"新手"教师，但是我在教学上从不松懈，我会虚心地听取学校领导和其他教师的建议。我在上新课的时候比其他老师慢一个课时，在上新课之前我都会去旁听一下有经验的老师的课，来反思自己课时跟不上节奏的问题，然后结合自己班学生的特点写出属于自己的教学设计。在上课的过程中及时总结，发现不足的地方及时改正。

作为刚走出校园的新教师，我有朝气、有活力，对工作满怀激情，这让我对工作更加上心，对学生的关注更多，会想方设法去讲好课，提高学生成绩。因而，学生养成良好的学习习惯，学习成绩提高是水到渠成的事情。另外，我与学生年龄相差不大，有共同语言，学生容易信任我，愿意与我畅谈他们的困惑，这样也有利于开展教育教学工作。四个月的工作让我积累了些许经验教训：第一，我深刻体会到教师首先要把课讲好，教师有空就应该积极地钻研教学。第二，一定要提高备课效率，把多余的时间用来拓宽视野和提升自身素质，多看些与教育相关的书籍和视频，这样教师的授课水平才能持续地提高，才能不断地满足当代学生极为丰富的想象力和求知欲。

通过我和学生们几个月的共同努力，他们的进步非常大，至少他们能用标准的语音来读单词。我跟学生们讲："老师教过的一定要仔细认真，考到没学过的内容也不要害怕，按照自己的理解去答题即可，老师相信你们经过这段时间的努力一定会收获满满的。"最终，考试成绩出来后，有高分、有低分，还有同学考了个位数，但是我没有用学习成绩去评价任何一位学生，因为我知道他们的英语基础，也了解他们在课堂的认真专注，他们有进步便足够了。我想，只要学生们态度端正、学习认真、刻苦努力，一步一步地慢慢学总会有收获的。

高原上，一座座连绵的山脉，阻挡了学生们走向外界的脚步，而英语则是帮助他们走出去的另一扇"门"。随着中高考的改革，英语表达与沟通能力显得格外重要。作为高原上长大的孩子，我深深地知道他们学习英语的不易；作为英语教师，我更明白在这个全球化的时代，学习英语对高原孩子的重要性。我希望自己这些时日的顶岗支教实习能够对他们的英语学习有所帮助，哪怕是养成良好的学习习惯、掌握一些学习方法或是引起他们对英语学习的重视我都已经颇感欣慰了。也许，我的短暂实习于他们而言只是杯水车薪。但我相信，只要努力坚持下去，总有一天"格桑花"也会一朵朵地开在高原外的每个角落。

顶岗支教实习学校：囊谦县第三完全小学

以课堂反思促进专业成长

周 措

日月如梭，光阴似箭。转眼间，我们来到囊谦县已过了四个多月。以前，总听别人感叹时间的流逝，如今自己深有感触。原来时间从指缝间偷偷溜走竟然是这种感受，看不见、摸不着，抬眼已成往事。

九月是终点，亦是起点。所谓终点，是我们2016级的学生暂时结束了课堂上理论知识的学习。所谓起点，是我们从此要在实战、实践中检验自己的学习成果。9月4日，阳光明媚，当阳光照在师大校园里那一辆大巴车上时，车头红色条幅上"2019年顶岗支教实习——囊谦县"那几个字显得格外耀眼。下午1点多，我们装上行囊，怀揣梦想，坐上那辆具有标志性的大巴时，我们的支教实习之路便开始了，坐在那软软的椅子上，心情极其复杂，喜悦中夹杂着一丝忧伤和不安。

来到囊谦县，让我重新认识了玉树这个地方。在我的认知当中，玉树总是和海拔高、气候寒冷、偏远地区等一些词汇挂钩，说起玉树我一开始也只能想到这些词汇。所以，当时学校在分配实习地点时，玉树这边是最不受欢迎的。但当我们的大巴车到达目的地的时候，呈现在我们眼前的却是一个可爱的地方，这里有淳朴的人们，还有蓝天白云。当我们16名顶岗支教实习生到达囊谦县第二完全小学门口时，校长手中拿着洁白的哈达，迎接我们的到来，刹那间我们感受到了作为教师的一份责任和使命。

囊谦县第二完全小学建于2006年7月，地处海拔高达3660米的囊谦县香达镇移民新区，是一所县直寄宿制完全小学，其99%的生源均来自周边九乡一镇的农牧民生态搬迁户。学校硬件设施良好，但师资较为匮乏。可来到这里，由于种种原因学校并没有急着为我们安排教学课程，而是让我们有一段时间的适应期。过了一段时间，学校的课程安排出来了。我原本学的是历史，由于小学不开设专门的历史课程，所以便安排我进行二年级道德与法治课程的教学工作。这对我而言，是一次跨专业教学的挑战，虽然两门课程有着人文学科的相似之处，并非风马牛不相及，但也总需要我适应与准备教学内容。即使我面对的是低年段的学生且有过一定的教学经验，但我还是有些紧张和不安。不是说对学生没有可教的，只是怕自己的经验不足，不能对学生言传身教。

在我看来，讲课主要是由试讲和上课这两个部分组成的。作为教师，人生的第一堂课是非常重要的，意义也是非常重大的。在讲第一堂课之前，每个顶岗支教实习生都试讲了许多遍。自己试讲，给同学试讲，给院内实习教师试讲，给实习学校教学指导教师试讲等。总之，在你真正站在讲台上讲课之前，你要经过无数次试讲。当然，经过无数次的试讲，我早已在不知不觉中把教案背下来了。但是毕竟是第一堂课的试讲，我心里不免紧张。尽管能把教案背下来，但试讲时总是不够流畅，第二次试讲要比第一次好很多。试讲之后就是真正地走上讲台上课了，我开始了人生的第一堂课。这次讲课，思路是清晰的，语言也是流畅的，教态自然并且能和学生积极地互动，能够突破重难点，注重学生基础知识的理解，基本完成了教学目标。在第一堂课结束时，我很庆幸自己能够"首战告捷"。不过，在上课过程中我对其中的一个环节有一些改动，就是请同学们上黑板展示合作探究问题的答案，这里原来设计的时候是请同学们回答的。指导教师指出这个环节会使得第一次试讲的我难以把握课堂时间，从而导致教学任务无法完成，因此做了一些改动。指导教师的建议是富有前瞻性的，在以后的讲课中，我一定会汲取经验教训，按照指导教师的要求开展教学工作。

在一次次的试讲与听课中，我意识到一定要学习有经验的教师们优秀的教学理念和教学方法，同时也要与时俱进、不断创新教学模式。在听课的过程中，我注意到一些教师摒弃了过去传统的教学方法，不再采取"满堂灌"的教学思路，教师们利用丰富的经验和驾驭课堂的能力，引导学生主动参与到教学活动中，充分调动他们的积极性，使整个课堂充满活力。最重要的是，教师注重与学生的情感交流。我发现在教学过程中，授课教师的眼神、动作、语言和神态都与学生的学习活动配合完美，教师通过眼神和动作对学生的回答和思考进行鼓励和引导，让学生充分感受到教师的教学心情和课堂气氛，从而带动学生积极地投入思考和回答问题的过程中。为了进一步提高教学质量，我在每堂课结束后都会进行教学反思。因为每次讲完课，每个班的反馈情况都不一样，有些班级的教学效果特别好，让人有一些小小的成就感，而有些班级则完全相反，这对我而言是一种挑战。所以，我会认真反思自己的教学过程并从中寻找原因，同时也去旁听有经验的老师们的课，学习他们的授课方法、教学经验等，从而改进我的教学。

走上三尺讲台，树立教师威信，这是我之前给自己设定的目标。可是当我真正站上讲台后，所有事情并没有按预期的目标发展，我在讲台上讲课，然而班级里的纪律却出现了问题，影响了课堂教学各环节的顺利实施，这不得不让我对教学进行反思：到底问题出在了哪里？如何上好一堂课？后来通过反思，我深刻地认识到，我在课堂上对学生的关注不够，未能在教学环节设计过程中充分考虑低年段学生的年龄性格特点，从而造成了班级管理的缺失。二年级的学生们虽说相比于一年级的学生更加适应课堂教学，但本质还是好动爱玩的，在之后的教学中我决定根据他们的特点调整教学策略。只要对他们多一分耐心，循循善诱、因材施教，抓住他们的好奇心，利用一些与课堂相关的有趣内容来吸引他们的注意力，学生很快就能跟上我的教学节奏，此后课堂教学也呈现出较好的氛围和成效。渐渐地，我学会了换位思考，努力和学生们打成一片。在教学的过程中，做好这一点也是非常重要的。教师应该学会从学生的角度考虑问题，不要一味地以自我为中心，如果一直在课堂教学中忽视学生，就会难以把握学情，从而影响教学。还记得二年级道法课中的"我爱家乡山和水"这一课，彼时我不甚了解囊谦县这个对我来说遥远而美丽的地方。于是，我在观摩过有经验的老师的教学后，决定将本课的自主权还给学生。我先是请学生们分组讨论，每组想出五个最能代表囊谦县特色的词语。然后，让同学们分别讲一讲为什么选择这些词语，并且举出例子。随着他们的讨论，我在黑板上写下一个又一个充满爱的词语，同时我也试着找到相应的照片在课堂上进行展示。在图文并茂的展示下，大家的描述愈加丰满，一个个立体的景色仿佛出现在我们眼前。有时，某位同学说得不够完整，其他同学便争先恐后地补充着，生怕未能将自己家乡最美好的样子描绘出来。看着一个个小小的孩子努力地用语言描述家乡的样子，我深深地感受到了他们对家乡单纯而又深厚的爱。

教书育人，是教师的天职，我的每一天都是那么充实。早上签到，然后上课、备课、改作业，参与学校教研活动，利用课余的时间听课、填写听课记录。除此之外，还需要完成学校安排的值周任务，包括维护学校正常秩序和纪律，组织学生上学放学、检查卫生、查课、课间操、放学清校等。到期中考试的时候，还参加了学校的监考、阅卷、登分等工作。在这些日常琐碎的工作过程中，我体会到了作为一名人民教师的不易，也加深了对教师责任感和使命感的理解。

夸美纽斯在《大教学论》中将教师喻为"太阳底下最光辉的职业"，我很庆幸自己选择了师范这个专业，有幸成了这光辉职业的一分子。通过这次到囊谦县进行顶岗支教实习，我圆了自己的教师梦，同时也学习和收获了很多，有些收获是有形的，而有些则是无形的，这些经历已经融入了我职业成长的血液中，会帮助我在成为一名卓越教师的道路上走得更高更远！

顶岗支教实习学校：囊谦县第二完全小学

体育教学实践

马文明

3月14日,我踏上了顶岗支教实习旅程,三年来在学校学习到的理论知识,将要付诸实践。经过一个多小时路途我们顺利到达了顶岗支教实习点——大通县第八中学。大通县第八中学是近几年一所新修的学校,它的"前身"是原大通第二中学初中部。第八中学坚持以"宽厚文化"为引领,着力打造"博物容人,厚积成器"的宽厚教育。

十年树木,百年树人。顶岗支教实习期间,我以做一名高素质的优秀体育教师为目标,全面严格要求自己,不断追求进步,不断完善自己,不断超越自己。一个学期的顶岗支教实习,使我真正体会到了作为一名老师的乐趣。回想这一学期的顶岗支教实习生活,每一分每一秒都充满了感动。

在顶岗支教实习期间,我主要承担初一三个班和初二两个班的体育课教学。在和指导老师了解学生实际情况后,我开始着手准备第一堂课。在做好教学活动设计后,我开始认真书写教案,在每一个动作下面标注重点,并在正式授课前模拟试讲了两三遍。

正式上课那天,说实话有些紧张,但当看到同学们排好队向我问好时,紧张的心情瞬间平复。在教学中,教师扮演着引路人的角色,主要不在于讲授知识,而在于激发学生的学习动机,唤起学生的求知欲望,让他们兴趣盎然地参与到教学过程中来,经过自己的思维活动和动手操作获得知识。"起跑"是一种迅速摆脱原有状态,向既定方向移动的技术,发展的是学生的反应能力。但我发现,在教学过程中,在做动作时,有的学生上体前倾不够,身体重心没向前移动,跑出去会停一下再加速,这时我把同学们叫过来,耐心细致地给他们进行讲解:"我们在起跑前,身体要尽量往前倾斜,如果起跑重心在后面,会影响起跑的速度,重心向前移到恰当的位置,那么,起跑耽误的时间就会减少很多。还有的同学起跑第一步过大,造成上体过早抬起来,既影响加速又耽误时间,阻碍水平速度的向前性。"讲解后,我再次结合身体动作为同学们进行演示,同学们一边听，一边思考着，没过一会儿，绝大多数同学就掌握了"蹲踞式"起跑的关键要领。并且，为进一步加强同学们对"蹲踞式"起跑要点的运用，我还组织同学们进行"穿越丛林"的接力赛跑活动，让同学们有效了解起跑的要点，并在游戏活动中培养团结协助的体育精神。

在这次教学活动中，我很顺利地完成了四十分钟的教学，虽然存在着许多不足之处，但课堂互动中我都围绕着"自主、合作、互动"的教学理念展开。在学习活动进行的过程中，学生也带给了我一次又一次的惊喜，教与学同时发生，我们也在相互促进的过程中与学生共同成长，这是我第一次深刻地体会到"教育是高度情境化的活动"这句话的真正含义。

顶岗支教实习的时光虽然十分短暂，但在此期间我积极发挥自己的专业优势，收获颇丰。从3月14日来到学校至今我和同学魏启麟在八中体育组老师们的带领和鼓励下快速地适应了顶岗支教实习生活，学校领导也给予了我们大力支持和帮助。在此期间，五月初大通县举办了多个中小学生比赛项目——大通县第一届中小学生校园足球联赛、大通县首届中小学田径运动会。我也作为男子足球队教练带领学生取得了初中男子组冠军。在大通县首届田径运动会比赛前夕，我负责训练我校田赛项目的铅球队，在比赛当日，我所负责的铅球队员在初中男子组中获得第一名，在初中女子组中获得第四名，我校也顺利获得本届运动会初中组团体第一的优异成绩。之后在西宁市举办了西宁市第一届青少年足球联赛，我跟随李老师带队出征，经过一个星期的激烈比赛，队员们在赛场挥洒汗水，夺得本次足球联赛的初中组冠军。

希腊哲学家亚里士多德说过："生命需要运动。"运动有助于孩子的生理健康，可以有效提高人体对环境的适应能力，增强体质，提高免疫力；运动有助于心理健康，能使孩子活动，使其精力充沛、情绪愉快，良好的情绪还有助于孩子们的身体健康。体育不仅可以强身健体，更是人格的教育、意志品质的教育。

时光匆匆，为期四个月的顶岗支教实习就要结束了，虽然时间短暂，但这宝贵的经历为我今后走上教育工作岗位做好了扎实准备。感谢第八中学的老师们，在他们的耐心指导下，我顺利完成了此次顶岗支教实习工作，也感谢七年级的所有孩子们，是你们让我体会到了初为人师的幸福和满足。总而言之，此次顶岗支教实习让我更加坚定了献身教育事业的决心，我将继续以认真和高度负责的态度虚心学习，不断完善自己，不断提高自身素质和能力水平，为成为一名光荣的体育教师而努力奋斗！

顶岗支教实习学校：大通县第八中学

行动中明悟使命

魏启麟

3月14日，满怀着期待，我们70人的支教队伍来到了西宁市大通回族土族自治县。在大通西站站前广场，我们看到了前来迎接我们的各个中小学老师，他们满怀期待，都希望自己学校可以分配到更多的支教老师。从他们的眼神中，我仿佛看到了孩子们对知识的渴望，对新老师的期待。第八中学是2021年刚刚修建的初级中学，但它的历史可以追溯到1958年。2021年由于教学改制，大通二中初中部从大通二中脱离并命名为大通八中。大通八中秉承着"宽容厚德 博观正品"的校风校训。

第一节体育课：从"0"到"1"的蜕变

顶岗支教不同于以往的教育见习，这是一次长达四个月的教育实习活动。意味着我将以一名老师的身份去完成这项考验。岗前培训时，李院长嘱咐我们顶岗支教要顶起一个教学岗位，要承担一部分教学任务，更要担起一份责任。因此，我深刻地认识到自己此次要做的事情有很多，自己身上所承担的责任更重，但这些都是激励我前进的动力。这学期我承担了七年级三个班、八年级两个班共五个班的体育课教学任务以及田径社团的训练任务。在正式上第一节课之前，我写过很多教案，我知道每一步该怎么做，但当我真正想要把这些做出来，讲出来，教出来时，我发现一切并没有那么简单。刚上课时讲着讲着突然脑子一片空白，不知道下一句要说什么，但随着学生们的掌声我重拾信心，紧张情绪得以缓解。我用做游戏的方式代替了传统的跑圈热身，教同学进行新式热身操，同学们明显对热身操很感兴趣，每个人都在认真学动作、做动作。由于疫情，初一的同学们没有参加军训，他们的队列队形还有些许不足，所以我的第一堂课便以体操"队列队形"展开。"稍息，立正，向前看——齐！"我的声音在一声声口令中逐渐提高，我的自信心也在一次次发令中增强。通过一节课的教学与练习，我看到学生的队形走得更加整齐，成就感不禁油然而生。上好第一节课于我而言意义非同小可，从备课到讲课，从设计教学过程到达成教学目标，我实现了从"0"到"1"的突破。

树立良好教学风气

我深知想要建立良好的师生关系，就要树立良好的教师形象，要严于律己，形成高度负责的工作作风；要加强学习，不断提高自己的教育管理和教学艺术水平，加强个别教育辅导，促使每一个学生不断进步；以严谨认真、一丝不苟的工作态度去影响学生。因此，在顶岗支教实习过程中，我认真对待每一节课，在每一节课之前都会查阅资料、咨询有经验的教师等，做好充足的功课，将自己所学的全部知识尽可能都教给学生们。在课后，我也会经常与学生和有经验的老师们进行沟通，在与他们沟通中找出上课的不足之处，并针对不足之处及时改变教学方式，比如，有的学生反应迟缓，对个别动作领会得不够好，上课过程中教动作的时候又太快，学生跟不上，所以在之后的教学过程中，我特别注意个别同学学习动作的情况，会注重学生整体学习动作的情况，如果有部分学生学习比较慢的情况，我就会让同学们先自行练习，然后单独指导学得慢的同学，尽量兼顾班级整体同学的学习进度。

端正教师师德师风

好的教育莫过于言传身教，教师的一言一行会在学生心目中留下深刻的印象。因此，想要学生学得好，教师的表率作用必先做好。教师工作的"示范性"和学生所特有的"向师性"，使教师在学生心目中占有非常重要的位置。孔子曰："其身正，不令而行；其身不正，虽令不从。"[1] 学生总是把教师看作学习、模仿的对象。教师需要从小事做起，从自我做起，率先垂范，做出表率，以高尚的人格感染人，以整洁的仪表影响人，以和蔼的态度对待人，以丰富的学识引导人，以博大的胸怀爱护人。因此在日常的生活中我非常注重自己的言行，

---

[1] 乙力. 中国古代名言警句［M］. 西安：三秦出版社，2012：167.

遇到其他老师和领导时主动打招呼问好，看到地上有垃圾时自觉捡起来，日常与学生攀谈中注重文明用语。教师行为的点滴变化对学生会产生潜移默化的影响。久而久之，有学生就会模仿。教师在努力提高业务水平的同时，要更加努力提升自身道德修养水平，为处于人生成长关键期的学生做好引路人。

明确教师使命任务

四个月的支教经历，令我印象最深刻的就是学校的教师是如何开展工作的，我看到了班主任老师早上六点半就从家里出发，到学校监督同学们上早自习，看到了任课老师们为了让学生们弄明白一个知识点而多次教学；看到了带队比赛的老师们从组织队员，安排食宿，操心学生的生活点滴；看到了教育工作者们的付出，但也看到了一张张高分的试卷、一块块沉甸甸的奖牌以及一个个灿烂的笑容。教育者本身是不追求回报的，只要自己所教的学生能够具有良好的品德，有高尚的情操，那教师的成就感便是最大的回报。因此，对身为预备教师的我来讲，认清自己肩负的使命与责任，做一名合格的教育者，是我追求的目标。

四个月的时间转瞬即逝，但这些美好的经历对我的成长具有非常深远的影响，思想上的进步，工作上的关系处理，生活中的互帮互助，一切都让我受益匪浅。当然这其中我也有许多不足之处，比如，工作中事必躬亲，生活中偶尔出现的畏首畏尾等。我也会继续在大学的校园里学习与沉淀，提高自身专业素质，积累学科专业知识，提高自身教师品德，做一名合格的教育岗位接班人。

顶岗支教实习学校：大通县第八中学

做学生成长路上的引路人

雷宗霖

3月15日，我带着行李和对顶岗支教实习的期待，踏上前往实习学校的旅程。怀着忐忑的心情，经过了一个多小时的车程，到达了新庄镇中心学校。这个学校坐落在大通县回族土族自治县，是一所寄宿制学校。学校覆盖了周边12个自然村，离县城较远，学校占地面积较大，有28个教学班，在校生有1574人，教师有84名。

在顶岗支教实习期间，我主要承担六年级数学教学任务，后期，我还承担了八年级历史教学任务。由于前后负责的教学层次不同，所以需要准备的内容也不同，这对我也有一定的挑战。刚来的第一周，我主要是去听有经验的老师上课，在听课的过程中，我学到了很多，譬如要随时关注课堂纪律；不时地抽查学生听课情况；让学生在课堂上讨论问题，举手发言；在课堂总结时，随机让一名学生进行课堂内容回顾等。

顶岗支教实习的第二周，我就要开始上课了。课前，我开始备课，设计整堂课的各个教学环节。在教学设计上，指导老师告诉我数学教学设计要注重板书，不能单纯地照本宣科，要学会让学生在课堂学习中理解知识和思考问题。按照指导老师的意见，我修改教学设计，努力让学生们在第一节课上对我有一个好印象。然而，到正式上课的那天，还是出现了问题。那天，指导老师在带我前往教室的路上，他告诉我班上有些学生比较调皮，需要严厉一点才能控制课堂纪律，我听完之后心里有了准备。到了班级后，指导老师向学生们介绍我，伴随着学生们的掌声和微笑，我第一次踏上了讲台。但是没过多久教室就乱了起来，有说话的、串座位的学生，严重扰乱了课堂纪律。看着混乱的课堂，我一时手足无措，不知道如何进行挽救，最后还是指导老师赶来救场。课后，我心情十分失落，不停地思考究竟是哪个环节出现了问题，我拿着自己的教学设计去请教有经验的老师。晚上，我整理着老师们的意见，认识到这次问题产生的原因，首先是我的教学设计中师生互动环节较少，在教学设计中要多设置一些学生互动环节，才能让更多的学生参与到课堂中来。其次，在建立良好的师生关系方面我有所欠缺，没有树立起教师的威信。认识到这两点之后，我开始朝这方面努力，情况也慢慢好转起来。

在上"圆锥的体积"这堂课时，我提前做好教学设计，用自己整理和修改好的课件，以及板书来进行讲解。首先我通过之前学生们所学过的圆柱体积计算进行导入，然后利用课件动画演示出圆锥的体积如何计算。在课堂讲解中，课代表以及其他同学纷纷举手发言回答问题，整个课堂教学顺利开展，看到学生们积极互动，我十分开心。课后，我从导入环节到课件板书等方面进行反思，精益求精。

在顶岗支教实习后期，我开始承担八年级历史教学任务，不同于之前的数学课，历史教学更加注重知识之间的衔接。在上第一堂历史课"香港和澳门回归祖国"时，我首先跟学生讲述了香港被割占的具体过程，让学生对历史背景有所了解。之后跟学生讲述，针对港澳回归问题，邓小平运用了"一国两制"方针，即"一个国家，两种制度"。在讲解了"一国两制"的内容之后，随即自然过渡到港澳回归谈判的过程讲解中来。这一过程要特别注意课程当中各个知识点的衔接和过渡，不能直接生硬地跳到下一个知识点，那样容易让学生产生知识割裂的感觉。随后，在谈判过程讲解结束后，让学生重点标注港澳回归时间节点，重点记忆。同时在课后总结上，再次厘清本节课所学知识脉络，画出思维导图，方便学生课后理解记忆。八年级的历史课堂不同于高中历史，八年级的历史课上更多的是知识普及，主要针对"是什么"展开教学，而高中课堂则更侧重"为什么"进行教学。

在顶岗支教实习过程中，我还负责过班级管理工作，遵循民主原则，大家投票选班长和学习委员。在之后的日子里，我时常会观察他们，班长为人内向害羞，做事有些马虎，但是学习很认真；学习委员为人外向大方，做事井井有条，然而学习上却有些不尽如人意。因此，我安排两人成为同桌，不仅可以互相学习对方的优点，弥补缺点，还能交流班级中的事情，更好地配合我管理班级。在管理班级上，不仅需要组建一支优质的班干部队伍，还要强调班级凝聚力，团结友爱，这样才能真正管理好班级。因此，在班集体活动上，班级卫生方面，我都强调集体原则，每个人都要出一份力来赢得班级荣誉，捍卫班级荣誉，在这种氛围下，学生们也慢慢懂得了班集体的意义。

不知不觉，顶岗支教实习就结束了。在这短短的四个月里，我学到了很多，通过观摩有经验的老师的课堂讲演，学会了如何讲解使教学效果更好，学会了如何与学生进行互动，调动课堂氛围。这些经验是这次经历带给我的，来之不易,我将更加珍惜。在顶岗支教实习过程中,我给予学生关心和爱护,也收获了学生的真诚与信任。在以后的教育生涯中,我希望自己可以一直保持着教育初心与教育热情,努力成为引导学生全面发展、促进学生健康成长的"大先生"。尽管在支教学校实习的时间仅有几个月,很多的实践经验还有所欠缺,但在这几个月的时间里,让我接触到了一群充满活力和热情幽默的老师和学生,我在实习学校的生活既充实又愉快。

顶岗支教实习学校：大通县新庄镇中心学校

参考文献

一、著作类

[1] 柏拉图. 理想国 [M]. 郭斌和, 张竹明, 译. 北京: 商务印书馆, 1986.

[2] 杜威. 民本主义与教育 [M]. 邹思润, 译. 北京: 东方出版社, 2013.

[3] 杜威. 民主主义与教育 [M]. 王承绪, 译. 北京: 人民教育出版社, 2001.

[4] 杜威. 学校与社会: 明日之学校 [M]. 赵祥麟, 任钟印, 吴志宏, 译. 北京: 人民教育出版社, 2005.

[5] 赫尔巴特. 普通教育学 [M]. 李其龙, 译. 北京: 人民教育出版社, 2015.

[6] 康德. 康德论教育 [M]. 李其龙, 彭正梅, 译. 北京: 人民教育出版社, 2017.

[7] 夸美纽斯. 大教学论 [M]. 傅任敢, 译. 北京: 教育科学出版社, 1999.

[8] 朗格朗. 终身教育引论 [M]. 周南照, 陈树清, 译. 北京: 中国对外翻译出版公司, 1985.

[9] 卢梭. 爱弥尔 [M]. 李平沤, 译. 北京: 商务印书馆, 1978.

[10] 洛克. 教育漫话 [M]. 徐大建, 译. 北京: 商务印书馆, 2018.

[11] 裴斯泰洛齐. 林哈德和葛笃德 [M]. 北京编译社, 译. 北京: 人民教育出版社, 2005.

[12] 舒尔茨. 教育的经济价值 [M]. 曹延亭, 译. 长春: 吉林人民出版社, 1982.

[13] 苏霍姆林斯基. 把整个心灵献给孩子 [M]. 唐其慈, 译. 天津: 天津人民出版社, 1981.

[14] 苏霍姆林斯基. 给儿子的信 [M]. 刘永红, 袁顺芝, 李羽涵, 译. 武汉: 华中师范大学出版社, 2021.

[15] 苏霍姆林斯基. 给教师的一百条建议 [M]. 宫铭, 程园园, 译. 北京: 开明出版社, 2022.

[16] 苏霍姆林斯基. 帕夫雷什中学 [M]. 赵玮, 王义高, 蔡兴文, 等译. 北京: 教育科学出版社, 1983.

[17] 苏霍姆林斯基. 苏霍姆林斯基选集 [M]. 蔡汀, 王义高, 祖晶, 译. 北京: 教育科学出版社, 2001.

[18] 苏霍姆林斯基. 学生的精神世界 [M]. 吴春荫, 林程, 译. 北京: 教育科学出版社, 1981.

二、译著类

[1] 孔子. 论语 [M]. 刘兆伟, 译注. 北京: 人民教育出版社, 2015.

[2] 孟子. 孟子 [M]. 哈尔滨: 北方文艺出版社, 2019.

[3] 戴圣. 礼记 [M]. 刘小沙, 译. 北京: 北京联合出版公司, 2015.

[4] 曾子. 大学 [M]. 刘兆伟, 译注. 北京: 人民教育出版社, 2015.

[5] 陶行知. 陶行知文集 [M]. 南京: 江苏教育出版社, 2008.

[6] 朱永新. 新教育之梦 [M]. 北京: 人民教育出版社, 2004.

三、期刊类

[1] 陈辉映, 谢雨涵. 基础教育课程改革下体育教师实践性知识发展的内涵、价值与路径 [J]. 体育学刊, 2024, 31 (4).

[2] 程建平, 张志勇. 高质量基础教育教师队伍建设的任务和路径 [J]. 教育研究, 2022, 43 (4).

[3] 冯永刚, 王梦霏. 师范实习生实践性知识生成的个案研究: 基于师徒互动的视角 [J]. 上海教育科研, 2022 (5).

[4] 龚楠. 指向"乡村教师"的高校师范生定向培养研究 [J]. 教育理论与实践, 2023, 43 (15).

[5] 韩媛. 发挥本科师范院校优势助力乡村振兴战略实施 [J]. 中国高等教育, 2023 (8).

[6] 胡海霞. 理想信念教育生活化的实践探索: 以河北师范大学顶岗实习支教为例 [J]. 河北师范大学学报 (教育科学版), 2018, 20 (2).

[7] 胡重庆，黄培凤，陈玉蓉. 师范生教育实践性知识的建构机制 [J]. 教育学术月刊，2023（1）.

[8] 扈中平. 加强师范性不能局限于就"师范"言"师范" [J]. 教育研究，2024，45（5）.

[9] 黄慧琼，陈一铭. 民族地区公费师范生的现代化及使命意识的培养 [J]. 民族学刊，2023，14（8）.

[10] 健全中国特色教师教育体系为教育强国建设造就高素质专业化教师队伍 [J]. 教育研究，2023，44（9）.

[11] 姜凤春. 地方师范大学助力教育强国建设：何为、难为与可为 [J]. 国家教育行政学院学报，2024（6）.

[12] 蒋茵. 教师专业知识：职前教师实践教学的基石 [J]. 教育理论与实践，2021，41（26）.

[13] 李勇江，李志义. 高层次学徒制人才培养模式的构成要素、基本特征与实践路径：基于扎根理论的质性研究 [J]. 现代教育管理，2023（12）.

[14] 梁友明，王陆. 循证课例研究中优化教学反思的知识治理路向 [J]. 电化教育研究，2022，43（9）.

[15] 林崇德. 构建中国特色高质量教师教育体系 [J]. 教育研究，2023，44（10）.

[16] 林梓柔，朱晓悦，陈怡，等. 教师沉浸式学习环境的关键要素与发展路径：面向实践性知识提升的多案例研究 [J]. 中国电化教育，2022（9）.

[17] 刘凤妮，陈时见. 论教育实习的课程化回归 [J]. 教育科学，2024，40（3）.

[18] 刘静，隆顾艳. 公费师范生在顶岗支教过程中的职业认同水平及影响因素 [J]. 教师教育论坛，2023，36（11）.

[19] 柳海民，杨宇轩，柳欣源. 中国师范生：政策演进、现实态势与发展未来 [J]. 华南师范大学学报（社会科学版），2023（5）.

[20] 陆道坤，张梦瑶. 论师范教育的"师范性"与"学术性"之矛盾运动：历史脉络、发生机理及未来走向 [J]. 大学教育科学，2023（3）.

[21] 买雪燕，段琴. 青藏高原顶岗支教实习教师的角色冲突与角色建构 [J]. 青海师范大学学报（社会科学版），2023，45（6）.

[22] 买雪燕，李晓华. "顶岗支教"：农牧区教育扶贫模式的结构功能分析 [J]. 青海民族研究，2021，32（2）.

[23] 买雪燕，王钰金. 民族地区师范生教育实习评价指标体系构建研究

[J]. 青海民族大学学报（社会科学版），2024，50（3）.

[24] 买雪燕，王钰金. 师范生顶岗支教"三全育人"的协同机制建构：以青海省为例［J］. 教育探索，2024（3）.

[25] 孟繁华. 新时代师范大学改革发展之道［J］. 教育研究，2021，42（2）.

[26] 潘国文. 师范生实践性知识生成的实证研究［J］. 当代教育论坛，2023（4）.

[27] 潘健，徐欢. 乡村教师本土培养纵深推进的基本问题分析［J］. 教育发展研究，2024，44（4）.

[28] 普丽春，费洋洋，赵伦娜. 民族地区学校铸牢中华民族共同体意识教育研究：基于文化传承视角［J］. 云南师范大学学报（哲学社会科学版），2023，55（3）.

[29] 戚万学. 新时代师范大学的发展向度［J］. 教育研究，2021，42（2）.

[30] 曲铁华. 中国百年师范教育制度变迁：内在动力、总体特征及历史经验［J］. 社会科学战线，2024（1）.

[31] 任丽婵，李斌强. 乡村教育振兴下师范生实习支教改革研究［J］. 教育理论与实践，2024，44（9）.

[32] 申大魁. 实习学校对顶岗支教实习生工作的满意度评价研究：以青海师范大学2018年顶岗支教实习为例［J］. 高教探索，2020（1）.

[33] 施志艳，翟君，尹静. 教育现代化视域下实践共同体赋能教师专业发展的思考［J］. 当代外语研究，2023（6）.

[34] 宋洪鹏，鱼霞. 中小学名师培养的北京经验及发展建议［J］. 中小学管理，2022（2）.

[35] 田琳，王浩. 民族学校铸牢中华民族共同体意识教育一体化：内涵、困境及建设路径［J］. 民族教育研究，2023，34（1）.

[36] 屠明将. 关系性建构：教师实践性知识的生成机制与优化策略［J］. 教育理论与实践，2023，43（7）.

[37] 屠明将. 教师实践性知识社会建构的意蕴与实质［J］. 教育理论与实践，2023，43（25）.

[38] 王启涛. 民族地区推广和普及国家通用语言文字工作的回顾和展望［J］. 西南民族大学学报（人文社会科学版），2023，44（7）.

[39] 吴赟，叶芃. 从实践性出发：中国出版学自主知识体系建构的内在逻

辑与可行路径［J］．中国编辑，2023（9）．

［40］夏洋，唐雅琪．内容语言融合课程教师实践性知识与自我效能感发展个案研究：生态系统理论视角［J］．山东外语教学，2023，44（6）．

［41］辛晓玲，魏宏聚．教师教学经验概念化的内在逻辑与实践路径［J］．教师教育研究，2023，35（6）．

［42］徐国兴，王重光．究竟是谁成为了乡村教师：基于人力资本类型与师范生就业选择的调查分析［J］．教育研究，2024，45（2）．

［43］杨跃．师范生学习教学隐喻的内容、特征及启示［J］．天津市教科院学报，2024，36（3）．

［44］余应鸿，张翔．中国式新师范助推教育强国的价值逻辑与行动路向［J］．西南大学学报（社会科学版），2024，50（4）．

［45］俞永虎．民族地区中小学校推广普及国家通用语言文字的实践路径研究［J］．中国民族教育，2023（4）．

［46］袁同凯，褚慧．民族地区中小学铸牢中华民族共同体意识教育的现实困境与路径创新：基于青海省G市的调研［J］．青海民族大学学报（社会科学版），2023，49（3）．

［47］张进清，韩佩锦，钱璟烨．信息化赋能边境民族地区乡村小规模学校高质量发展［J］．民族教育研究，2023，34（1）．

［48］赵刚，乔楚月．在民族教育中铸牢中华民族共同体意识的理论依据、实践反思及方法论［J］．民族学刊，2023，14（12）．

后 记

  本书汇集了近几年顶岗支教实习生撰写的部分文章，并在此基础上进行整理修改。每篇文章，从开始收集资料到修改定稿，都历经多次打磨。

  本书作为一本顶岗支教实习师范生的教育实记，记录了他们在各个实习学校的心路历程与所见所想，汇集了一个个温暖的故事，描述了青藏高原上的教育生活，展现了新时代师范生奉献高原教育的精神风貌。

  希望本书的出版对广大读者有所启发。

  本书在出版过程中，青海师范大学教育学类的硕士研究生做了大量的文字整理工作，特此感谢。

  鉴于时间仓促和资料缺失，本书可能还存在一些问题需要进一步的讨论和修正，欢迎大家对本书提出宝贵意见以助修改和完善。

买雪燕
2024 年 1 月